à ma
belle Maman
DE MON COEUR!

Je t'aime
Courage!!!

Isabella
xxx

LE COURAGE
Comment l'activer ?

Catalogage avant publication de Bibliothèque et Archives nationales du Québec et Bibliothèque et Archives Canada

Fontaine, Isabelle, 1973 janvier 13-
Le courage : comment l'activer ?
Comprend des références bibliographiques.
ISBN 978-2-89225-847-9
1. Courage. I. Titre.

BF575.C8F66 2014 179'.6 C2014-940580-4

Adresse municipale :
Les éditions Un monde différent
3905, rue Isabelle, bureau 101
Brossard (Québec) Canada J4Y 2R2
Tél. : 450 656-2660 ou 800 443-2582
Téléc. : 450 659-9328

Site Internet : http://www.umd.ca

Courriel : info@umd.ca

Adresse postale :
Les éditions Un monde différent
C.P. 51546
Greenfield Park (Québec)
J4V 3N8

Dépôts légaux : 2e trimestre 2014
Bibliothèque et Archives nationales du Québec
Bibliothèque et Archives Canada
Bibliothèque nationale de France

Couverture du livre et illustrations intérieures :
ALEX CYR

Conception graphique de la couverture :
OLIVIER LASSER

Révision linguistique :
LISE LABBÉ et JACQUES CÔTÉ

Photocomposition et mise en pages :
LUC JACQUES, COMPOMAGNY, ENR.
Typographie : Adobe Garamond Pro 13 sur 16 pts

ISBN 978-2-89225-847-9

Nous reconnaissons l'aide financière du gouvernement du Canada par l'entremise du Fonds du livre du Canada (FLC) pour nos activités d'édition.

Gouvernement du Québec – Programme de crédit d'impôt pour l'édition de livres – Gestion SODEC.

Gouvernement du Québec – Programme d'aide à l'édition de la SODEC.

IMPRIMÉ AU CANADA

FSC www.fsc.org MIXTE Papier issu de sources responsables FSC® C103567

ISABELLE FONTAINE
Auteure du best-seller *Empower*

LE COURAGE
Comment l'activer ?

UN MONDE DIFFÉRENT

De la même auteure
Chez le même éditeur

Isabelle Fontaine, *EMPOWER : Stratégies pour maximiser votre intelligence émotionnelle par le pouvoir et l'énergie des émotions*, Brossard, Éditions Un monde différent, 2010, 240 pages.

Isabelle Fontaine, *Le Courage : Comment l'activer ?* Brossard, Éditions Un monde différent, 2014, 320 pages.

TABLE DES MATIÈRES

Je dédie ce livre à mon trio magique : Romane, Séréna et Martin.

Je le dédie aussi au potentiel de courage qui nous habite tous.

*Exploitons-le pleinement et laissons-le surgir
au nom du bien commun.*

La seule manière de vivre vraiment, c'est de vivre courageusement.

Remerciements

Menée de front avec mon rôle de maman et ma carrière de conférencière sur les routes du Québec et d'ailleurs, il va sans dire que l'écriture de ce livre a exigé beaucoup de mes proches…

De toute mon âme, je remercie mon conjoint Martin pour son dévouement de tous les instants envers nos enfants. Durant les semaines d'isolement forcé, lors de mes retraites de rédaction, il a veillé sur tout le nécessaire pour me permettre d'écrire avec l'esprit paisible. Avec Martin en poste, je savais que mes filles ne manqueraient jamais d'amour, ni d'attention, ni d'encadrement. Et si certains, comme moi, ont intérêt à développer plus de courage dans leur vie, mon amoureux, lui, c'est une vertu qu'il incarne naturellement. Vaillant et généreux, c'est l'honorable guerrier au service et à la protection de notre belle tribu.

Merci à Séréna et Romane, elles font partie des raisons pour lesquelles il fait bon vivre. Je suis pleine de reconnaissance envers toutes les formes originales et affectueuses d'encouragement qu'elles m'ont offertes durant ce périple de rédaction. Je les remercie de leur patience, pour ces fois où elles ont dû attendre le retour de leur maman à qui il arrivait de partir, autant dans sa tête… qu'à l'extérieur du pays. Je souhaite de tout mon cœur qu'elles deviennent de puissantes samouraïs modernes au service de la vie et de leur propre existence.

Merci à mes parents Alain et Louise Fontaine, pour leur regard encourageant et leur enthousiasme envers cet ouvrage. Leur soutien inconditionnel à tous mes projets m'a si souvent donné des ailes.

Merci à mon inestimable collaboratrice et amie, Julie Lemaire, qui travaille avec moi depuis 2006. Encore une fois, je suis reconnaissante d'avoir pu bénéficier de son intelligence incisive pour ce livre. Je resterai toujours fascinée par son sens de la structure, la pertinence de ses observations et sa grande perspicacité. Le regard qu'elle a porté sur ces pages a été un des plus sûrs et des plus constructifs.

Merci à ma complice Stéfanie Faucher pour le soutien permanent dont elle fait preuve depuis 2011. Grâce à sa patience et son sens de l'organisation, j'ai pu me concentrer sur l'essentiel. Elle contribue à ma mission, non seulement avec conviction, mais avec tout son amour.

Un merci tout particulier à Alex Cyr, mon nouvel illustrateur. Malgré le décès soudain de son père (au milieu de la phase de conception des images de ce livre), il est parvenu, en dépit de sa peine et de sa souffrance, à livrer l'ouvrage dans les délais afin de ne pas m'abandonner. Jamais un être que je connaissais aussi peu n'a été aussi fiable et engagé envers moi.

À toute l'équipe de la maison d'édition Un monde différent, un grand merci pour votre professionnalisme, votre rigueur, votre générosité et votre amitié.

INTRODUCTION

La pesée de l'âme

« La vie nous semble plus riche
ou plus étroite
selon le courage qui nous habite. »

— Anaïs Nin

Un hasard nécessaire ?

Peut-être me trouverez-vous bizarre, mais mon aventure avec le courage a débuté par une synchronicité. Était-ce un hasard nécessaire ? C'était en septembre 2003. Je prenais un verre avec mon amoureux dans un restaurant du Quartier latin de Montréal avant d'aller voir un film au cinéma.

À la table d'à côté, deux jeunes femmes discutaient. L'une d'elles était tellement passionnée, intense et allumée par ce qu'elle racontait qu'elle a attiré mon attention. Je me suis mise à écouter ce qui pouvait bien l'inspirer. Elle parlait d'un roman fascinant qu'elle venait de lire, un bouquin illustrant ses croyances par rapport à la vie, la mort et l'au-delà. Son petit côté rationnel avait été charmé par l'érudition de l'auteur et sa manière d'insérer des découvertes et des conseils de sagesse en lien avec la science, la psychologie, la sociologie, la communication et les différentes mythologies. Tous ces thèmes me passionnent!

Bref, elle était tellement emballée que son enthousiasme fut contagieux. Je n'ai pas pu résister, il me fallait savoir de quel livre il s'agissait. J'ai rapidement entamé la conversation avec elles. L'ouvrage qui monopolisait leur conversation était *L'Empire des anges* de Bernard Werber. Mais le titre m'a déçue. Il ne correspondait pas à la description que je venais d'entendre. Et ce n'était qu'un roman! Une histoire inventée. Alors, je me suis désintéressée d'emblée de cet ouvrage et je suis retournée à mes moutons.

C'est sans condescendance que je dis: «Ce n'était qu'un roman»... Je m'explique. En fait, pour me divertir, je vais au cinéma. J'adore les films, leurs images impressionnantes et leurs trames sonores qui me font vivre des émotions fortes et qui, parfois, me font voir la vie autrement. Cela me coupe de ma réalité quotidienne, me repose l'esprit et ne me demande pas d'efforts intellectuels.

Par conséquent, je n'investis pas mon temps libre dans la lecture de romans. D'une curiosité insatiable, depuis l'an 2000, je fais face à un souci de taille dans ma vie professionnelle: je n'arrive pas à suivre le rythme des découvertes ni à lire toutes les recherches et tous les livres publiés dans mon domaine d'expertise!

Toutes ces connaissances utiles que je n'ai pas pu découvrir, faute de temps. Cela me pousse à faire des choix. Pas de roman pour moi.

Deux jours plus tard, j'arrive chez Renaud-Bray pour la nouvelle parution que j'ai commandée alors que les deux commis à la caisse sont en train de discuter passionnément d'une lecture commune qu'ils ont faite dernièrement : *L'Empire des anges* ! Encore ? Deux fois en deux jours ! Ça m'intrigue. J'achète le roman. Je l'ai lu en une seule journée. D'un trait. Et le regard que je porte sur ma vie est différent depuis…

Ce livre a été une révélation, car il est arrivé dans une période charnière de ma vie. Pour vous replacer dans le contexte, en 2003, j'avais 30 ans, j'étais prudente et je « jouais sécure ». Bien installée au centre de ma zone de confort, je travaillais en recrutement en attendant de « me trouver ». Je sentais que ce n'était pas la carrière pour laquelle j'avais été conçue. Et Dieu sait à quel point je me cherchais sur le plan professionnel… Mais sans trop m'investir, soit dans les livres et les tests de personnalité. Comme plusieurs, j'y pensais sans rien oser de très concret ou de très risqué pour que ça débloque ; sans faire preuve de courage. Je n'avais jamais testé mes limites et je ne me connaissais pas bien.

Ceci dit, j'aimais mes collègues, j'étais performante, j'accomplissais mon travail sans grand effort et j'étais très bien rémunérée. Mais le pire pour moi, c'est que c'était devenu trop facile et confortable. Résultat : l'ennui mortel s'est installé vis-à-vis de mon travail. Trop aisé. Trop prévisible. Trop de maîtrise. En fait, toute mon âme ressentait combien je n'utilisais pas mes forces et mon talent à leur plein potentiel. Il y avait autre chose de tracé pour moi, mais je ne savais pas quoi.

Pourtant je n'osais pas bouger. En rétrospective, je crois qu'il n'y a rien de pire pour une passionnée comme moi qu'une insatisfaction confortable. J'ai eu cet emploi pendant six ans, dont deux années de trop, vers la fin, où je ne m'investissais qu'à 30 % de ma capacité. En revisitant cette période de mon passé, une décennie après, j'ai encore honte de moi. Honte d'être restée dans ma belle prison dorée, à « me servir en premier ». À me soucier de mes intérêts personnels avant tout, au lieu d'adopter une autre attitude, plus nourrissante : « me mettre au service » avec cœur et un engagement total, comme j'ai appris à le faire par la suite.

Donc, en septembre 2003, je me retrouve à plonger tête première dans la lecture du roman dont j'ai entendu ardemment parler à deux reprises en l'espace de deux jours. Et je me laisse porter par la métaphore. Cette allégorie me touche et, inconsciemment, j'en retire des leçons de vie importantes à cette époque précise de mon évolution.

Un livre déclencheur

En résumé, Michael Pinson, le personnage principal, vient à peine de mourir. Il sent son corps s'élever dans le ciel et un personnage translucide vient le chercher. Il s'agit du gardien des clés, l'huissier du Paradis. Aussi nommé Anubis, le seigneur de la nécropole par les Égyptiens, Yama, dieu de la Mort par les hindouistes, Charon le passeur du Styx par les Grecs, Mercure, le guide des âmes par les Romains… et saint Pierre par les chrétiens.

On guide Michael vers la procédure du **jugement des âmes**, au tribunal des dieux, qui eux aussi ont des noms divers dans toutes les mythologies : Zeus, Thémis, Thanatos pour les Grecs. Maat, Osiris, Thot pour les Égyptiens. Izanami, Izanagi, Omoigane pour les Japonais. Les trois archanges : Gabriel, Michel et Raphaël pour les chrétiens. N'est-ce pas étonnant que tous les peuples se soient dotés de ce genre allégorique de mythologies afin d'aider les humains à concevoir l'après-vie ?

L'âme de Michael s'apprête à être pesée. On lui présente **le film de sa vie passée** et on l'amène à commenter autant ce qu'il a fait de mal que de bien. Pour juger de ses actions, les critères sont l'évolution, l'empathie, l'attention et la volonté de bien faire.

Voici les passages qui m'ont marquée dans ce roman, lorsque le personnage mentionne :

> « Enfin, **je jette un regard lucide et distancié sur ce que j'ai accompli en tant que Michael Pinson**. Avant qu'on me juge, je me juge. Drôle de sensation. Ainsi c'était cela, ma vie ? Ce qui me frappe d'abord, c'est **tout ce temps que j'ai gaspillé. J'avais peur**. Je constate que j'ai toujours été retenu par la peur de l'inconnu. [...]
>
> « **Que d'élans cette peur a contenus !** Cette intense curiosité m'a aussi permis de couper court à bien des routines, de refuser des scléroses en tout genre. Ç'aurait pu être pire. [...]
>
> « D'autres moments de ma vie sont moins glorieux. **De petites lâchetés pour la plupart. Généralement au nom de ma sempiternelle tranquillité**.
>
> « Chacun de mes actes est longuement discuté[1].

On comptabilise ses bons et ses mauvais points. Il lui en faut 600 pour libérer son âme du cycle des réincarnations et être délivré de sa prison de chair. Le calcul est très précis : chaque petit mensonge, chaque élan du cœur, chaque renoncement, chaque initiative vaut son lot de bons ou de mauvais points.

Malheur ! Notre Michael n'obtient que 597 points sur 600. **Il ne passe pas le test de la pesée de l'âme** ! L'archange lui rappelle que le cycle des réincarnations, c'est comme le bac au lycée. Quand on échoue, on redouble. On est recalé. Donc, retour à la case départ pour une nouvelle session. Michael baisse la tête et se dit : « Encore une vie pour rien[2]. »

Encore une vie pour rien. Dans mon contexte, ces mots ont raisonné comme s'ils m'étaient destinés. Quand je lis ce passage sur mon divan, soudain je prends conscience qu'une vie peut si facilement être gâchée, gaspillée, réduite, voire considérablement **diminuée par la peur**. Se laisser dominer par la peur, c'est fermer la porte à beaucoup de possibilités : dès qu'un élan nous aspire vers l'inconnu, la peur nous freine, on stagne. Stationné. Immobile, juste devant la porte de la liberté. La peur, c'est la prison. C'est contraignant. C'est se résigner à vivre une petite vie confortable, à jouer le jeu de la vie à 30 % de sa capacité ! C'est du temps gaspillé réellement ! Ça me donne le goût d'apprendre « comment dominer la peur, voire comment utiliser l'énergie émotionnelle qu'elle représente pour me propulser ».

Je me rends compte également qu'une vie peut être **gaspillée** aussi **par la petitesse qu'entraîne la lâcheté**. Et il n'est pas nécessairement question dans ce cas-ci d'un manque de bravoure, mais **du manque de générosité**. Du **manque d'engagement**. Je pense à l'individualisme, à l'**indifférence**, au désinvestissement requis pour une prétendue tranquillité d'esprit. Tous ces moments où l'on choisit de ne pas faire de vagues, où l'on ne se donne pas la peine de tenter de faire la différence pour quelqu'un. Cette manie qui consiste souvent à ne faire que le strict minimum, juste ce qu'il faut pour s'en sortir et bien paraître.

Le fait de ne pas s'investir corps et âme dans la vie peut aussi être expliqué par la **paresse**, la **fatigue** et un **faible niveau d'énergie**. Des états qui supposent un renoncement devant l'effort. Je me souviens d'avoir médité sur ce thème de longues minutes… Puis, j'ai eu envie de découvrir « **comment augmenter mon niveau de vitalité afin de pouvoir faire face à la vie, m'y engager à 100 %, avec entrain et énergie** ».

Y a pas à dire, je « tripais » vraiment sur mon roman ! Un peu plus loin dans ma lecture, un deuxième passage m'interpelle lorsqu'il parle des vieilles âmes. On mentionne le cas de Nathalie, qui aurait pris le temps de souffler avant de se décider à retrouver une enveloppe charnelle. L'histoire raconte que Nathalie s'est déjà réincarnée à 113 reprises, mais qu'au bout du compte elle n'a connu que 8 vies intéressantes.

Ne sachant pas ce que l'ange voulait dire par là, Michael demande : « Cela signifie quoi des "vies intéressantes" ? Que se passe-t-il dans les vies "non intéressantes" ? »

L'autre lui répond : « Rien de spécial, justement. On naît, on se marie, on fait des enfants, on se dégote un boulot peinard et on meurt dans son lit à 80 ans passés. **C'est une vie pour rien, sans mission, sans œuvre particulière, sans grandes difficultés à surmonter.**

— Ces vies-là sont donc complètement inutiles ? »

Raoul n'est pas de cet avis. Il estime que ***ces existences anodines servent précisément à se reposer entre deux vies « importantes[3] ».***

J'aurais lu ce roman à une autre étape de ma vie qu'il n'aurait pas eu autant d'impact. Mais là, c'est décidé ! Ma vision est claire : je veux qu'à la fin, ma vie ait compté !

Si la réincarnation existe vraiment, dans cette existence-ci, je ne veux pas d'une petite vie. J'en veux une grande. Une vie intéressante et importante au cœur de ce qui compte : l'évolution des consciences. Et je me dis que, de toute façon, j'aurai beaucoup de temps, à ma mort, pour me reposer…

Actuellement, je suis vivante. Très vivante. Et je ne gâcherai pas une minute de plus pour ne pas rater mon temps de jeu et risquer d'être recalée, pour me retrouver au bout du compte après « une vie pour rien ».

Si c'est du courage dont j'ai besoin, je vais m'organiser pour en avoir !

Aujourd'hui, en 2014, j'ai eu l'occasion d'en découvrir plus sur le fonctionnement humain et l'intelligence émotionnelle. Je sais ce qu'il faut pour faire face à la peur, à la douleur, à la lâcheté, à la paresse, au désinvestissement et à la fatigue. Ça prend du courage. Encore et toujours du courage.

Par conséquent, si c'est du courage dont j'ai besoin pour que ma vie compte, je vais m'organiser pour en avoir ! Voilà pourquoi j'ai développé une saine obsession pour cette noble vertu. J'ai presque tout lu à ce sujet pour en maîtriser les distinctions d'un point de vue intellectuel. Pour saisir le courage dans une perspective expérientielle, j'ai participé à divers *boot camps* (périodes d'entraînement) au Canada et aux États-Unis. Je questionne les gens que je croise sur leurs stratégies et leurs astuces pour activer le courage.

Et je raffole des trucs et des différentiations que je découvre depuis le début de ma quête. C'est ce qui m'a motivée à écrire ce livre dans lequel je vous présente les meilleures astuces et stratégies que j'ai découvertes. Je les mets à notre disposition pour nous aider à créer une culture du courage, à nous façonner une vie qui, au final, aura compté.

Chapitre 1

La culture, terreau du courage

Pour investiguer sur une culture caricaturale de courage, le psychologue et chercheur Robert Biswas-Diener, auteur du livre *The Courage Quotient*[4], est allé vivre avec l'étonnante tribu des Massaïs au sud-ouest du Kenya, une société tribale qui réussit encore à vivre en dehors des murs de l'économie mondiale.

La vie chez les Massaïs, c'est braver tous les dangers. Les femmes doivent aller chercher du bois dans la forêt, et il arrive qu'une d'elles ne revienne pas, attrapée par un buffle. Les enfants conduisent le bétail dans des plaines où rôdent lions et léopards.

Le chercheur raconte qu'au cours d'un de leurs rituels, les Massaïs se brûlent la peau afin de se prouver qu'ils peuvent endurer la douleur courageusement sans broncher. Les jeunes se font circoncire, à froid, sans anesthésie, à l'âge de 15 ans, tout en gardant la tête haute, sans se plaindre ni gémir.

(C'est amusant, voire désolant, de les comparer à nos jeunes Occidentaux de 15 ans, qui font une crise parce qu'ils ne peuvent pas choisir le film qui sera diffusé dans le cinéma maison de leur sous-sol fini…)

Pour rejoindre les rangs des « guerriers », un petit groupe de jeunes mâles de 15 ans doit partir à la chasse aux lions. Pas avec une mitraillette ou une jeep, mais nu-pieds, avec des lances, des arcs, des flèches et une petite épée. D'ailleurs, les Massaïs ont interdit à Biswas-Diener d'aller à la chasse aux lions avec eux, car les lions sentent la faiblesse au moindre coup d'œil et il serait rapidement dévoré.

Chaque membre de la tribu est entraîné dès son plus jeune âge à vaincre ses peurs afin de mieux les mettre de côté et d'accomplir ce qui s'impose. C'est nécessaire pour demeurer vivant. La capacité de canaliser le courage afin d'écraser la peur et la douleur en eux n'est pas une option, mais une question de survie, étant donné leur style de vie. Par conséquent, les Massaïs sont bel et bien braves puisqu'ils en ont besoin pour assurer leur subsistance. Qui se surprendra dès lors d'apprendre que le courage est la vertu la plus hautement valorisée chez eux !

Le courage est une qualité qui s'acquiert naturellement lorsqu'elle est souvent requise et grandement mise en valeur par notre entourage. Il faut de l'entraînement et une pratique répétée. La culture dans laquelle nous grandissons influence considérablement notre manière de penser et nos comportements, donc notre compétence à générer l'énergie du courage en nous. Ainsi, les peuples et les familles qui accordent une grande importance au courage poussent leurs jeunes à **maîtriser leurs peurs**. Ils les stimulent à investir les efforts nécessaires pour **faire face aux défis** et ils veillent à **développer leur débrouillardise pour affronter les risques**. C'est vrai pour les Massaïs. Mais qu'en est-il dans notre société de haute technologie ?

1.1 Le Québec des années 2000

« Tu ne sais jamais à quel point tu es fort, jusqu'au jour où être fort reste ta seule option. »
— Bob Marley

Qu'en est-il de nous, dans nos sociétés modernes occidentales ? Plus précisément chez nous, au Québec, en 2014 ? Avons-nous une seule fois souffert de la faim, au point qu'elle nous dévore les entrailles et nous pousse à courir chasser afin de rapporter de la nourriture pour éviter la famine et la mort de nos proches ? Avons-nous eu à nous battre bec et ongles contre des oppresseurs qui voulaient nous voler notre terrain, nos femmes et nos enfants ? Avons-nous dû bûcher jour et nuit jusqu'à l'épuisement afin de réchauffer nos maisons et d'éviter de mourir de froid en hiver ?

Il y a cinq siècles, à l'époque des colonies de la Nouvelle-France, nos ancêtres ont eu à lutter et à trimer dur, non pas pour atteindre le bonheur, ni pour nourrir leur estime de soi, ni même pour obtenir une permanence dans leur emploi… Non, ils ont dû activer d'énormes doses de cœur au ventre pour la simple survie de leurs 14 enfants. C'est dire que dans nos veines, coule un sang qui porte l'ADN de la vaillance et les gènes de la solidité. C'était une époque où, pour faire face à la vie quotidienne, les gens devaient aviver en eux un courage de nécessité, puisque c'était *do or die* (agis ou crève).

Devant l'adversité, l'instinct de survie donne beaucoup d'énergie. C'était gratifiant de travailler dur, de revenir à la maison avec de la nourriture et de prendre soin les uns des autres. Cette vie difficile solidarisait les gens. L'instinct humain sait qu'il faut s'entraider pour traverser les grandes crises.

Il n'y a pas que la peur dans le spectre opposé au courage, il y a aussi l'**indifférence**. Il faut avoir été témoin d'une horde de personnes défilant nonchalamment sans même se retourner devant un itinérant en détresse en plein hiver, à -30 °C, pour constater qu'il y a peu de gens prêts à se « salir les mains » pour aider un individu dans le besoin.

N'empêche que les grandes catastrophes permettent parfois de se ressaisir; elles nous sortent de l'engourdissement et du désengagement. Nous avons vécu un grand mouvement de solidarité lors de la récente tragédie de Lac-Mégantic et lors de la crise du verglas de 1998. Dans certaines régions du Québec, il aura fallu des crises pour que des voisins se parlent pour la première fois et qu'ils aillent jusqu'à inviter ces nouveaux visages à venir habiter chez eux le temps que l'électricité revienne. Un sentiment de fierté accompagne l'heureuse sensation de se sentir utile et d'aider des gens à survivre ou d'alléger le fardeau de leur malheur.

Bref, les temps ont bien changé avec la modernité et la montée de l'individualisme. Plusieurs agissent maintenant selon le paradigme du « *What's in it for me?* (Qu'est-ce que j'y gagne? Qu'est-ce que ça me rapportera?) » et sont insensibilisés au sort de l'autre. Trop de confort et moins de proximité incitent davantage à un mouvement vers soi, que vers l'autre. Dans une culture qui valorise l'avoir au détriment de l'être, qui dirige son attention vers la beauté, le succès et l'appât du gain, on oriente un grand pourcentage de l'attention davantage vers ce qu'on peut obtenir qu'offrir. Et quand nous passons notre temps à élaborer des stratégies pour bien tirer notre épingle du jeu au sein du système, il nous reste peu de temps pour nous attarder au sort des autres et nous demander comment nous pourrions contribuer au mieux-être de notre communauté.

1.2 Choisir l'option facile

« On ne fait pas un papillon en collant des ailes sur une chenille. »

— Olivier Clerc

De nos jours, les braves Québécois qui font preuve de courage au quotidien le font plus par choix que par nécessité. Souvent, ils optent pour la vaillance et le risque parce qu'ils gèrent leur vie à partir d'un code d'honneur plutôt que par obligation. Mis à part quelques moments où, par intégrité, nous prenons le risque de défendre nos valeurs (et encore là...), nous devons reconnaître qu'avec son lot de confort et de commodités, notre société moderne offre peu d'occasions de nous rabattre sur notre instinct de survie, d'activer en nous une saine agressivité, de sortir tout ce que nous avons dans le ventre pour lutter au nom de notre vie ou pour sauver celle de nos proches.

Loin de moi l'idée de vouloir choquer, prenons l'exemple de nos programmes d'assistance sociale. Nos citoyens ont maintenant le choix de se prendre en main pour survivre ou de s'abandonner à la société. En effet, l'assistance sociale n'est plus une aide de dernier recours pour tout le monde; certains y recourent dans le cadre d'une stratégie financière. J'ai un fort côté centre-gauche et c'est capital, pour moi, qu'on prenne soin des humains en difficulté autour de nous. À vrai dire, je préfère qu'on se serve de mes impôts pour faire vivre trois ou quatre fainéants, si grâce au même système, je peux éviter la misère à une mère monoparentale dans le besoin ou à un individu réellement démuni.

Toutefois, je déplore la désinvolture des abuseurs du système, comme si la paresse était un luxe qu'on peut aujourd'hui se permettre. C'est tellement rendu facile et commun de se laisser prendre en charge par l'État, que c'est culturellement accepté comme une option envisageable. Qui n'a jamais entendu, dans une conversation :

> « Tu es monoparentale et tu as trois enfants ? Mets-toi sur l'aide sociale, tes frais dentaires vont être payés et tu vas en retirer davantage au bout du compte. »
>
> « Mets-toi sur le B-S en attendant, tu seras payé pour aller à l'école. »
>
> « Non, ce n'est pas mon genre de ramasser des fraises. C'est trop fatigant. Ça me donne mal dans le dos. C'est plus avantageux d'attendre mon chèque et de faire de petits *jobs* en dessous de la table en attendant. »

Les gens qui vivent à la remorque du système en place ne semblent même plus avoir honte de la lâcheté de leur choix lorsque ce n'est pas une nécessité. Et il n'est pas rare que cette déresponsabilisation à l'égard de son sort financier se transmette de génération en génération… à l'instar du courage ! Bref, suis-je la seule personne à trouver, aux deux extrêmes d'un continuum, que les mots **dignité** ou **déshonneur** ne sont plus utilisés dans les conversations de notre société ? Qu'on valorise donc moins la dignité ? Est-ce que le courage se dessèche dans notre société moderne ? Vivons-nous à une époque culturellement antihéroïque ?

Même chez les grands travailleurs qui ont amplement mérité leur retraite, on observe un **mouvement vers soi** où il est communément et **culturellement** admis qu'il ne faille **pas perdre au change**. Ex. : « Je suis retraité et j'adorais mes collègues et mon travail. Ils me manquent et je m'ennuie seul à la maison. J'ai su qu'ils auraient besoin de moi pour former les jeunes et on m'a proposé de revenir à forfait. Sauf qu'on me couperait le montant alloué sur mon chèque de pension ; ça ne vaut donc pas la peine de me déplacer. »

Notre manière d'évaluer nos actes est devenue si automatique que plusieurs personnes se privent de stimulations, du sentiment de fierté et d'utilité qu'ils pourraient ressentir en contribuant à offrir un legs à leur équipe, sous prétexte de n'y voir aucun avantage financier s'additionner au chèque de pension.

Dans la tribu des Massaïs (comme dans bien d'autres cultures sur la planète), il serait inimaginable de voir un aîné tenir ce genre de dialogue interne. Contrairement à nos économies marchandes qui accumulent la prospérité dans des coffres, dans une économie tribale[5], tout le monde dépend des compétences de tout le monde. Aussi, offrir une contribution paresseuse ou médiocre mettrait en danger la santé et la survie des autres. Il est donc capital d'être vaillant, peu importe la nature de l'apport qu'on est en mesure de fournir. Car s'investir et participer à la vie du groupe apporte fierté, dignité et procure un sens à sa vie. L'individu mérite en plus le respect de la tribu.

Cette époque semble si lointaine pour nos nouvelles générations. Pourtant, elle ne date pas de milliers d'années. On semble avoir oublié cette perspective quand on songe à l'espèce humaine et à son instinct de survie. Pour un **bon fonctionnement de son patrimoine génétique**, l'être humain a besoin de faire circuler dans ses veines une certaine intensité. On pourrait symboliquement dire **qu'avoir faim donne du courage** et que **la nécessité est la mère de l'invention**.

L'individu moderne possède d'énormes ressources de courage, de débrouillardise et de générosité **cachées au fond de ses gènes**, mais qui restent **inexploitées parce qu'il n'a pas de raison de s'en servir,** étant **trop engourdi par le confort.**

Il est fondamental, pour le développement de l'adulte, d'arriver à supporter sa vie malgré les travers et les embûches, et de contribuer au mieux-être de ses proches. Par conséquent, la perte d'emploi et le chômage qui s'éternise frappent très fort dans l'estime de soi. Un membre de l'espèce humaine, pour se sentir vivant et avoir une vie pleine de sens, doit apporter une forme de contribution à sa communauté. Félix Leclerc avait donc raison de dire que « la meilleure façon de tuer un homme, c'est de le payer à ne rien faire ». On pourrait y ajouter : protégez les gens, sécurisez-les à outrance, et vous risquez de tuer dans l'œuf toute possibilité d'éclosion de combativité héroïque.

1.3 Emmitouflé dans un emballage à bulles[6]

Le Québec d'aujourd'hui fait partie des rares endroits sur terre où l'individu a la chance de jouir de beaucoup de soutien et d'assistance de la part de la société. S'il nous arrivait malheur, à nous ou aux autres, différents filets sociaux assureraient la survie de tout le monde. Sur le plan social, cette belle avancée nous procure une tranquillité d'esprit, mais serait-ce possible que l'espèce humaine se ramollisse et se fragilise ?

Malgré toute notre protection et cette survie préassurée, la peur et l'anxiété sont omniprésentes autour de nous. N'est-ce pas étrange ? C'est paradoxal, car nous vivons plus d'anxiété que les habitants du tiers-monde qui doivent se battre pour leur vie. Ici, la peur est un phénomène endémique : on a peur des microbes, des maladies, on redoute de vieillir, on craint la solitude comme l'avenir ; l'inconnu, le changement et l'échec nous effraient. On a peur du ridicule, des erreurs, des mauvaises prises de décisions. On s'inquiète pour nos droits et nos acquis, on a peur du rejet et on n'ose même plus prendre position, par peur de vexer des gens ! La liste de nos peurs est interminable et le taux d'anxiété dans nos écoles et universités atteint des sommets alarmants. D'ailleurs, quels sont nos réflexes culturels pour affronter les crises de nos vies ? Bon nombre de Québécois préfèrent maintenant traverser les épreuves à l'aide d'une médication.

Les Québécois sont plus que jamais **accros aux antidépresseurs**. En 2011, nos pharmaciens ont dû répondre à un nombre record de 14,2 millions d'ordonnances d'antidépresseurs soit un million de plus qu'en 2010[7]. Croyez-vous que chaque ordonnance était vraiment nécessaire? Surtout, les éléments déclencheurs de ces prescriptions ont de quoi faire frémir. Tensions dans le couple, conflit en milieu de travail, divorce, deuil et vieillissement. On consomme des antidépresseurs pour contrer l'ennui, la solitude, la douleur et la perte d'estime de soi. Les gens veulent une pilule du mal de l'âme qui agit rapidement. Selon le sociologue Richard Lefrançois[8], professeur associé à l'Université de Sherbrooke, la société québécoise tout entière est responsable de cette intoxication collective aux antidépresseurs par son **laxisme complaisant**.

Chez nous, on protège les gens contre les émotions négatives. À quoi bon ressentir la tristesse, la douleur et le vide lors des passages durs de nos vies quand une pilule peut engourdir tout cela?

En réalité, un être humain devrait faire face à de telles épreuves sans médication, mais en misant sur sa force de caractère et sa capacité à se mesurer avec cran aux coups du destin. Malheureusement, quand un être s'habitue à **engourdir** ses émotions inconfortables dans des médicaments, de l'alcool ou tout autre substitut, **son organisme perd de son mordant**, de sa capacité à rebondir pour traverser les épreuves douloureuses, mais normales, de la vie. À trop vouloir nous «épargner», on nous affaiblit le «système immunitaire émotionnel» à grands coups de prescriptions…

Le monde du travail protège aussi les gens en leur offrant des «permanences». Certaines personnes ne pourront se détendre professionnellement qu'une fois cette «sécurité» acquise. On est rassuré lorsque l'organisation a le devoir de nous prendre en charge. Tant de personnes se résignent à conserver un emploi qui ne les nourrit pas au nom de cette permanence. Comme si cette sécurité d'emploi valait plus à leurs yeux que la nature même de leur travail en soi. Comme si, hors de ce travail, la personne se retrouvait démunie et inapte à des accomplissements plus nourrissants et valorisants.

Dans le même ordre d'idées, on protège l'intégrité physique de nos enfants de façon outrancière. Pour éviter que les écoliers ne glissent sur une plaque de glace dans la cour d'école, la direction d'une école de mon voisinage leur demandait de la traverser à quatre pattes. Ailleurs, on a imposé aux jeunes le port d'un casque pour glisser sur la butte derrière l'école, car un enfant y avait subi une commotion cérébrale quelques années auparavant. Sans parler du ballon-chasseur, devenu dangereux et trop agressif pour certaines écoles du primaire. À bien y penser, l'éducation offerte à nos jeunes valorise tellement la sécurité que l'on fait tout pour protéger nos enfants contre… la vie.

On protège même leur estime de soi des sentiments dévalorisants qu'ils seraient susceptibles de ressentir… Dans un livre

qui se veut un antidote à une éducation permissive, *50 règles que les enfants n'apprendront pas à l'école*[9], Sykes relate que dans le but de gonfler l'estime de soi des enfants, certaines écoles ont aboli les notes d'échec et affirment que l'effort compte autant que le résultat. Nos jeunes vivent maintenant dans un monde de trophées de « participation », de notes pondérées et de sourires en marge qui n'ont plus de signification, comme si on voulait retirer l'échec de l'équation et que les jeunes se sentent contents d'eux-mêmes en toute situation. À certains endroits, il aurait même été question de retirer la correction à l'encre rouge, car cette couleur est trop agressive…

L'auteur offre ce conseil aux jeunes d'aujourd'hui : « Un jour, tu devras livrer la marchandise ; non pas donner le meilleur de toi-même, mais livrer la marchandise. En ce moment, il se peut que tu vives dans un monde où l'échec aboutit à une accolade et à un mot de réconfort. Tu es sur le point d'entrer dans un monde où l'échec aboutira à "vous êtes congédié". »

Pour utiliser l'analogie, il ajoute : « Demande-toi s'il vaut mieux que tu te sentes bien par rapport à ta capacité de nager ou que tu saches nager[10]. » On n'expose plus la liste des meilleurs élèves pour éviter l'embarras de ceux qui arrivent derniers et l'heure est davantage à la coopération qu'à la compétition dans notre système d'éducation. Ce serait trop difficile pour l'estime du jeune de voir qu'il y a des perdants et des gagnants, sauf que dans la vraie vie, le jeune devra apprendre à perdre parfois et il devra composer avec l'échec et l'adversité, et surtout apprendre à se relever. « La nounoucratie croit qu'il est plus important pour toi de tomber sur quelque chose de doux qui absorbera le choc et de te sentir bien par rapport à ta chute[11]. » Il faut conscientiser le fait que peu de défaites sont permanentes. Il y a toujours un lendemain. Il faut savoir rebondir, changer de stratégie, persévérer et faire preuve de discipline.

Tout réel progrès humain n'est-il pas un combat contre l'adversité ? Une solide estime de soi se développe lorsqu'on relève un défi difficile et qu'on traverse une vraie épreuve. On ne bâtit pas une estime de soi en recevant des félicitations pour avoir attaché ses lacets… lorsqu'on est rendu à huit ans. Combien de parents (dont je suis, je l'avoue honteusement) dans notre société souhaiteraient que leur petit « grandisse dans un utérus douillet de non-compétition où tout le monde partage du tofu, et où le petit chaperon rouge et le grand méchant loup vivent en communauté [...][12] » ?

Sykes ajoute que pour beaucoup d'enfants élevés dans un emballage à bulles, la vie finit par devenir accablante et décevante. Un jeune qui n'a pas appris à encaisser les coups est **fragilisé** et sans défense. Peu habitué à courir des risques, il est psychologiquement plus fragile, enclin à l'angoisse et à la dépression.

Utilisons l'éloquente allégorie du papillon et de son cocon pour transmettre de façon imagée ce concept **d'aide qui affaiblit** et **d'épreuve qui renforce**. Saviez-vous qu'une fois la chenille transformée en chrysalide, il lui reste une ultime épreuve à traverser afin de prendre la forme du papillon qu'elle est destinée à devenir ?

En fait, elle doit développer assez de force dans sa nouvelle « musculature » pour réussir à déchirer son cocon d'un seul coup, afin de s'en affranchir pour enfin prendre son envol. « Celui qui ignore cette donnée importante et **qui, s'imaginant "aider" un papillon à naître, déchire son cocon à sa place** verra naître un lépidoptère totalement **incapable de voler**. Ce dernier n'aura pas pu utiliser la résistance de sa soyeuse prison pour construire la force dont il aurait eu besoin pour s'arracher à cette gangue et s'élancer ensuite dans le ciel. **Une aide mal inspirée peut ainsi se révéler nuisible**, voire mortelle[13]. »

On affaiblit probablement notre génération (et celle à venir) en la privant du genre d'épreuves indispensables à sa croissance, du type d'adversité qui permet de développer en l'individu la force nécessaire pour passer aux stades suivants de son existence.

En effet, la réduction de nos exigences devant l'effort des personnes à notre charge, autant dans la famille que dans la société, en dépit de la noblesse et de la générosité de nos intentions de protection, comporte cet aspect nocif. Pourtant on ne vise qu'à leur épargner la souffrance et à vouloir leur faciliter la vie en baissant la barre. Vous souvenez-vous du film de Sylvester Stallone et de ce que Rocky[14] dit à son fils : « *La vie d'adulte est pas toujours rose, mon fils. On vit tous dans un monde cruel et sans pitié et peu importe d'où tu viens, on va te plaquer au sol et te maintenir là de façon permanente si tu te laisses faire. Toi, moi ou n'importe qui, on cognera jamais aussi dur que la vie. Mais ce qui compte ce n'est pas la force des coups que tu donnes, c'est* ***le nombre de coups que tu peux encaisser tout en continuant d'avancer. Ce que tu arrives à endurer tout en marchant la tête haute.*** *C'est comme ça qu'on gagne ! Alors si tu sais ce que tu vaux, fonce pour avoir ce que tu mérites,* ***mais tu dois être prêt à recevoir des coups****. Il ne faut pas pointer les autres du doigt en disant que tu ne fais pas ce que tu veux à cause de lui, ou d'elle, ou de n'importe qui. Les lâches font ça, et t'en es pas un. T'es beaucoup mieux que ça !* »

En effet, les gens courageux ne reculent pas devant les efforts ni la souffrance en tentant de les contourner ou de les éviter. Ils prennent leur vie en main et ils ne dépensent pas leur énergie à se plaindre, à se vexer pour rien et à blâmer les autres de ne pas les prendre en charge convenablement.

C'est quand le destin nous secoue de façon draconienne, dans ces moments où « être fort » reste notre seule option, qu'on fait la rencontre d'une nouvelle partie de nous-même. On s'aperçoit alors qu'on est capable d'en prendre et qu'on est beaucoup plus solide qu'on le croyait. On fait connaissance avec notre extraordinaire capacité d'adaptation et de résilience pour rebondir après les difficultés.

Élevons la barre et ne nous résignons pas à la facilité ni au laxisme dans lesquels notre société douillette a envie de nous envelopper par sa compassion non aidante. À certains moments, si on veut vivre pleinement, il faut arrêter de trop s'écouter, s'organiser pour livrer et faire arriver les affaires.

1.4 Défions notre culture de gros chats de salon

« Tous les hommes meurent un jour,
mais peu parmi eux vivent vraiment. »
— Sir William Wallace, dans Cœur vaillant[15]

Vivre, c'est risqué et demandant, certes. Mais c'est mieux que de simplement exister. Ne laissons pas l'environnement dans lequel nous vivons nous engourdir ni nous faire ressentir que le monde entier est une menace. Défions notre culture avec son obsessionnel besoin de protection rendu disproportionné et insidieusement structurel.

Restons vigilant et n'adhérons pas aux messages subliminaux de fragilité émis en sourdine. Car ces présupposés non-dits insidieux envoient à notre inconscient l'impression qu'un être faible et sans défense nous habite, lequel ne doit en aucun cas être exposé aux dangers. Ensuite, on en vient à se croire inapte à composer avec les risques potentiels d'une vie pleine.

On se fragilise si, par inquiétude, on cherche trop à se sécuriser. Psychologiquement ou moralement, du moins. Car la peur est une énergie gelée, une énergie défensive qui nous cloue sur place, nous amène à tolérer des statu quo, voire à s'y résigner. La crainte de perdre nous ronge.

Si on n'y prend pas garde, on deviendra comme ces chats de salon bien engraissés et dégriffés qui craignent de sortir à l'extérieur, car les écureuils sont plus menaçants qu'eux. À force de vivre dans une bulle de ouate, nous risquons de perdre l'instinct de survie. Gardons cette saine habitude de faire circuler en nous l'intensité et la combativité nécessaires pour déployer tout ce qu'on a dans le ventre et courir au-devant de la vie.

On a besoin de savoir activer le courage, de passer en mode offensif et de se dire : *Peu importe ce qui va se produire, je saurai y faire face!* Le courage requiert de l'intensité, il commande l'arrivée d'une énergie offensive nécessaire pour arriver à écraser la peur, l'impuissance, l'indifférence, la fatigue, etc. Cette énergie en ébullition implique un **mouvement** et un **désir d'investissement**. Et il y a plus d'énergie disponible dans les stratégies offensives que dans les tactiques défensives. Un peu de risque nous réveille, stimule nos instincts et nous procure une certaine vigueur.

J'aimerais que la culture dans laquelle je vis valorise davantage le courage, l'héroïsme, le don de soi, l'intégrité et la dignité. Je suis d'avis qu'il est temps de ramener les chevaliers, les mousquetaires et les samouraïs. Vivement le retour des **héros du quotidien** qui, par leur seule présence, font toute la différence.

- Ce ne sera pas la culture québécoise actuelle qui exigera de nous l'impossible.
- Maximiser notre vaillance et notre bravoure devra relever d'un choix personnel, de l'adoption d'un code d'honneur et du refus de se complaire dans des options faciles non nourrissantes.
- Méfions-nous du réflexe « *What's in it for me?* (Qu'est-ce que j'y gagne?) », de la tendance à l'individualisme et à l'indifférence des sociétés modernes : la fierté

vient de se sentir utile et de savoir qu'on a fait la différence pour les gens.

- Devant les grandes épreuves, notre instinct de survie nous confère énormément d'énergie ; on se découvre une force intérieure insoupçonnée.

Chapitre 2

L'anatomie du courage

Le mot « courage » vient du latin *cor* qui signifie cœur. D'où l'expression populaire « avoir du cœur au ventre ». Selon certains philosophes[16], le courage a porté d'autres noms à d'autres époques et c'était associé au concept de l'âme. Saint Thomas et Aristote l'appelaient la *fortitudo*, la force d'âme. Alors que Spinoza employait la notion de « fermeté d'âme » (*animositas*) pour décrire l'homme à l'âme forte qui, confronté aux obstacles, s'efforçait de faire ce qui était bien dans la bonne humeur.

Le courage étant la vertu des héros, c'est la plus universellement admirée. On respecte et on honore les gens qui sont capables, par une volonté plus forte et plus généreuse, de surmonter la peur et la paresse. Partout, la lâcheté et la paresse sont méprisées et être traité de lâche compte parmi les pires injures. « Le danger n'est pas le travail ; la peur n'est pas la fatigue. Mais il faut surmonter, dans les deux cas, l'impulsion première ou animale, qui préférerait le repos, le plaisir ou la fuite[17]. »

Ainsi, plus que de la bravoure, le courage englobe une **volonté d'action**, un **désir d'investissement**. Comte-Sponville soutient également que le courage n'existerait qu'au **présent**.

Avoir eu du courage ne prouve pas qu'on en aura, ni même qu'on en a, précise-t-il. C'est le présent qui est le lieu du courage et de l'action. Il s'agit d'être courageux « séance tenante », ici, maintenant. Et que faut-il pour être courageux ? Il faut vouloir l'être, le désirer ardemment.

2.1 L'anatomie du courage selon la psychologie positive

Examinons maintenant le point de vue des plus éminents experts en psychologie positive sur les forces de caractère intrinsèques aux êtres courageux.

Les docteurs Martin Seligman et Christopher Peterson ont écrit, avec le solide appui d'une équipe de chercheurs, *Character Strenghts and Virtues : A Handbook and Classification*. Ils nous ont alors offert la bible de la psychologie positive et ont établi une « taxinomie du bon caractère ». L'ouvrage se veut la contrepartie « positive » du DSM-IV, le *Manuel diagnostique et statistique des troubles mentaux*.

Expliqué simplement, ils ont dressé l'inventaire (la typologie) des vertus et des forces de caractère d'un individu. Désireux d'éviter tout biais culturel, ils ont complété leurs recherches cliniques par des lectures d'ouvrages sur la sagesse du monde entier, allant d'Aristote et saint Thomas d'Aquin à Lao-Tseu en passant par les Upanishad, le Talmud, le Coran et Benjamin Franklin. Ils ont même consulté le manuel du scoutisme et le code d'honneur des Klingons (dans la série télévisée *Star Trek*, ou *Patrouille du cosmos*). Rien n'a été mis de côté pour produire un ouvrage exhaustif, précis et rempli de nuances.

Les recherches qu'ils ont menées les ont donc conduits à dresser une liste de 24 forces de caractère, réparties en 6 vertus[18] générales. La vertu de la **connaissance et de la sagesse** est constituée de ces forces de caractère : créativité, curiosité, discernement, amour de l'apprentissage et perspective. La vertu de **l'humanité** englobe les traits de caractère suivants : le désir d'aimer et d'être aimé, la gentillesse et la générosité, de même que l'intelligence sociale. Du côté de la vertu de la **justice**, on associe ces forces spécifiques : le devoir de citoyenneté, la recherche de la justice et de l'équité, le leadership. En ce qui a trait à la **tempérance**, on retrouve : le pardon, l'humilité et la modestie, la prudence, le contrôle de soi. Du côté de la **transcendance**, les traits de caractère sont : l'appréciation de la beauté, la gratitude, l'optimisme, l'humour et la spiritualité.

Enfin, la bravoure, la persévérance, l'authenticité-intégrité et la vitalité-vigueur se révèlent les quatre forces de caractère inhérentes à **la vertu du courage**.

Ces chercheurs ont aussi développé le VIA Survey[19], **un test dans Internet** pour découvrir l'architecture de nos forces de caractère dominantes. Ce test est offert gracieusement à quiconque veut bien investir 30 minutes de son temps. Intéressant, n'est-ce pas ? On peut découvrir en une demi-heure dans quel ordre apparaissent les forces associées au courage dans l'agencement de notre tempérament.

Le dosage de ces 24 forces de caractère rend un individu unique et spécial. Les 5 premières sont nos « forces signatures », des forces de notre tempérament que nous arrivons à activer sans effort de volonté et qui nous procurent un surcroît d'énergie dès que nous trouvons de nouvelles façons de les utiliser. Les forces dans les derniers rangs du test ne signifient pas que ce sont des faiblesses de notre personnalité, mais plutôt que nous devons activer plus d'efforts pour les déployer. Nous pouvons en disposer, mais elles nous sont moins naturelles.

Pour l'avoir fait, je vous incite fortement à l'essayer. J'ai eu des confirmations de mes intuitions. Les résultats se sont avérés justes et m'ont aidée à mieux comprendre l'anatomie de ma personnalité pour ensuite établir des liens avec la vertu du courage et me questionner : que puis-je exploiter que je possède déjà ? À ce titre, mes cinq forces les plus naturelles sont : vitalité, capacité d'aimer et de me sentir aimée, gratitude, humour et curiosité.

Comment utiliser ma capacité d'aimer pour augmenter mon courage ? Comment me servir de ma curiosité pour découvrir des astuces inusitées m'insufflant du courage ? Enfin, quelles forces dois-je renforcer si j'aspire à plus de courage ?

Au regard des forces associées au courage, la vitalité fait partie de mon modèle de base. Je suis venue au monde avec elle. J'accède à la bravoure plutôt facilement aussi, car souvent, mon audace et ma soif de liberté m'ont aidée à domestiquer mes peurs.

Par bonheur, j'ai maintenant intégré l'authenticité-intégrité à ma neurologie, à force de désirer l'incarner. J'avoue que ce fut une bataille de tous les instants à livrer. J'y reviens au chapitre 7, mais j'ai grandi dans une culture familiale « gentille ». Il valait mieux y taire les vraies affaires, si elles étaient difficiles à entendre pour l'autre, afin **d'éviter de lui faire de la peine, de blesser son estime ou de rendre inconfortables les rencontres et les relations**.

Je dois à ce type d'environnement familial le développement de ma compassion et de ma sensibilité envers les gens. Cependant, ma famille a le cœur grand comme le monde et elle valorise la générosité à un point tel que c'est peut-être un peu trop. Je n'ai donc pas pu y observer des styles de comportements de référence pour apprendre à dire non avec franchise ni à sainement imposer mes limites. Comme je n'y ai pas appris à exprimer mon mécontentement par des communications claires et affirmées non plus. Pour cette force précise d'intégrité, j'ai dû apprendre cela ailleurs, auprès d'autres modèles de rôle.

Étant donné que je souffrais du syndrome de la bonne fille (la bonne élève), c'était tout un obstacle à franchir sur mon chemin vers l'authenticité ... J'étais toujours prête à dire aux gens ce qu'ils voulaient entendre dans le but de leur plaire et d'obtenir leur approbation. Même si, durant ma trentaine, je peux affirmer fièrement avoir nettement progressé en authenticité, je trouve encore difficile de prendre des positions impopulaires ou de sentir que je ne suis pas à la hauteur des attentes de quelqu'un.

La force de caractère la moins naturelle chez moi est la persévérance, l'endurance. Je suis une sprinteuse. Grâce à ma vitalité et ma vigueur, je dispose d'une grande énergie de départ qui se veut explosive en début de projet, ce qui s'avère utile pour une carrière de conférencière. Mais lorsque je dois faire surgir la marathonienne en moi et m'efforcer de durer, de tenir bon, comme pour la rédaction de ce livre, je trouve très ardu de conserver ma constance et je dois me faire violence pour éviter de me rabattre sur la facilité et préférer les distractions (courriels, téléphone, films, nourriture; même le ménage devient une échappatoire tentante). Le passé m'a démontré que je suis capable de persévérance, mais je dois déployer plus d'efforts et j'ai besoin de stratégies concrètes pour l'activer.

J'admets que l'endurance n'est pas venue avec l'attirail de base, sur le plan neurologique. Il va falloir que j'ajoute moi-même ces options. Si, pour les forces de caractère que sont l'amour, la vitalité, l'humour et la curiosité, je me suis retrouvée dans la position d'Obélix (tombé dans la potion magique quand il était petit)… en ce qui concerne la persévérance, je suis plutôt comme Astérix, qui doit boire la potion pour en activer les effets…

D'ailleurs, ce livre sur le courage a surgi de ma volonté de partager les trucs que j'ai découverts et appliqués sur moi-même durant cette quête de bravoure, d'intégrité, de persévérance et d'endurance.

2.2 Les expressions populaires

Mettons de côté le politiquement correct et les distinctions des grands penseurs et des psychologues. Allons investiguer du côté des expressions populaires. Voici quelques exemples qui se retrouvent sans doute déjà dans votre propre répertoire. Faisons un test. Qui ne ressentirait pas une grande fierté, s'il entendait dire à son sujet : « Cette personne, elle en a dans le ventre ; elle est capable de mettre ses culottes ; elle a toute une colonne ; elle a des couilles ; elle a du nerf ; elle a du chien ; elle a du mordant ; elle est faite forte ; elle a du *guts*, du cran. » Maintenant, imaginez qu'à la suite de plusieurs décisions non courageuses où vous avez baissé les bras devant l'effort et vous vous êtes résigné, on dise de vous : « Cet individu est un invertébré ; il n'a pas de colonne vertébrale ; il n'a pas de couilles ; c'est une chiffe molle, un pisseux, un lâche ; c'est une poule mouillée ; c'est un licheux ; il a le cordon du cœur qui lui traîne dans la merde… »

Je vous l'accorde, c'est plus cru que ce qu'en disent les philosophes. Mais l'impact de ces mots est puissant, n'est-ce pas ? Qu'on le ressent plus ? Une grande charge affective réside dans certains mots et dans certaines expressions, si bien qu'aucun d'entre nous n'a envie de faire partie du camp des chiffes molles !

2.3 L'heure est au bilan

Je lève mon chapeau à tous ceux qui ont le cran et la lucidité de faire une pause de temps à autre pour un petit bilan de conscience, analyser leurs actions et constater dans quel camp ils ont choisi de jouer. Il faut s'arrêter pour être capable de « ressentir l'impact » de nos gestes nobles et courageux, de même que pour prendre la mesure et ressentir les conséquences de nos décisions lâches et mesquines.

Dans le même ordre d'idées, si vous avez pris le temps de passer le test du VIA Survey, quels sont vos constats sur vous-même relatifs à vos « aptitudes naturelles », au courage ? Sur quels petits démons personnels vous concentrerez-vous devant une situation à haut potentiel d'adversité ? Prenez un moment pour y réfléchir, car il faut connaître le mal contre lequel on se bat afin de pouvoir déterminer les bons leviers de changement. Car si, comme moi, la partie n'est pas jouée d'avance pour vous avant de mériter la mention de personne courageuse, vous verrez qu'il existe une multitude de trucs, d'astuces et de stratégies afin de muscler le circuit neurologique du courage et d'ajouter cette corde à nos arcs.

Enfin, rappelons-nous que notre attitude a des répercussions sur le monde qui nous entoure. Nous tenons la vie d'autres personnes dans la nôtre, car nous comptons beaucoup plus pour les gens que nous le pensons. Ce que nous faisons ou non, par courage ou par lâcheté, les affecte plus qu'on ne le croit. Et si on ne s'arrête jamais pour se regarder aller, si on ne prend pas le temps de jeter un coup d'œil à notre boussole morale, on risque de vivre une petite vie, engourdie, sur le pilote automatique, pour tout d'un coup réaliser qu'il y aura une fin à tout cela… Un jour nous arriverons devant la mort, nous regarderons en arrière, soit avec beaucoup de satisfaction ou plein de regrets, devant la vie qu'on a menée.

Et c'est à l'avance qu'**il faut décider du genre d'individus qu'on sera fiers d'avoir été à la fin de notre vie**…

Chapitre 3

Mieux vaut vivre un jour comme un lion que cent ans comme un mouton

« On a trois ou quatre fois dans sa vie l'occasion d'être brave, et tous les jours, celle de ne pas être lâche. »

— René Bazin

Lors de la pesée de mon âme, quand on me présentera le film de ma vie, qu'aurai-je envie de visualiser ? En passant, que la réincarnation existe ou non m'importe peu. C'est une mythologie comme une autre, mais la métaphore de la « pesée de l'âme » me plaît et m'est utile. Et comme on a le pouvoir de choisir nos croyances, celle-là, je l'achète, car elle me donne la force pour me mesurer à mon code d'honneur avec détermination et puissance.

Alors, plongeons ensemble au cœur de la métaphore. À notre mort physique, au moment du bilan final, nous nous retrouvons dans une salle de cinéma, en compagnie des personnes que nous avons aimées et qui sont décédées avant nous, et on nous présente le film de notre vie passée. Que ressentirions-nous au moment du visionnement de passages tels que ceux qui sont ci-dessous ?

• Vous avez 14 ans et vous êtes à l'école secondaire où vous étudiez. La vie est belle. Vous avez de nombreux amis et, en prime, vous faites partie d'un groupe populaire. Subitement, une bagarre entre filles éclate. Deux hystériques se jettent sur une, lui crachent dans les cheveux, lui assènent des coups de pied au ventre, l'injurient et la méprisent en hurlant, pour que toute l'école entende. Saisi par la violence, ça vous fait mal pour la victime. Concrètement, vous ressentez sa douleur et sa détresse. Intérieurement, vous êtes affolé, vous vous dites qu'il faut arrêter cela immédiatement. Vous songez à recruter des amis (vos alliés

populaires) pour augmenter votre pouvoir d'influence et mettre un terme à cette folie aberrante. Mais vous ne le faites pas. Car vous avez hésité juste assez longtemps pour que votre esprit ait eu le temps de réfléchir et, soudain, la **peur de risquer des conséquences fâcheuses** a pris toute la place. Cette peur a pris le contrôle de vous et elle a éteint la parcelle de bravoure qui, pourtant, avait eu une solide envie de prendre son élan. Vous vous dites alors qu'il est **plus sage de ne pas avoir de problèmes** avec les deux enragées déchaînées. Vous optez pour la **tranquillité**. Vous avez **choisi d'abandonner un être humain à sa détresse**, parce que la peur du risque vous a dominé. Diminué. Écrasé.

• Plus loin dans le film, vous avez 22 ans. L'amour de votre vie, votre grand-mère, qui a pris soin de vous enfant, qui vous a bercé et nourri, vous a donné toute la présence et l'amour qu'un enfant espère savourer, cette femme âgée se meurt d'un cancer à l'hôpital. Vous l'aimez tellement que vous trouvez le temps (malgré votre horaire chargé d'étudiant à l'université et votre emploi de serveur dans un restaurant) de faire quatre heures de voiture trois fois par semaine pour lui apporter votre réconfort. Droguée sous l'effet de la morphine, elle a la bouche, les lèvres et la langue sèches. Votre grand-mère vous indique qu'elle a soif. Vous alertez tous les soignants sur place et insistez pour qu'on lui donne de l'eau, mais le médecin répond que ça prolongerait sa souffrance. Elle reçoit de la morphine et, en conséquence, elle ne peut pas ressentir la soif. Votre intuition vous dit que c'est faux. Que cette femme qui vous a nourri toute votre vie a bel et bien soif et que c'est à votre tour d'en prendre soin. Vous revenez à la charge auprès des médecins qui, encore, refusent votre demande. Comme **vous manquez de certitude et de confiance en vous**, vous vous écrasez devant eux. Vous **n'osez pas vous affirmer plus fermement** et insister sans en démordre. De quoi auriez-vous l'air ? Ça doit être vous qui êtes dans l'erreur, car c'est un médecin quand même… Du point de vue du rapport de pouvoir, inconsciemment, vous vous situez dans la « position basse » et le médecin dans la « position haute ». Donc, vous abdiquez votre intuition. Et **vous cédez votre pouvoir** au spécialiste. Aussi, les dés sont lancés : votre grand-mère n'aura rien à boire et mourra probablement de soif avant de mourir du cancer. Sans l'avoir voulu, **votre faiblesse à vous battre** contre vents et marées **vous fait l'abandonner à sa soif**. Cette **impuissance** à lui procurer de l'eau vous trouble tellement que vous en faites des cauchemars récurrents pendant cinq ans. Toujours le même scénario : elle est assoiffée et vous refusez de l'abreuver.

Que ressentiriez-vous au moment du visionnement de ces extraits, si ça s'était passé dans votre vie ? Moi, je le sais, car ces incidents me sont vraiment arrivés : après avoir abandonné des humains dans le besoin par manque de courage, on éprouve une terrible honte, de la culpabilité et un sentiment de petitesse. Et ces perceptions perdurent, car même des décennies plus tard, elles réapparaissent à l'évocation de ces souvenirs.

Je vivrais différemment ces deux épisodes s'il m'était possible de retourner dans le passé. Cela dit, je retire une leçon durable de ces expériences émotionnelles, pour les avoir vécues et pour avoir ressenti l'effet de la honte. Car quand je repense aux moments peu glorieux de mon passé où j'ai manqué de courage et que j'arrive à bien revivre la honte, cette énergie émotionnelle douloureuse et révoltante me met dans un état où toutes les cellules de mon corps ont envie de crier dans toutes les langues que je connais : « *NEVER AGAIN!* JE NE VEUX PLUS JAMAIS RESSENTIR CELA ! IL FAUDRA D'ABORD ME PASSER SUR LE CORPS ! SI LA SITUATION SE PRÉSENTE, REGARDEZ-MOI ALLER ! TESTEZ-MOI POUR VOIR ! »

Et alors, je sens qu'un Hulk veut sortir de mon corps. Ça m'aide à bâtir de la force, à muscler ma détermination, à sortir ce que j'ai dans le ventre, à remuer ciel et terre pour me tenir droite et forte devant les gens susceptibles de m'intimider, à qui je cédais jadis de mon pouvoir en me diminuant.

En fait, ça me donne de la force quand je parviens, en y repensant, à me fâcher très fort contre moi-même après avoir agi d'une manière indigne de la personne qui correspond à mes aspirations. Ça me pousse à tenter de me racheter face à ma vie, à réparer le tort et à fermement refuser l'impuissance et la lâcheté. La révolte que m'apporte la honte m'aide à développer des ressources pour bâtir ma solidité intérieure.

Aujourd'hui, je ne demeurerais pas impuissante et soumise devant un médecin très catégorique et obstiné, si une personne que j'aime recevait de la morphine et avait soif. Au contraire, j'écouterais mon intuition. J'équilibrerais le rapport de force en augmentant mon propre pouvoir sur la situation, je passerais à l'action et je ferais très bien mes devoirs, croyez-moi ! Je me lierais d'amitié avec le personnel qui côtoie ce médecin afin d'en apprendre plus sur lui et ses compétences (car des incompétents exercent dans tous les domaines). Avec mon plus beau sourire et tout le charme dont je suis capable, j'exigerais avec fermeté qu'il me prouve la véracité de ses déductions, je lirais toutes les recherches et la documentation sur les effets de la morphine sur la soif (si c'était le thème récurrent de mon doute), j'en parlerais à au moins trois autres médecins, à des pharmaciens, à des gens qui ont reçu des injections. Bref, je mordrais comme un pitbull et je reviendrais à la charge tant qu'on ne m'aurait pas persuadée du contraire. Une fois convaincue, je pourrais sentir que j'ai fait mon possible et je lâcherais prise seulement après. Mais je n'abandonnerais pas la partie en début de jeu, sans tenter de faire valoir mon point de vue.

Vous trouvez cela intense ? J'assume ! Je préfère une intensité acharnée et déraisonnable à une impuissance de soumise. Je ne veux plus me sentir petite et je refuse de revivre la honte. Je voudrais avoir été une lionne beaucoup plus souvent qu'une brebis suiveuse lorsque je me bercerai et je repenserai à ma vie, dans ma peau de vieille dame, assise sur la véranda.

3.1 Choisir l'intensité

« Ce qui manque à l'homme,
c'est l'intensité. »
— Carl Gustav Jung

Il va sans dire que le courage, c'est intense ! Et n'est-ce pas l'intensité qui donne du piquant à notre existence ? Quand on active l'énergie du courage, on se sent vivant. On vibre. On vit.

On ne fait pas qu'exister. Les situations s'imprègnent de sens. On savoure une forme de liberté. Un sentiment de maîtrise de sa vie.

Thomas d'Ansembourg relate que durant la Seconde Guerre mondiale, sa grand-mère avait caché des Juifs au sous-sol de sa maison : « Elle nous racontait ces histoires et nos cœurs palpitaient toujours très fort au moment de la descente et la fouille des Allemands. Elle avait, sans trembler, osé dire au chef de la patrouille de perquisition que la maison n'abritait que des membres de la famille et qu'il ne s'y trouvait personne d'autre. J'étais plein d'admiration pour sa dignité et son courage[20]. »

Après avoir lu ce passage, j'imaginais ce que pouvait ressentir la grand-mère en train de raconter ce moment important de sa vie où son choix avait été déterminant : elle avait eu la puissance intérieure et l'honneur de sauver des vies humaines. Devant des risques éminents, malgré la peur, elle a opté pour le courage et a agi selon son code d'honneur ! Ce souvenir était un acquis de son passé. Elle a porté fièrement cette archive émotionnelle dans son cœur jusqu'à son dernier souffle de vie. Il lui suffisait de se le remémorer et d'en reparler pour savourer ce moment charnière de sa vie.

Nous avons parfois l'impression que le vrai courage, avec un grand C, relève d'actes héroïques comme dans ce dernier exemple. Pourtant, les décisions du quotidien nous donnent l'occasion de cumuler les petites victoires sur nous-même, qui nous feront gagner des points au test de la pesée de l'âme et vivre une vie pleine de sens et de liberté.

3.2 La combativité

« Le courage ce n'est pas l'absence de peur, mais plutôt le jugement qu'autre chose est plus important que la peur. »

— Ambrose Redmoon

Dans les scénarios qui suivent, essayez de vous mettre dans la peau des personnages et mesurez en vous l'intensité requise pour affronter ce type d'enjeux. Le fait de s'attaquer à l'adversité requiert l'activation d'une énergie offensive qui, au lieu de nous faire reculer ou figer, nous met en mouvement et nous aide à monter à l'assaut :

- Julie est la seule du groupe à sentir son instinct lui dire que la situation risque de dégénérer. Ce qu'elle a à dire ne sera vraiment pas populaire... Elle prend son courage à deux mains, émet son commentaire et s'attire des regards froids et méprisants au sein du groupe. La fidélité à ses principes et la défense de son point de vue valaient davantage que sa popularité et le fait de se conformer.
- Luc observe les magouilles de son gestionnaire depuis un certain temps et cela le révolte. Il se sent lâche de n'avoir pas réagi depuis des mois. Un matin, il se fâche contre cette injustice et décide de dénoncer la fraude commise. Le risque est grand et il y aura sans doute un coût à payer en cours de route, car ce supérieur est aimé de tout le monde, particulièrement de la haute direction...
- Malgré sa crainte des hôpitaux, Caroline décide de donner à son père un de ses reins. C'est la puissance de son amour filial qui la guide. Elle sait le paternel gravement malade et sa peur de le perdre lui insuffle le courage de prendre rendez-vous avec les médecins pour entamer la procédure.

- Steve s'engage dans l'organisation humanitaire internationale Médecins Sans Frontières pour un an, avec le sentiment aigu qu'il va vers le danger, que ce sera difficile et risqué. Il est néanmoins conscient de sa chance d'être venu au monde au Québec et, en signe de gratitude envers la vie, il a choisi de donner au suivant en allant prendre soin de gens aux prises avec la vraie misère dans des pays en guerre.
- Éric a été remis à sa place de façon insultante à quelques reprises en comité de gestion. Propulsé par sa colère, il se dit à lui-même : *Là, c'est assez !* Il décide donc d'arrêter de baisser les yeux devant les offenses, pour se tenir droit devant la brute intimidante et lui faire face avec une surprenante fermeté.
- Agnès livre un combat sans merci contre un cancer agressif. Elle trouve des façons de mobiliser sa force intérieure contre une douleur qui érode sa volonté et ronge son envie de vivre. Pour contrer son découragement, elle active son énergie guerrière dans des cours de karaté en se disant : *Cancer, à nous deux ! Je vais t'écraser !*
- Sorin quitte la Roumanie et s'installe au Québec avec sa famille pour un nouveau départ. Apprendre le français est une question de survie. Il multiplie les efforts pour réussir, car il veut travailler et s'intégrer, mais c'est difficile et décourageant par moments. Aussi est-il tenté de retourner dans son pays où c'est beaucoup plus facile et confortable, mais sa volonté d'offrir à ses enfants les possibilités d'une vie meilleure au Québec l'aide à résister à cette tentation et à tenir bon.
- Le feu prend dans l'appartement de Martin. Sitôt sorti à l'extérieur sur le trottoir avec les autres locataires, il

remarque que sa voisine de palier, une vieille dame de 90 ans, manque à l'appel. Il part à l'assaut et n'hésite pas deux secondes à pénétrer dans l'édifice en feu, puis il monte quatre à quatre les escaliers jusqu'au 9e étage pour y récupérer la dame. Enfin, il trouve la force musculaire de la redescendre dans ses bras tout au long des 9 étages, car elle est en perte de mobilité et ne se déplace pas assez vite, compte tenu du danger.

- Nicole porte en elle la ferme intention de retrouver sa joie de vivre malgré la déchirure et le deuil d'avoir perdu une enfant. Elle pourra ainsi offrir sa présence, son attention et ses fous rires à ses autres enfants, qui souffrent aussi de la perte de leur petite sœur.
- Claude est plein d'affection pour ses élèves et il n'aime pas provoquer des moments d'inconfort et de honte. Sauf qu'un matin, il décide d'expliquer tout bonnement à un nouvel immigrant qu'une douche quotidienne suivie de l'application d'un déodorant favoriseraient grandement son intégration à la culture québécoise. Au bout de quelques jours, comme la situation ne s'est pas améliorée, il retourne lui préciser qu'il serait aussi important de laver ses vêtements. Chaque fois, ces conversations furent désagréables pour lui, mais personne d'autre n'avait eu la générosité de surmonter son inconfort pour prendre soin de cet adolescent isolé et lui donner une rétroaction, comme quoi son odeur rebutait les autres jeunes.
- Depuis sept ans, chaque jour, Dominic doit prendre la ferme décision de remporter la victoire contre sa tentation de boire. Il assume au quotidien son choix d'être plus fort que l'alcool en se disant : *C'est moi qui gouverne l'alcool.*

Ce n'est pas l'alcool qui me domine. En triomphant de sa dépendance, il est en mesure d'être un solide soutien pour sa femme et ses enfants.

3.3 Se résigner à « jouer petit »

« Je volette de perchoir en perchoir
dans une cage de plus en plus petite
dont la porte est ouverte, grande ouverte. »
— Gyula Illyés, poète hongrois

Pour mieux sentir le vide intérieur et le prix à payer, et bien saisir l'impact des énergies défensives qui freinent notre capacité d'action, prenons le temps de considérer d'autres types de scénarios où des êtres humains capitulent et renoncent aux possibilités offertes par la vie.

- Jacques a toujours eu envie de se lancer en affaires, mais il est resté fidèle à un emploi qu'il a détesté toute sa vie en espérant encaisser le gros fonds de pension qui était son unique source de motivation durant plus de 30 ans. Malheureusement, il est mort un an avant la date de sa retraite ... non sans avoir subi ses tâches journalières de peine et de misère.
- Carole repousse indéfiniment la vérification par le docteur de la bosse qu'elle a tâtée sur un de ses seins. Bien sûr, elle redoute un diagnostic de cancer. Le jour où elle s'y rend enfin, il est trop tard, car le cancer a trop progressé durant l'attente.

- Depuis la prime enfance, Éric rêve des pyramides et il a tout lu sur la mythologie égyptienne. Malheureusement, il ne réalisera jamais son rêve de visiter l'Égypte, car il a trop peur de prendre l'avion.

- Gaétan, un enseignant de français au secondaire, est à trois ans de la retraite. Son emploi le fatigue tellement qu'il préfère se reposer et imposer à ses étudiants trois ou quatre films à visionner par semaine.

- Sylvie est la directrice à l'école où enseigne Gaétan. Elle est mal à l'aise avec lui, car c'est une tête forte qui l'intimide et elle déteste les conflits. Après l'avoir avisé poliment d'oublier les films pour un bout de temps, elle voit qu'il ne coopère pas et continue ses visionnements. De toute façon, il a sa permanence et il est syndiqué. Sylvie décide donc de choisir ses batailles, car les affrontements avec le représentant syndical l'empêchent de dormir la nuit. Juste à y penser, ça l'essouffle. Donc, elle compte sur le passage du temps et se dit que dans trois ans, elle sera débarrassée de Gaétan. Sa tranquillité d'esprit semble plus importante que l'apprentissage d'une centaine d'élèves qu'elle abandonne chaque année.

- Ginette ressent des symptômes de malaise physique en présence d'un collègue qui la traite avec mépris depuis des lunes. C'est un personnage important à l'hôpital et elle se sent petite devant lui. Aussi, adopte-t-elle avec lui une attitude tellement servile qu'elle l'incite quasiment à lui manquer de respect. Avec le temps, cette situation a fini par la ronger intérieurement, au point de la confiner en arrêt de travail pour épuisement professionnel depuis six mois. Son médecin lui a prescrit des antidépresseurs pour l'aider à engourdir le mal-être provenant de son sentiment de dévalorisation.

- Claude manque d'estime de soi. Il est épris de Sylvie à en rêver la nuit. Il la met sur un piédestal et ne peut imaginer qu'elle puisse s'intéresser à lui. Il ne lui aura jamais manifesté son intérêt par peur du rejet ou de la moquerie.

Il y a un prix à payer à se laisser mener par les événements. La peur est une énergie gelée qui nous retient captif. Jouer sa vie en mode défensif, par peur de perdre, nous conduit droit à une existence tiède et sans saveur.

3.4 L'inévitable discernement : tout n'est pas blanc ou noir

Jouer sa vie en mode offensif, au nom du courage, en fonçant les yeux bandés droit dans un mur, n'est guère plus utile. « Le courage ne peut cheminer seul : il devrait se fonder sur un discernement et s'ouvrir sur l'amour[21] ». C'est dans cette optique que mes lecteurs devraient envisager l'utilisation des outils afin d'activer plus de courage en eux.

En effet, le vrai courage ne saurait servir à d'uniques fins égocentriques. Et il nous ferait prendre des décisions absurdes, si nous n'avions pris soin, avant d'engager l'action, de bien discerner, soit de réfléchir aux finalités et aux conséquences de nos choix. Nul ne souhaite l'énergie d'un matamore sans jugement qui démissionnerait de son emploi sans avoir, au préalable, élaboré un plan B. On aspire à un courage calme, attentif et réfléchi.

Par exemple, une réflexion préliminaire incontournable permet de prendre notre courage à deux mains pour décider de mettre fin à une relation toxique par une demande de divorce, ou encore de se demander s'il ne serait pas plus judicieux d'utiliser son énergie de courage pour tenir bon, traverser la crise et investir dans la solidité de notre couple. D'un autre côté, sans discernement, comment savoir s'il est temps de se faire violence et de s'imposer des rigueurs en exigeant plus de soi-même ? Ou à quels autres moments serait-il plus indiqué de faire preuve de bienveillance envers soi et de s'offrir un peu d'auto-indulgence ?

Un livre ne répondra jamais pour nous à ce type de question. C'est le bout de chemin que nous devons parcourir seul, mais qui est absolument essentiel à toute action que vous déciderez d'entreprendre après la lecture de cet ouvrage.

3.5 Faire le poids à la pesée de l'âme

Entre la combativité et la résignation, il ne s'agit pas de savoir laquelle des deux est souhaitable, car la réponse nous saute aux yeux. Les questions ultimes à nous poser à ce stade-ci sont : quelles sont nos intentions pour notre vie ? Que faisons-nous actuellement pour avoir une « grande vie », intense en sens et en liberté ? Où nous surprenons-nous à « jouer petit » ? Dans quels domaines aimerais-je **insuffler plus de courage** ? Par exemple, prend-on le parti de « dire les vraies affaires » quand c'est le temps et d'éviter les situations qui dégénèrent douloureusement à la longue ? Avons-nous le désir de nous tenir debout devant les difficultés et de supporter l'inconfort des décisions impopulaires ? Souhaitons-nous être plus libre d'être qui l'on est et de bien l'assumer, au lieu de faire semblant, et de tenter de « bien paraître » ? Ne plus être paralysé par la peur de perdre nos acquis ? Être capable de dépasser la fatigue et de mener à terme nos affaires ?

Chaque fois qu'on choisit de mordre dans l'aventure de la vie à pleines dents et qu'on ne s'engage pas à moitié, on devient des **agents de changement**. Trop de situations dégénèrent lorsqu'on attend d'être pris en charge et qu'on se dit : *quelqu'un devrait faire quelque chose pour améliorer telle situation.* Malgré nos souhaits secrets de passer la patate chaude à un autre, il est peu probable qu'un noble chevalier soit en route sur sa monture pour venir améliorer les choses ou venir nous sauver. Il se pourrait bien que la vie compte sur nous afin qu'on fasse notre propre part. Et dans ces moments charnières, où l'on choisit de monter aux barricades, où l'on se lance en duel contre nos peurs et où notre cœur se met à battre la chamade, c'est un déferlement d'adrénaline dans nos veines – et ça nous fait tellement sentir vivant ! Ce sont de tels moments d'intensité qui permettent à un être humain de nourrir son sentiment d'efficacité personnelle et de dignité.

Si vous croyez qu'il est temps de laisser tomber l'ombre de vous-même, je vous propose une série d'exercices, de réflexions et de sources d'inspiration pour éveiller le héros du quotidien qui sommeille en vous ! Cela vous semble impossible à réaliser ? La pratique du courage commence ici. Goethe a dit un jour : « Ce que vous pouvez faire ou que vous rêvez de pouvoir faire, commencez-le. L'audace contient du génie, du pouvoir et de la magie. »

C'est parti !

COURAGE

À retenir

- Tirons parti de nos hontes passées. Utilisons-les comme de puissants leviers afin de ne plus jamais retomber dans la lâcheté.
- Le courage, c'est juger qu'autre chose est plus important que la peur : stimulons notre combativité pour les causes qui ont de la valeur.
- Capituler, éviter, renoncer ou se résigner, cela nous expose au pire des risques : avoir vécu une petite vie tiède et sans saveur.
- Un sain discernement doit absolument précéder toute décision courageuse.

Chapitre 4

Activer la biochimie du courage

Comment vous sentez-vous actuellement par rapport à votre vie ? Quelles émotions dominantes règnent sur vos humeurs ces temps-ci ? Vous sentez-vous stressé et dépassé ? Ou plutôt puissant et fier de vous ? Vous sentez-vous résigné et engourdi ? Ou brave et vivant ?

J'ai expliqué en détail dans mon premier livre, *EMPOWER*, que le cerveau génère les émotions en activant différents circuits électriques, un peu à l'image de l'éclair qui se déploie après une décharge qui éclate. Une fois activé, le circuit libère des hormones (neuropeptides, neurotransmetteurs, etc.). Les hormones relâchées peuvent être de différentes natures. L'hormone de l'amour et de l'attachement se nomme l'**ocytocine**. Certaines sont liées au bonheur et au plaisir telles que la **sérotonine**, la **dopamine** et l'**endorphine** ; cette dernière procure, en plus, un effet anxiolytique digne d'intérêt pour quiconque désire maximiser son courage.

Lorsqu'on s'intéresse à la biochimie du courage, il faut aussi prêter attention à l'**adrénaline** et à la **noradrénaline**. Elles permettent à l'organisme de fonctionner à une capacité maximale en augmentant notre niveau d'énergie. Elles interviennent également dans les états d'excitation et d'enthousiasme. Tandis que l'**acétylcholine**, le neurotransmetteur du système parasympathique, accompagne les états de relaxation, de bien-être et de calme. Notre corps peut aussi libérer du **cortisol**, hormone du stress par excellence, qui tend à nous figer et nous faire éviter les risques. Et n'oublions surtout pas la **testostérone**, cruciale aux états courageux, aussi appelée hormone de dominance.

En plus des hormones qu'elle libère, chaque émotion suit son propre circuit neurologique dans le cerveau. **Plus nous vivons une émotion à répétition, plus nous renforçons son circuit et plus nous y accédons rapidement**. Notre émotion prédominante devient alors une humeur sous sa forme plus atténuée, pour ensuite devenir un état d'esprit. Cette énergie émotionnelle atténuée s'installe progressivement dans notre personnalité.

C'est ce qui explique notre impression que certaines personnes de notre entourage ont une « **marque de commerce émotionnelle** ». Elles semblent avoir des autoroutes neurologiques à six voies pour accéder à des émotions et des comportements. Leurs réactions deviennent, pour nous, plutôt prévisibles.

En ce qui a trait au registre du courage, elles reproduisent tellement les mêmes comportements de courage ou de peur, qu'il n'est pas rare d'apposer à quelqu'un une étiquette : « lui, c'est un lâche, un brave, un paresseux, un vaillant, un "lécheux", ou un vrai ; elle, c'est une battante, une faible, une audacieuse ou une coincée », etc.

Bref, nous avons tous nos émotions habituelles, soit un **pattern émotionnel** qui nous sert ou nous dessert. Par contre, nous verrons dans les chapitres à venir qu'un être humain qui sait déjouer habilement son système limbique est un individu beaucoup plus libre qu'il ne peut l'imaginer au départ. Une personne est en mesure d'augmenter son niveau d'adrénaline en 40 secondes. On peut produire plus d'endorphine, et ainsi calmer le déferlement de cortisol dans son corps et augmenter la testostérone, au moment de nous brancher dans 220 volts de courage.

4.1 Prendre le contrôle de sa manette émotionnelle

Nous l'avons dit plus haut, le cerveau commande nos émotions. Comment fonctionne cette fabrique à émotions ? Le cerveau comporte trois parties principales. Au début de l'humanité, l'homme de Cro-Magnon disposait presque d'une seule : le **cerveau dit reptilien**. Sa fonction était d'assurer la survie de l'espèce. Puis, avec le développement de l'homme, une deuxième couche a pris de l'ampleur dans le cerveau : le **système limbique**, ou **cerveau émotionnel**. Il prend en charge les émotions, le bien-être psychologique et une grande partie de la physiologie du corps[22]. Le courage est une énergie viscérale qui circule en nous. D'où l'importance de bien communiquer avec notre système limbique afin d'aviver, sur commande, nos élans courageux.

Et toujours suivant l'évolution de l'homme, s'est ajouté le néocortex, notre **cerveau logique**, qui régit la pensée, le langage, et est apte à planifier avec intelligence, à dire la bonne chose à la bonne personne, sur le bon ton et dans le bon registre émotionnel… Il est intéressant de distinguer qu'au sein de cette structure, le **cerveau émotionnel procure l'énergie et la direction**, tandis que le cerveau logique

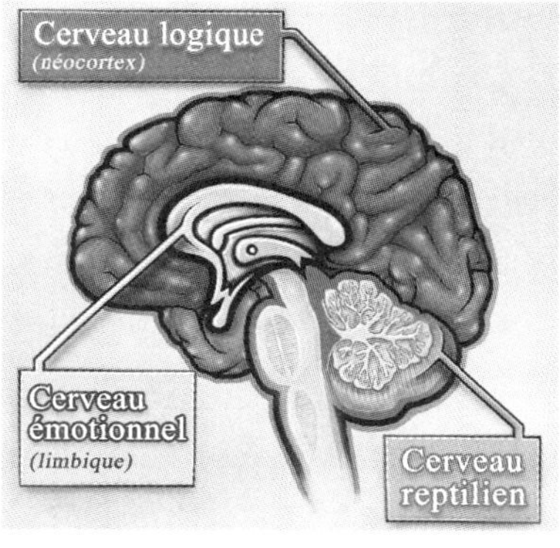

s'occupe du « comment » en organisant l'exécution[23]. Nous verrons comment exploiter ces distinctions pour ajouter du courage dans nos vies.

Ainsi, comment affronter des enjeux majeurs en ces jours où nous devons déployer du courage quand, malgré nos bonnes intentions, notre tête, notre corps et notre cœur ne semblent pas contribuer à notre cause? Comment stimuler notre cerveau émotionnel qui procure la motivation, le *drive* et l'énergie? Comment mettre à contribution l'ensemble de nos ressources afin de déployer notre puissance intérieure?

Il faut déjouer notre cerveau émotionnel, le « système limbique », et apprendre son langage pour communiquer avec lui! Autrement dit, il faut connaître les différents **accès limbiques** qui s'offrent à nous et en comprendre le mécanisme pour être en mesure de syntoniser la chaîne émotionnelle de notre choix, sur commande et à volonté.

4.2 Les dés ne sont pas joués d'avance: Les promesses de la neuroplasticité cérébrale

Ne vous découragez pas si le courage ne fait pas autant partie de votre vie que vous le souhaiteriez, car c'est une vertu, mais surtout un muscle psychologique et émotionnel, qui prend de l'expansion avec la pratique et au cœur de l'action.

De fait, la science a découvert que les dés ne sont pas jetés, une fois pour toutes. Nous pouvons modifier notre tempérament, voire l'architecture des forces qui composent notre personnalité. Nous ne sommes pas pris au piège avec notre modèle de base et nous avons même la capacité d'augmenter nos options disponibles.

À ce jour, plusieurs recherches indiquent que nous pouvons concrètement accroître notre part de courage par les promesses de la neuroplasticité autodirigée. Notre cerveau peut être entraîné à accéder à plus de courage, car sa structure peut être modifiée. Il est possible de renforcer de nouveaux circuits neurologiques vers des émotions qui soutiendront notre force et notre solidité psychologique pour arriver à faire ce qui est difficile.

4.3 Un entraînement au courage

« J'entends et j'oublie. Je vois et je me souviens.
Je fais et je comprends »
— Confucius

La pratique suffit pour entraîner notre cerveau aux forces inhérentes à la vertu du courage. **De la pratique dans l'action**, car la compréhension intellectuelle d'un phénomène ne peut pas accomplir seule la transformation du ressenti intérieur. La métamorphose profonde et viscérale naît de la compréhension émotionnelle, c'est-à-dire de l'expérience et de la pratique dans la durée. « La connaissance livresque qui nous amène souvent à croire que nous avons tout compris – ce qui peut être vrai mentalement – alors que nous n'avons rien intégré du tout, illusion qui nous permet d'éviter l'occasion de nous transformer vraiment et durablement[24]. »

Alors, je vous propose de vous attaquer à ce livre différemment, voire d'en faire une seconde lecture pour une mise en application concrète des principes. Pourquoi ne pas former une **escouade tactique du courage** ? Par exemple, en créant un **groupe de lecture**, soit un **groupe de codéveloppement**, qui réunirait quelques personnes de confiance, dotées d'un bon jugement, avec qui on pourrait discuter de chaque chapitre afin de s'approprier personnellement les notions, à mesure qu'on prend connaissance du contenu.

L'avantage d'un apprentissage en groupe, c'est qu'il devient plus senti et viscéral à l'aide des anecdotes des autres. On peut agir à titre de consultant externe en ce qui concerne l'entraînement au courage des autres membres de sa cohorte. On bénéficie de leur regard externe sur les situations problématiques qu'on expose, ces moments où l'on aime disposer de plus de distinctions et d'éléments pour mieux bâtir notre certitude, mieux discerner les enjeux autour de nos futures prises de risques avant de nous lancer tête première dans des actions plus audacieuses.

De plus, le fait de se commettre et de s'engager publiquement face aux regards solidaires de notre groupe peut appuyer la motivation à « monter aux barricades » pour sa vie, car nous nous sentons davantage responsables des comportements courageux que nous avions annoncé avoir l'intention d'appliquer. Pour plusieurs personnes, la pratique en équipe est plus encourageante. Elle nous aide à démasquer nos angles morts, surtout si les membres de la cohorte ont la capacité d'avoir un regard lucide sur les pièges de nos rationalisations ou de nos excuses anxieuses dont on ne se rend même plus compte nous-mêmes.

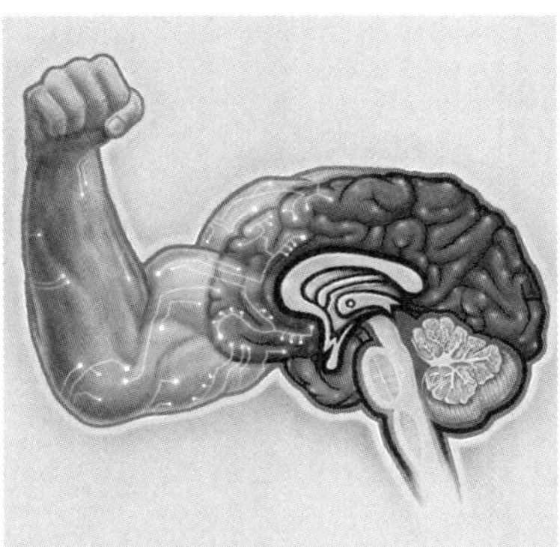

Si, par la pratique assidue, nous obligeons notre cerveau à emprunter des chemins « émotionnels » moins fréquentés, nous allons **développer de nouvelles habitudes neuronales** et probablement susciter la croissance de nouveaux neurones. On peut donc changer notre architecture neuronale pour une plus grande liberté émotionnelle.

Ce n'est pas sorcier, comme d'apprendre à conduire une voiture manuelle, à parler une langue seconde ou à jouer d'un instrument de musique. Évidemment au début, on se sent gauche et bizarre, comme si ce comportement ne nous appartenait pas. On se dit : *Ce n'est pas moi, ça,* mais au bout d'un certain temps, les nouveaux circuits neurosémantiques se sont installés comme s'ils avaient toujours été là, pour devenir une seconde nature. Le but de l'entraînement consiste à **changer les options par défaut** du cerveau, à **s'offrir plus de choix** pour que toute nouvelle possibilité devienne une habitude.

C'est même plutôt simple. On ne dit pas que c'est facile, mais que c'est possible et simple. Comme maigrir au moyen d'un sain régime alimentaire, c'est simple, mais pas nécessairement facile. Il ne s'agit pas de savoir quoi faire, mais **de le faire en effet**.

Plusieurs ressources sont à notre portée pour **forcer les connexions neuronales du courage** et se créer une autoroute neurologique à six voies pour accéder à cette émotion sur demande. Parmi les ressources disponibles, nous nous attarderons à l'obtention d'une énergie archétypale courageuse. Nous examinerons également la cinémathérapie et la musicothérapie, et l'exploitation de nos souvenirs pour bâtir une confiance et une puissance intérieure aptes à soutenir nos élans courageux. Enfin, nous verrons comment il est possible d'utiliser notre corps comme pharmacie, d'activer le geyser en nous et d'exciter nos pulsions courageuses.

COURAGE À retenir

- Développons de nouvelles habitudes neuronales à force de déjouer volontairement notre fabrique à émotions : le cerveau et sa biochimie.
- Pour nous discipliner à nous entraîner au courage, misons sur le pouvoir d'un groupe de codéveloppement auprès de qui nous référer pour approfondir notre discernement et bâtir nos certitudes.

Chapitre 5

Se brancher sur l'énergie du courage : les munitions limbiques

5.1 Le langage symbolique de notre inconscient

Connaissez-vous la **psychologie archétypale** ? C'est un outil intéressant. Notamment pour forcer les connexions neuronales dans notre système limbique et communiquer avec notre inconscient par un moyen d'expression qui l'interpelle directement : le langage symbolique. Les travaux de Carl Gustav Jung (1875-1961) sur **l'inconscient collectif** et les **archétypes** ont donné naissance à ce courant de la psychologie. Selon Jung, l'archétype est une représentation, une image primordiale qui décrit un **thème universel**, commun à toutes les cultures humaines, qui structure la psyché inconsciente des individus et des groupes. Par exemple, on retrouve comme archétypes : le sage, le bouffon, le cartésien, l'artiste, l'amoureux, la mère, la séductrice, le bienfaiteur, le guerrier, etc.

Les archétypes ont pour caractéristique d'**unir un symbole avec une émotion** et, ce faisant, ils sont des « **potentiels d'énergie psychique** » constitutifs de toute activité humaine. On pourrait les comparer à **des guides intérieurs** qui vivent en nous et qui existent sous forme d'énergie psychique potentiellement accessible. Chaque archétype a un rôle, un ensemble de caractéristiques, avec une mission à remplir, des forces, des valeurs et des croyances explicites qui soutiennent l'individu à faire de nouveaux apprentissages pour traverser les épreuves de la vie. Les archétypes sont donc comme des phares qui indiquent la voie à suivre, et auxquels il est possible de s'identifier pour nous aider à modéliser les différentes façons d'être durant le grand périple de notre vie.

5.2 L'archétype du courage

« Vainquez-vous vous-même et vous vaincrez le monde. »
— Paulo Coelho

Vous aurez deviné que l'archétype du courage, c'est le guerrier honorable[25]. Selon les époques et les cultures, il a porté différents noms. Qui n'a jamais été intrigué par les vaillants samouraïs ? Vous souvenez-vous des Trois Mousquetaires ou des chevaliers de la Table ronde ? C'était une élite choisie pour sa droiture, sa puissance et sa propension à protéger et servir ceux dans le besoin. Ces derniers agissaient selon un code d'honneur.

Au nom de la justice et du droit, ils mettaient volontiers leurs forces et leur épée au service des défavorisés.

Dans son livre *Shambhala* : *La Voie sacrée du guerrier* (Paris, Seuil, 2004), Chögyam Trungpa mentionne : « Un guerrier n'abandonne jamais personne, y compris lui-même. » De fait, il possède une âme chevaleresque et un esprit de service. Il est honorable et bienfaisant. Quelle est son intention vitale ? **Se conquérir avant tout lui-même** afin de mettre sa force au service des autres, de l'humanité et bien entendu de sa propre personne. Son but n'est pas d'obtenir plus, mais de **devenir plus**. D'ailleurs, son éducation morale exige qu'il se détache de l'amour de l'argent et de restreindre les excès de ses appétits individuels, alors perçus comme des tentations nuisant à son intégrité.

Car un guerrier honorable aspire au **perfectionnement de son âme** et **de sa force de caractère**. Il mène ses vraies batailles contre ses ennemis intérieurs : peur, cynisme, faiblesse, paresse, impuissance, avidité, envies, etc. Aussi trouve-t-il le moyen d'exercer une grande discipline intérieure pour développer ses compétences, son intelligence et pour se renforcer, car il mène des combats au nom de ses idéaux élevés.

Le guerrier honorable est lucide ; il est conscient que le mal, l'injustice et la malhonnêteté font partie de la vie. Il **préfère la paix**, mais **n'a pas peur du conflit**. Il se défend verbalement, légalement, et peut rallier des gens pour soutenir ses causes. Il est doté du courage de prendre position et de défendre les faibles. D'ailleurs, il se sentirait honteux de ne pas intervenir devant un méfait ou une offense. Ce serait déshonorant de ne pas se battre pour ses principes, malgré le coût social et économique qu'il pourrait avoir à payer. Sa dignité humaine et sa fermeté d'âme sont bien au-dessus de ses intérêts personnels.

Et lorsqu'il se bat, il ne cherche pas à dominer un adversaire, car il sait que **l'ennemi n'est pas une personne**, ni un groupe, ni un pays, **mais plutôt l'ignorance, l'avidité et l'étroitesse d'esprit**. Par exemple, Gandhi a gagné sa « guerre » pour l'indépendance en amenant les Indiens à devenir une puissante force morale que les Britanniques ont été forcés de respecter. Martin Luther King J^r a mené le même genre de lutte, non pas en désignant les Blancs comme des ennemis, mais en les invitant à joindre leurs forces à celles des Noirs contre l'ennemi commun : le racisme[26]. Un guerrier honorable **combat pour un idéal**, pas pour la défaite d'un ennemi avec un visage.

Il ressent fierté et dignité à se mesurer à une tâche difficile et risquée. Ses humeurs ne le dominent pas ; au contraire, c'est lui qui gouverne ses humeurs. Il a appris à **agir malgré sa peur** ; à **agir malgré sa fatigue**, à **agir malgré sa douleur** et à **agir malgré ses sentiments contraires**. Le guerrier honorable **utilise l'inconfort** comme occasion de développement personnel et il met à profit la douleur et l'endurance pour se renforcer. Il sait que même à bout de souffle, il se doit de continuer, car il affermit alors sa maîtrise, son pouvoir et sa solidité. Le guerrier sait qu'au bout de sa limite, réside sa vraie victoire, car l'accroissement de sa puissance est comparable au phénomène de « **surcompensation** » des **culturistes** : il faut savoir forcer au-delà de nos capacités, car ce sont les derniers

mouvements, les plus douloureux, qui provoqueront les micro-déchirures dans les muscles, celles qui vont leur permettre de grossir alors que d'autres fibres musculaires se formeront par l'effort excédentaire et accroîtront leur potentiel de force.

Par le passé, le guerrier vivait dans un monde qu'on pouvait diviser en deux options : « Agis ! » ou « Crève » –, principe transmis en anglais par l'expression ***do or die***. Il ne pouvait se permettre d'être médiocre, ni lâche, ni d'en faire le moins possible juste pour s'en sortir, car la vie de sa famille et de son peuple était menacée. Le guerrier se donne à 100 % dans ses projets ou il ne s'investit tout simplement pas. Ce serait déshonorant pour lui de choisir la « voie de service » et de se laisser prendre en charge par les autres s'il est capable de faire son propre effort.

5.3 Guerrier des temps modernes

De quoi aurions-nous l'air si nous nous retrouvions aussi devant le dilemme de *do or die*, **si la survie de nos enfants dépendait de notre victoire ou de notre échec** dans un projet ? Serions-nous en train de procrastiner en attente des conditions parfaites pour passer à l'action ? Aurions-nous le souci de ce que les gens pensent de nous ? Serions-nous fatigués et pas vraiment « dans notre assiette » pour le moment ? Enfin, aurions-nous une bonne raison de ne pas atteindre le résultat souhaité ?

Même si leur survie et celle de leurs proches sont assurées, les **guerriers de nos sociétés modernes** répondent encore beaucoup à de telles valeurs. Je ne sais pas si certains noms de proches vous viennent en tête, mais des gens de mon entourage actuel incarnent encore cette **énergie de samouraï**. Des gens capables de mettre leurs peurs et leur fatigue de côté pour accomplir ce qui doit être fait, des individus capables d'une grande **discipline** et d'une grande **maîtrise de soi** pour atteindre leurs buts. J'en connais qui, par intégrité, sont souvent partants pour prendre des risques personnels au nom de leurs principes et de leurs croyances. Demandez leur avis et attendez-vous à la vérité crue.

C'est inspirant d'être en leur compagnie, car on sait qu'ils ne fermeront pas les yeux sur une injustice sans la vérifier ou la dénoncer. C'est aussi sécurisant, car ils sont capables de tenir tête aux individus qui abusent des plus faibles par goût du pouvoir. Ils ne cherchent pas le trouble, car ils préfèrent l'harmonie, mais ils monteront aux barricades armés d'arguments musclés si la situation l'exige. J'admire la solidité de ces samouraïs modernes autour de moi que je tente de modéliser; ils savent prendre leur place, se mettre au service des autres et se prouver à eux-mêmes leur vraie valeur.

D'un autre côté, **la personne qui refuse** d'activer son énergie guerrière **risque l'invasion**; elle pourrait se retrouver sans défense contre les demandes et les intrusions des autres. Si on ne peut ou ne veut pas protéger ses limites, on risque de faire face à des abus, de la négligence, ou d'être sous-estimé par notre entourage. Avez-vous déjà rencontré des altruistes bonasses incapables de dire non et d'établir leurs limites, qui se transforment en martyrs souffreteux pour, par la suite, tenter de contrôler les gens en les faisant culpabiliser: «J'ai donné ma vie pour toi et voilà comment tu me remercies»? On aurait mieux aimé qu'ils aient le courage de fixer leurs limites en cours de route…

Je vous invite à vous connecter viscéralement à votre énergie guerrière. Quel nom pourrions-nous donner à cette forme d'énergie offensive et courageuse? Le **Hulk** en nous? Le **volcan** intérieur? Quel symbole lui associer? Une **tornade** que rien ne peut arrêter? Un **chevalier** sur sa monture qui fonce à vive allure? Existe-t-il des images que nous pourrions coller un peu partout dans notre agenda pour nous y associer au besoin ? Il se peut que des images de **lions**, de **panthères**, ou des **personnages de films**, vous inspirent le courage. L'idée serait de se munir d'un visuel et d'arriver à baigner nos sens dans son énergie. Il faut arriver à le sentir, le respirer, le devenir. Bref, à incarner l'archétype au besoin.

5.4 Réveiller l'énergie guerrière avec un coach gratuit

Prenez donc un coach gratuit parmi les personnages de films qui incarnent l'archétype du courage à vos yeux. Rien de tel pour éveiller votre énergie guerrière. Dans une période de ma carrière où j'avais accepté trop de demandes et où j'étais au cœur d'une tournée intensive et interminable de conférences, un soir, je suis rentrée chez moi à 23 h, exténuée et, pour une rare fois, je ne prenais plus plaisir à offrir mes présentations tellement mon énergie m'avait quittée. Un sprint initial de conférences s'était finalement transformé en marathon et j'étais à peine rendue au milieu. À ce degré de fatigue et devant ce qui m'attendait, j'ai pris conscience que j'avais plus besoin de courage que de sommeil. Je me suis donc prescrit ma propre médecine : un moment de cinémathérapie **en compagnie d'un archétype** incarnant pour moi la bravoure, la persévérance et l'intégrité.

J'ai revisionné, jusqu'aux petites heures du matin, un long métrage qui m'avait profondément inspirée : *Cœur vaillant* (*Braveheart*). Comme William Wallace est un chevalier écossais qui a vraiment existé, **je l'ai pris comme coach** cette nuit-là. Aussi, je me suis mise dans sa peau et je me suis associée à lui tout au long du film en m'imaginant de quoi j'aurais l'air, si j'avais vécu à la fin du 13e siècle. Et je me suis dit que moi aussi, j'étais capable de m'imposer de petites rigueurs et d'en donner beaucoup plus. Ce chevalier écossais (incarné par Mel Gibson, réalisateur du film) a trouvé la force d'âme de braver les épées, les blessures, la faim, la fatigue, le froid et l'humidité. Il a su générer en lui le courage de combattre pour libérer son peuple de l'infâme tyrannie en place, dans des conditions de vie beaucoup plus difficiles que les miennes au Québec en 2014.

Cela m'a donné un coup de fouet du tonnerre. J'ai cessé d'écouter la voix de la Nord-Américaine auto-indulgente et gâtée qui est venue au monde dans une bulle de ouate (par rapport à d'autres époques et cultures). L'effet fut magique : je me suis sentie investie d'une énergie guerrière et j'étais désormais « *inarrêtable !* »

Pendant le reste du marathon, dès que je sentais la fatigue m'envahir, je mettais la trame sonore de *Braveheart* dans mon iPod, je m'imaginais dans la peau d'un William Wallace moderne luttant pour la liberté émotionnelle et l'*empowerment* de mes auditoires. Et je devenais en feu, « *boostée* à bloc », survoltée, prête à donner à mes salles tout ce que j'avais dans le ventre. Aussi, je sais maintenant que même quand on a l'impression qu'il n'y a plus d'énergie, il y en a toujours. Il s'agit de savoir au nom de quoi on se bat et de s'investir d'une mission. Qui eût cru qu'un simple film puisse me redonner tout ce courage ?

5.5 La cinémathérapie

Les films sont de précieux ancrages émotionnels à exploiter afin de forcer les connexions neuronales de notre système nerveux. On peut les utiliser comme des clés pour activer les accès limbiques qui feront bouillonner en nous l'énergie offensive du courage.

Je reprends quelques éléments liés au pouvoir de la **cinémathérapie**[27] et de la **musique de films**, que j'ai décrits en détail dans mon ouvrage *EMPOWER*[28].

Le langage des films tend à l'universalité. Souvent, de puissantes métaphores y exposent les **dilemmes habituels** et les **vérités universelles** au cœur des êtres humains. Si l'on voit une existence humaine comme **une quête au sein d'un vaste laboratoire moral et psychologique** dont il est parfois difficile de voir le gros plan, les films nous aident à acquérir une certaine **perspective de notre vie** et à multiplier les cordes à notre arc, quant aux comportements potentiels à adopter. Ils peuvent **enrichir notre répertoire d'actions morales et éthiques**. Et même, il n'est pas rare de ressortir du cinéma en se sentant plus humain, plus fort, plus inspiré et plus motivé à agir de manière plus saine ou courageuse dans sa propre vie.

Les bons films sont justement conçus pour faire vivre une expérience émotionnelle intense, pour secouer notre système nerveux avec des images fortes, une histoire captivante, une trame sonore[29] pleine d'émotions, des valeurs puissantes incarnées par des personnages auxquels nous pouvons nous identifier. Les chercheurs à l'origine de l'étude *Positive Psychology at the Movies*[30] utilisent même la locution « **élévation cinématique** » pour décrire l'effet potentiel de certains films sur nous. Absorbés dans un état proche de la transe, la musique s'emparant de notre système limbique, nous subissons facilement l'influence des valeurs, des croyances et des comportements présentés sur le petit et le grand écran.

Les Drs John W. et Jan G. Hesley expliquent même, dans leur traité *Rent Two Films and Let's Talk in the Morning* : *Using Popular*

Movies in Psychotherapy, que certains films peuvent devenir des **métaphores thérapeutiques** et constituer de vrais **catalyseurs de changements** pour les gens en leur révélant l'aperçu global d'une situation. De façon inconsciente, nous tendons à nous projeter dans les personnages qui nous ressemblent ou qui incarnent des valeurs qui nous sont chères. Ainsi, nous pouvons observer, tout en prenant une distance par rapport à la situation, les effets prévisibles de nos comportements malsains (ou de nos attitudes bénéfiques) sur nos proches et les résultats à long terme à la fin d'une vie.

C'est pourquoi l'alcoolique chronique à l'écoute, avec sa famille, de *Pour l'amour d'une femme (When a Man Loves a Woman*, 1994) ne peut pas faire de déni ou chercher à minimiser le mal bien réel que la dépendance à l'alcool d'Alice Green (interprétée par Meg Ryan) fait à sa famille, d'autant plus que la sécurité de sa fille cadette Casey (Mae Whitman) est en jeu.

Les élévations de notre niveau de conscience suscitées par un film proviennent du fait qu'il contourne notre résistance inconsciente à la moralisation. Le cinéaste réussit à **passer un message sans faire la morale**, sans nous dire quoi faire ; au lieu de cela, il révèle et démontre des éléments moraux. Par exemple, si vous aviez à faire face un jour à un dilemme éthique dans votre vie professionnelle, voyez le film *La Firme* (1993) où Mitch McDeere (Tom Cruise), le personnage principal, choisit de travailler pour le cabinet d'avocats véreux qui lui offre le salaire le plus avantageux. Sur le plan émotionnel, nous y ressentons bien le prix à payer : perdre sa paix d'esprit pour avoir vendu son âme au diable.

Au visionnement de certains films, il nous est possible de **démasquer nos propres problèmes** puisqu'avec le recul, nous les distinguons et les reconnaissons mieux au sein de l'histoire des autres. Qui plus est, certaines scènes révèlent, concrètement et avec précision, des **solutions comportementales** auxquelles nous n'avions jamais songé. De plus, les films peuvent raffiner notre jugement sur certains phénomènes, le modifier en fournissant un recadrage de la situation, une nouvelle interprétation ou un sens de la perspective.

Certains stimulent l'espoir en témoignant de l'évolution possible d'une situation en apparence sans issue au départ. *La Blonde de mon père* ou *Ma meilleure ennemie* (*Stepmom*, 1998), avec Julia Roberts dans la peau de la belle-mère (Isabel Kelly), peut redonner espoir à des parents qui traversent un divorce difficile et des relations familiales tendues. En tant que métaphores thérapeutiques, les films démontrent ***ce qui est*** en s'inspirant de ***ce qui peut être***, offrant diverses possibilités nouvelles. *Les Évadés* ou *À l'ombre de Shawshank* (*The Shawshank Redemption*, 1994), débutant par un désespoir absolu pour se terminer en triomphe, sert aussi bien de métaphore porteuse d'espérance. Quand nous pensons que toutes les chances sont contre nous, il faut savoir miser sur nos talents, nos propres ressources et, surtout, ne jamais perdre confiance.

5.6 Des munitions cinématographiques limbiques

De mon côté, je suis bien équipée, du point de vue des rappels « limbiques » destinés à soutenir mes valeurs et à m'aider à devenir le genre de personne que je souhaite être pour le monde. Dans mon répertoire vidéo des personnages archétypaux du courage, se retrouvent **les extraits les plus inspirants des grands classiques** comme *Le Seigneur des anneaux*, *Cœur vaillant*, *Gladiateur*, *Le Dernier Samouraï*, *Avatar*, *Rocky*, *La Société des poètes disparus*, *Docteur Patch*, *Karaté Kid*, *300*, *Coach Carter*, *Invictus* et de nombreux autres. Chaque scène représente un aspect du courage que j'ai l'intention d'incarner le plus souvent possible dans ma vie.

Je vous partage maintenant certaines astuces cinématographiques qui m'aident à stimuler des états émotionnels liés au courage par la présence d'archétypes ou en raison de la puissante métaphore véhiculée.

5.6.1 Le courage de ses convictions

Qui pourrait avoir oublié la courageuse guerrière moderne, Erin Brockovich (Julia Roberts), du film *Erin Brockovich, seule contre tous*? Cette mère monoparentale, sans instruction ni classe, a sans relâche mené un combat contre la multinationale qui empoisonnait les gens d'un village avec son eau contaminée en déversant des déchets toxiques dans le sol. Ce fut l'un des procès les plus incroyables des États-Unis. Cette femme coriace avait du cran. Elle ne jouait pas petit et n'était pas esclave de l'opinion des gens. Elle n'attendait pas servilement son temps de parole pour prendre sa place, sortir son épée (sa verve) et soutenir sa cause avec sa langue bien pendue. Erin Brockovich a su passer en mode offensif et monter aux barricades pour voler au secours des victimes qui, malheureusement, n'avaient pas sa force pour se défendre.

Le penseur et politicien Vaclav Havel disait : « Il est manifeste qu'un seul homme en apparence désarmé, mais qui ose crier tout haut une parole véridique, qui soutient cette parole de toute sa personne et de toute sa vie, et qui est prêt à le payer très cher, détient, aussi étonnant que cela puisse paraître et bien qu'il soit formellement sans droits, un plus grand pouvoir que celui dont disposent dans d'autres conditions des milliers d'électeurs anonymes. » Quand je revois *Erin Brockovich, seule contre tous*, le personnage principal m'inspire tellement que j'aspire, comme elle, à ma propre contribution. Aussi, je me promets de ne jamais sous-estimer mon pouvoir de mettre ma parole et mes actions au service de ce qui est juste, car l'histoire de sa vie prouve qu'une personne qui s'engage corps et âme peut accomplir beaucoup plus qu'elle ne l'envisage au départ.

De même, quand j'assiste à une injustice flagrante où j'ai l'impression de pouvoir faire la différence dans un éventuel dénouement positif et que je me surprends à me dire : *Ah ! ce n'est pas de mes affaires ! Pourquoi m'en mêler ?* Alors je repense à ce film et je me dis : *Qu'est-ce qu'une Erin ferait ?* Ce truc m'inspire et me donne la force de **surpasser l'envie de me défiler** et de faire preuve d'une petite lâcheté au nom de ma tranquillité d'esprit…

5.6.2 Le courage de suivre sa boussole morale

Depuis que j'ai vu *Le Dernier Samouraï* mettant en vedette Tom Cruise, l'archétype du samouraï de l'ancien Japon me fascine. Surtout, son précieux code d'honneur, le **bushidō**, m'intrigue. Fait prisonnier, le capitaine Nathan Algren apprend à découvrir cette culture et fait les observations suivantes durant la projection : « *C'est un curieux peuple. Dès leur réveil, ils se consacrent à la perfection de ce qu'ils réalisent. Je n'ai jamais vu une telle discipline. Je suis surpris d'apprendre que le mot "samouraï" veut dire "servir" […] Que signifie être un samouraï ? Se consacrer entièrement à un ensemble de principes moraux. Rechercher la tranquillité de l'esprit. Et maîtriser le maniement du sabre. […]*[31] » Je recours à la pièce musicale *A Way of Life* de Hans Zimmer pour me réassocier à l'effervescence émotionnelle et au désir de dignité que ce film a suscité en moi.

En poussant mes recherches sur cet archétype japonais, j'ai découvert que les samouraïs disposaient d'une forme de code de vie qu'ils appelaient le bushidō. Voici l'essence d'un **credo du samouraï**, ou l'ensemble des principes sur lesquels il fonde sa conduite :

«Je n'ai aucun parent. Je fais des cieux et de la terre mes parents.
Je n'ai aucune maison. Je fais de ma conscience ma maison.
Je n'ai pas de vie ni de mort. Je fais de ma respiration ma vie et ma mort.
Je n'ai aucune puissance divine. Je fais de mon honnêteté ma puissance divine.
Je n'ai aucun moyen. Je fais de ma compréhension mes moyens.
Je n'ai aucun secret magique. Je fais de mon caractère mon secret magique.
Je n'ai pas de corps. Je fais de ma résistance mon corps.
Je n'ai pas d'yeux. Je fais de l'éclat de la lumière mes yeux.
Je n'ai pas d'oreilles. Je fais de ma sensibilité mes oreilles.
Je n'ai aucun membre. Je fais de ma promptitude mes membres.
Je n'ai aucun but. "Saisir l'occasion" est mon but.
Je n'ai aucun principe. Je fais de mon adaptation à toutes les circonstances mon principe.
Je n'ai aucun talent. Je fais de mon esprit toujours prêt mon talent.
Je n'ai aucun ami. Je fais de mon esprit mon ami.
Je n'ai aucun ennemi. Je fais de ma négligence mon ennemi.
Je n'ai aucune armure. Je fais de ma bienveillance et de ma droiture mon armure.
Je n'ai aucune forteresse. Je fais de la «sagesse immuable de l'esprit» ma forteresse.
Je n'ai aucune épée. Je fais de l'absence d'ego mon épée[32].»

Les personnes qui sont des forces du bien, qui accomplissent de grandes choses en ce monde, semblent s'être aussi munies d'un code d'honneur auquel elles se réfèrent à titre de **boussole morale** pour soutenir leur ligne de conduite et les aider à prendre des décisions courageuses en cours de route. Si un tel support externe existe, il peut nous aider à raffermir la **voix de notre conscience** pour contrer en nous l'effet des hésitations, voire du désespoir.

Dans le film *Invictus* (2009), Nelson Mandela (sous les traits de Morgan Freeman), grand guerrier des temps modernes, utilisait aussi une forme de boussole morale, un credo dans les moments difficiles, pour renforcer son âme et reprendre la maîtrise de lui-même lorsque le découragement l'envahissait. De fait, le poème de William Henley, *Invictus* (**« invincible, invaincu »**), a joué un grand rôle dans la vie de Mandela durant ses 27 années d'incarcération à Robben Island. Clint Eastwood a même repris le titre du poème pour intituler son œuvre cinématographique sur la vie du grand homme d'État.

> *« Dans les ténèbres qui m'enserrent,*
> *Noires comme un puits où l'on se noie,*
> *Je rends grâce aux dieux quels qu'ils soient,*
> *Pour mon âme invincible et fière,*
>
> *Dans de cruelles circonstances,*
> *Je n'ai ni gémi ni pleuré,*
> *Meurtri par cette existence,*
> *Je suis debout bien que blessé,*
>
> *En ce lieu de colère et de pleurs,*
> *Se profile l'ombre de la mort,*
> *Et je ne sais ce que me réserve le sort,*
> *Mais je suis et je resterai sans peur,*
>
> *Aussi étroit soit le chemin,*
> *Nombreux les châtiments infâmes,*
> *Je suis le maître de mon destin,*
> *Je suis le capitaine de mon âme*[33]. »

Durant les moments difficiles où j'ai envie de m'apitoyer sur mon sort, je n'ai qu'à lancer cet extrait du film *Invictus* dans mon MacBook, je compare mes difficultés à celles de Mandela et je me sens honteuse. S'il a réussi à s'inspirer de ces paroles pour nourrir son courage moral pendant plus d'un quart de siècle, moi aussi, de toute évidence, je peux choisir d'être maîtresse de mon destin et capitaine de mon âme. Ensuite, l'affection et l'admiration que je ressens envers lui font le travail en forçant les connexions neuronales de mon système nerveux. Je cesse de me plaindre et j'aspire à sa force de caractère. L'effet est rapide, je me sens alors interpelée à remuer ciel et terre pour parvenir à lui ressembler comme je le peux. Mandela est un modèle qui m'inspire et cette scène me fait vibrer à chaque visionnement.

Vous, disposez-vous d'un **outil destiné à vous guider dans les zones obscures de la vie**? Êtes-vous armé d'un **bushidō** comme les samouraïs? D'un écrit vous permettant de conserver votre droiture d'âme devant les tentations ou le malheur?

5.6.3 Le courage de l'intégrité et de la vitalité

J'arrive au film *Titanic*, qui illustre plusieurs comportements héroïques. Notamment une scène dont la bravoure ne saute pas aux yeux, mais qui démontre deux aspects du courage : l'intégrité et la vitalité. Rose DeWitt Bukater (Kate Winslet), lasse de l'ambiance aseptisée des étages supérieurs où des aristocrates s'affairent à avoir l'air distingué et vouent leur énergie à des compétitions de « bien paraître », les quitte et va danser et transpirer dans les étages inférieurs. Là des gens, aucunement préoccupés par leur apparence, détonnent par leur joie de vivre.

Cette scène me permet d'apprécier la présence des **gens libres** (dont l'attention se porte ailleurs que sur l'image qu'ils projettent) qui ont le courage de **braver le ridicule** et qui ont la

générosité de partager leur folie et leur énergie. Souvent, leur vitalité est si contagieuse que leur seule présence suffit à décoincer les prisonniers autour. Ces derniers m'apparaissent comme des esclaves du regard d'autrui ; ils s'analysent, se contiennent et se retiennent bien qu'ils soient très capables de lâcher leur fou, danser avec exubérance et chanter à pleins poumons, mais à la condition expresse d'être totalement ivres...

Je me souviens d'une conférence où j'ai proposé à mes auditoires un truc (plutôt exubérant) pour leur démontrer qu'on peut générer une grande dose d'énergie dans notre corps en moins de 40 secondes par une demande cardiovasculaire afin de commander en nous un déferlement d'adrénaline et de noradrénaline, ce qui biochimiquement et physiologiquement fait déferler dans notre corps une vigueur du tonnerre. À chaque fois, quand j'explique les consignes, je vois des regards anxieux et j'imagine leur discours intérieur : *Ben voyons... ça n'a pas d'allure... De quoi vais-je avoir l'air ?*

Si les consignes semblent douloureuses à écouter, l'action est réjouissante à accomplir, car dès que la musique décolle et que des centaines de personnes se mettent à faire circuler l'énergie dans leur corps, on observe des sourires, de l'exubérance et une grande impression de liberté.

J'ai eu une belle prise de conscience, ce jour où 500 participants ont exulté de vitalité à en faire lever le toit de la salle de spectacle où nous étions réunis, alors qu'au même moment, les gens de la première rangée, qu'on m'avait présentés comme étant des « dignitaires », sont restés assis, figés, à attendre anxieusement la fin de l'activité, comme paralysés par la peur du ridicule ou de se donner en spectacle.

Ces dignitaires se sont pris au sérieux strictement pour rien, **leur grande réserve étant passée inaperçue** ! Les

500 participants étaient beaucoup trop occupés à tester l'expérience tous ensemble. J'étais la seule, à partir de la scène, à avoir remarqué la « contenance » à laquelle ils s'astreignaient. Trop de « maintien » manque de naturel au point de soustraire du charisme à un individu.

Être « esclaves du regard des autres », c'est de l'énergie dépensée pour rien et c'est triste. Pourquoi se prendre trop au sérieux, céder à ce piège égocentrique et s'imposer une telle prison de l'esprit ? Il est illusoire de croire que les gens nous accordent une importance au point de nous observer sans cesse. Ils concentrent rarement leur attention sur nous, car ils sont trop occupés à se demander, eux-mêmes, de quoi ils ont l'air, justement.

Dans les différentes formations auxquelles j'ai assisté, il m'est arrivé à quelques reprises de participer à une activité, ludique en apparence, mais très révélatrice de nos structures mentales profondes. On devait circuler dans le groupe, serrer la main de cinq personnes et leur dire ceci : « Bonjour, je m'appelle Isabelle. Je t'aime et je te respecte. En même temps, je me moque de ce que tu penses de moi. Je te souhaite une belle journée. »

Ça valait de l'or d'observer la réaction des gens. J'ai vu des personnes outrées par l'exercice, choquées au point de refuser catégoriquement d'y participer. J'en ai vu d'autres ajouter à la fin de la phrase : « Mais tu sais que ce n'est pas vrai, hein ? Je ne me moque pas de ce que tu penses de moi. » C'est comme si on confondait « je me moque de ce que **tu penses de moi** » avec « je me moque **de toi** ». Encore ici, on est victime du préjugé égocentrique de ramener l'attention sur soi.

L'exercice vise à faire ressentir viscéralement le malaise profond que nous cause un détachement affiché face à la perception de l'autre. Est-ce vraiment si important, ce que les autres pensent de nous ? Pourquoi ne pas se promener dans la vie avec l'arrière-pensée suivante : **« Moi, j'aime les gens et, en même temps, ils peuvent penser ce qu'ils veulent de moi. C'est bien correct. Ils sont libres de juger. Je suis libre d'être qui je suis. »** Parions que le personnage d'Amélie Poulain (*Le Fabuleux Destin d'Amélie Poulain*) serait en accord avec cette prise de position.

Et nous ! Saurions-nous faire preuve d'audace et de vitalité au point de nous surprendre nous-mêmes ? Quels défis serions-nous prêts à relever pour braver la pression de la conformité, tester un courage folichon et mesurer notre degré de liberté face à l'opinion des autres ? Serais-je prêt, pendant une minute, à m'asseoir, dans l'allée du pain à l'épicerie, en position du lotus en train de méditer avec un léger sourire de bouddha ? Oserais-je danser et chanter avec mon iPod dans un lieu public, sans que personne d'autre entende la musique ?

Aurais-je l'audace, au gym, de danser sur mon tapis roulant alors que des gens me regardent ? Lors du prochain anniversaire d'un proche, serais-je partante pour aller à l'encontre de la conformité du groupe et me mettre à chanter l'alphabet au lieu de l'habituel « bonne fête » auquel tous s'attendent ? Aurions-nous le courage de nous lever sur notre chaise au restaurant et d'affirmer haut et fort que nous sommes éperdument amoureux de la personne qui nous accompagne ?

Si la vigueur fait partie des forces de caractère associées au courage, c'est parce que les personnes qui en sont investies ne s'engagent pas dans la vie à moitié ou à contrecœur. La vitalité est une des premières composantes du charisme, car l'enthousiasme, c'est contagieux. Contrairement aux draineurs d'énergie, les gens qui mordent dans la vie à pleines dents ont tendance à être vus comme des « donneurs d'énergie » et à être populaires.

Alors, pour me reconnecter à cette **vitalité** intérieure et me donner le courage de **braver les apparences**, j'ai aussi des extraits du film *Charlie's Angels* (*Charlie et ses drôles de dames*) où la blonde, représentée par Carmeron Diaz, danse avec exubérance, en pure liberté, malgré les regards méprisants d'une foule qu'elle finit par conquérir et par entraîner dans son style à elle de chorégraphie joyeuse.

De tout mon cœur, j'ai envie d'être une « prophète de bonheur » et je trouve facile d'être enjouée et positive quand la vie va bien. Par contre, vis-à-vis des circonstances extérieures difficiles, ce type d'attitude ne vient pas de soi, cela exige courage et détermination. Aussi, j'ai mon archétype de résilience qui incarne une pure joie de vivre malgré la noirceur d'événements atroces : Guido, le personnage joué par Roberto Benigni dans *La vie est belle.* À l'époque de l'Europe nazie, ce Juif est déporté avec son fils dans les camps de concentration. Afin de lui éviter détresse et horreur, il fait accroire à son fils que les occupations du camp allemand sont en réalité un jeu, dans le but de gagner un char d'assaut. Et comment le petit fera pour accumuler ses points ? Jouer à la cachette avec les bonshommes verts, ne jamais se faire voir.

Le tour de force de Guido, au cœur de cette situation extrême, est de **détourner l'attention** de son fils de sa condition misérable, pour l'orienter vers *comment faire en sorte que mon fils ne s'aperçoive pas trop du malheur autour de nous.* Il y parvient en adoptant une attitude où le grand enthousiasme et l'excitation donnent l'impression que les deux Juifs ont le contrôle du jeu, pas les nazis.

J'utilise aussi, à titre de coach, d'autres archétypes à modéliser : les personnages joués par Robin Williams dans les films *Docteur Patch* et *La Société des poètes disparus.* Williams incarne le **courage d'intégrité** dans ces deux productions cinématographiques. **Au lieu de suivre les traditions comme un mouton** pour ne pas faire de vagues, **il défie le conformisme** et tente au contraire de baser ses décisions sur ses valeurs, quitte à en payer le prix. Dans la peau du docteur américain Patch Adams comme du professeur de lettres anglaises John Keating, l'acteur incarne aussi cette vitalité caractéristique des gens qui se lancent tête première dans l'aventure avec excitation, qui engagent 100 % de leur énergie dans leurs activités et qui savourent la vie sans retenue. N'est-il pas plus nourrissant de vivre notre vie selon nos valeurs ?

5.6.4 Le courage de faire face

> *« Le monde est dangereux à vivre ! Non pas tant à cause de ceux qui font le mal, mais à cause de ceux qui regardent et laissent faire. »*
>
> — Albert Einstein

Certains films m'ont inspiré une devise : ***Mieux vaut souffrir sur le moment que de porter le poids de la honte sa vie durant.*** Pour m'aider à exercer les bons choix et à conscientiser la hantise, notre vie durant, des décisions lâches où l'on refuse le risque et laisse le mal triompher, je me tourne vers *Les Cerfs-volants de Kaboul* (*The Kite Runner*, 2008), film basé sur le roman du même titre signé en 2003 par l'Américain d'origine afghane Khaled Hosseini.

Deux jeunes Afghans, les meilleurs amis d'enfance, se séparent après que le fardeau de la honte eut érigé son mur en travers de leur amitié. Assistant de sa cachette au tabassage et à l'agression sexuelle de son ami Hassan (Ahmad Khan Mahmidzada), par trois intimidateurs un peu plus vieux, Amir (Zekeria Ebrahimi) est trop peureux et trop faible pour intervenir. À la place, il angoisse, se terre et fait semblant de n'avoir rien vu. Malheureusement, leur amitié ne pourra pas survivre à cet événement, car, dès qu'il lève les yeux vers lui, Amir ressent à nouveau la honte d'avoir abandonné lâchement son ami, cette fameuse journée. Frappé par cette douleur morale, il invente même une arnaque pour éloigner Hassan de chez lui afin de ne plus le revoir.

Ce film illustre aussi à quel point une culture peut changer dès qu'on laisse des fanatiques prendre le pouvoir. Dans le Kaboul des années 1970, les femmes fréquentaient les universités et portaient des tailleurs avec des jupes aux genoux. Sous la domination des talibans, ces mêmes femmes auraient risqué leur vie si elles avaient déambulé dans les rues vêtues comme 35 ans auparavant.

Dans le même sens, cette citation apparue à l'écran d'un vieux film traitant du phénomène nazi m'a profondément interpelée : « **La seule chose qui permet au mal de triompher, c'est l'inaction des gens de bien**[34]**.** » En ayant fraîchement en tête les images du zèle et de la fureur d'Adolf Hitler, j'avais compris que des êtres humains normaux doivent déployer une énorme dose de courage pour oser engager un duel en vue de contrer la montée d'un fanatisme énergisé par la haine et la soif de domination.

En plus des documentaires sérieux sur les atrocités de la guerre, le cinéma a produit une quantité incroyable de bons films ayant illustré la naissance et le développement de conflits historiques, comme *La Liste de Schindler* (1993), *Hôtel Rwanda* (2004), *J'ai serré la main du diable* (2007) et *Irena Sendler : Un courage inoubliable* (2009). Malheureusement, beaucoup d'êtres humains sont morts parce qu'une majorité pacifique n'a pas eu le courage de réagir avant qu'il ne soit trop tard. L'**inertie** et la **passivité** non seulement permettent l'expansion du problème, mais y contribuent.

On voit qu'au départ, les fanatiques ne sont jamais tout-puissants. Seulement ils le deviennent, **faute d'avoir été contrés** par une masse populaire trop tolérante et silencieuse qui ne se sentait pas touchée au départ. Puis elle est devenue prisonnière d'un jeu de violence qui l'a dépassée. Cela nous donne des leçons : il faut avoir le courage de réagir rapidement afin de ne pas laisser progresser la haine et les abus.

Ce texte illustre bien l'idée :

> Un homme dont la famille faisait partie de l'aristocratie allemande, avant la Seconde Guerre mondiale, possédait un certain nombre de grandes usines et de propriétés.
>
> Quand on lui demandait combien d'Allemands étaient de véritables nazis, il faisait une réponse qui peut guider notre attitude au regard du fanatisme.
>
> « **Peu de gens sont de vrais nazis**, disait-il, mais nombreux sont ceux qui se réjouissent du retour de la fierté allemande, et **encore plus nombreux ceux qui sont trop occupés pour y faire attention**.
>
> « **J'étais l'un de ceux qui pensaient simplement que les nazis étaient une bande de cinglés**. Aussi **la majorité se contenta-t-elle de regarder et de laisser faire**. Soudain, avant que nous ayons pu [le] réaliser, ils nous possédaient, nous avions perdu toute liberté de manœuvre et la fin du monde était arrivée.
>
> « Ma famille perdit tout, je terminai dans un camp de concentration et les Alliés détruisirent mes usines[35]. »

D'un point de vue psychosocial, qu'est-ce qui justifie l'inaction des gens bien au début de la montée de tels phénomènes ? Le déni qu'une telle malice puisse exister ? Un manque de courage associé à la peur qui fait figer ? Ou une lâcheté associée à de l'indifférence, au fait de ne pas se sentir concerné par le problème ? C'est ce que semblait croire l'ex-commandant allemand décoré à l'issue de la

Première Guerre mondiale, Martin Niemöller, incarcéré dans les camps de concentration nazis :

> « Quand ils sont venus chercher les communistes,
> Je n'ai rien dit,
> Je n'étais pas communiste.
> Quand ils sont venus chercher les syndicalistes,
> Je n'ai rien dit,
> Je n'étais pas syndicaliste.
> Quand ils sont venus chercher les Juifs,
> Je n'ai pas protesté,
> Je n'étais pas Juif.
> Quand ils sont venus chercher les catholiques,
> Je n'ai pas protesté,
> Je n'étais pas catholique.
> Puis **ils sont venus me chercher,**
> **Et il ne restait personne pour protester**[36]. »

Cependant, la lutte est inégale dans un conflit entre fanatiques et pacifiques. Même moins nombreux au départ, les fanatiques sont puissants par la démonstration sans retenue de leur force. Le déséquilibre du rapport de force prend des proportions indécentes si on compare leur véhémence à la neutralité commode et confortable des majorités pacifiques et prudentes, qui n'osent ni se compromettre ni les affronter. Le faire requiert le déploiement d'une telle dose de courage qu'il est rare à observer, mais si admirable à découvrir.

On ne peut qu'éprouver de l'admiration devant le courage d'Oskar Schindler (qui a sauvé quelque 1 100 Juifs promis à la mort dans le camp d'extermination de Płaszów) et d'Irena Sendlerowa, née Krzyżanowska (membre de la résistance polonaise pendant la Seconde Guerre mondiale). Les nazis arrêtèrent cette dernière pour avoir sauvé près de 2 500 enfants juifs en les faisant sortir du ghetto de Varsovie.

On souhaiterait volontiers que plus d'êtres humains s'insurgent, à l'image de ces héros de la vie, et se mettent à militer pour la paix et les droits de l'homme avec autant de ferveur que les fanatiques en mettent pour imposer leur intransigeance. Et l'on rêve que d'autres personnes se soulèvent comme eux, et prennent des risques pour protéger ceux qui n'ont plus de droits ni de force pour se défendre.

5.6.5 Le courage de refuser l'asservissement

J'utilise aussi, au quotidien, des bouts du film *Spirit, l'étalon des plaines* (*Spirit : Stallion of the Cimarron*). Un mustang sauvage capturé par des Yankees y lutte avec acharnement pour reprendre sa liberté et délivrer ses semblables de l'envahisseur. La puissance des paroles de *Je défendrai ma vie* (musique de Hans Zimmer et voix de l'auteur Bryan Adams) me branche sur une énergie de courage explosif : *« Un jour on gagne, un jour on perd / Mais je n'ai pas perdu la guerre / On ne pourra jamais m'abattre / Mon cœur n'a pas cessé de battre // [...] // Je suis comme la rivière, je suis fier et libre comme l'air / Le seul maître de mes frontières / Jamais je le sais, jamais je n'abandonnerai, non / Je défendrai ma vie »*.

Lorsque j'écoute cette chanson du long métrage, je m'imagine en train de me battre et de me libérer du négatif dans mon mode de vie. Cela me pousse à me battre contre mes peurs, mes doutes et mes hésitations, qui me font « jouer petit », dans ma zone de confort, et m'empêchent de faire une vraie différence dans mon monde. Je m'imagine alors comme Spirit, assez têtue et assez forte pour lutter contre les formes de domination, de dépendance, de croyances limitatives, de souffrances illusoires qui peuvent se dresser sur le chemin d'une personne. Ça me donne le goût de

me soulever contre les entraves à la liberté de l'humain, celles qui l'empêchent de vivre sa vie selon son code d'honneur.

5.6.6 Le courage de foncer au lieu de se dégonfler

Les jeunes de mon entourage m'ont fait découvrir un film de courage plus actuel et plus proche de leur réalité : *8 Mile* (2002) avec Eminem, où des rappeurs s'affrontent sur scène lors d'un combat de rap ! Les vainqueurs, issus d'un quartier pauvre du Michigan, espèrent percer en musique et se sortir de leurs conditions de vie difficiles.

Au début du film, Jimmy « B-Rabbit » Smith J^r^ (campé par Eminem) laisse sa peur le submerger et est incapable de parler au micro en public. Il doit donc quitter la scène, humilié, et hué par la foule. Mais à un moment, la vapeur se renverse... Après une série d'abus fâcheux, lorsque la colère déverse sa charge de nitroglycérine dans les veines de Rabbit, elle déclasse l'effet paralysant de sa peur et lui injecte une surdose de courage. En prime, dès qu'il s'affranchit de l'emprise du « bien paraître » et que, durant le duel, il dénonce de lui-même les aspects de sa vie qu'avant, il tentait honteusement de cacher, non seulement s'assume-t-il pleinement, mais il prive ainsi son adversaire de toute forme de munitions.

Ce film illustre bien le cas d'un gars qui se dit que « ça suffit ! », qui décide de **foncer au lieu de se dégonfler**, et qui saute à pieds joints sur l'occasion offerte. Vous vous doutez que l'extrait vidéo du combat verbal et la chanson thème qui lui est associée, *Lose Yourself*, se retrouvent dans mon iPhone, mon iPad et mon Macbook ? Prêts à être activés dès que j'ai besoin d'une petite dose de combativité ?

5.6.7 Le courage d'une force tranquille

J'utilise aussi des extraits du film *Slumdog Millionaire* (*Le Pouilleux millionnaire*, 2008) et sa chanson thème *Latika's Theme*, afin d'activer en moi la teneur affective d'un courage plus déposé et centré. On dirait qu'un ange chante, tellement le murmure est doux. Ce film évoque le phénomène de la « destinée », comme quoi un dessein plus grand inclurait notre réalité concrète. Le bout qui m'a touchée est la fin, où on peut lire : « *It is written* ». Chaque fois que je l'écoute, un sentiment de **paix** et d'**assurance calme** s'installe en moi et me rappelle d'arrêter de forcer ou de m'inquiéter. Si un de mes projets doit se réaliser, il va se concrétiser de toute façon. Alors je n'ai qu'à agir pour le mieux et ensuite **m'abandonner, faire confiance à la vie** en méditant sur la signification de l'interjection arabe *Mektoub :* « C'était écrit. »

Et vous ? Faites-vous appel à des *Power Movies* liés au courage ? Quels films vous ont fait vibrer de partout durant le visionnement ? Après lesquels étiez-vous prêt à transformer le monde ? À quels personnages vous êtes-vous le plus identifié ?

Dressez un répertoire d'extraits de films que vous garderez à portée de la main, dans votre portable ou votre téléphone intelligent, afin d'y accéder pour vous injecter une bonne dose de courage.

5.7 Les trames sonores de film

Plusieurs chansons de film m'aident concrètement à stimuler mon courage. Mais saviez-vous que les trames sonores sont à ce point stratégiques et cruciales dans un film que l'on teste au préalable leurs effets émotionnels sur un très grand nombre de personnes ? À elles seules, elles excitent les fibres nerveuses de notre système limbique et, l'instant de quelques heures, on réussit à s'évader de sa vie. Nous nous coupons de la réalité quotidienne et nous plongeons dans notre monde intérieur.

Emmanuel Kant a vu juste lorsqu'il a affirmé que « la musique est la langue des émotions ». Jamais les mots n'obtiendront son pouvoir, car elle peut manipuler nos humeurs avec une efficacité et une rapidité déconcertantes. Elle peut soulever et faire danser des groupes, mener à l'état de recueillement, nous faire pleurer d'émerveillement et nous envoûter par sa beauté et l'harmonie de ses sons. Ses effets sur l'humeur sont infinis.

5.8 Les effets physiologiques et biochimiques de la musique

De fait, la musique prend possession de notre corps par son rythme, sans même que nous nous en rendions compte. Savez-vous qu'elle produit des changements concrets et mesurables dans notre physiologie grâce à l'effet qu'elle exerce sur le cerveau émotionnel ? À ce propos, Daniel Levitin[37], professeur et chercheur à l'Université McGill, cite de nombreuses recherches en laboratoire démontrant que la musique a le don de pouvoir modifier :

- le rythme cardiaque (certaines chansons l'accélèrent, d'autres le ralentissent) ;
- la respiration ;
- la pression artérielle ;
- les ondes cérébrales ;

- le niveau d'adrénaline, de norépinéphrine, de dopamine et de sérotonine (ces deux dernières étant les neurotransmetteurs du plaisir et de la bonne humeur) ; etc.

D'ailleurs, les champions olympiques disposent souvent de chansons liées au succès, qu'on appelle *Power Songs*, qu'ils écoutent avant leur performance pour réactiver des états psychologiques très précis en eux, afin d'accéder à leur pleine puissance biochimique, mentale et physiologique.

Un article de *La Presse* relate qu'aux Jeux olympiques de Pékin (2008), où le Glouton du Michigan a raflé huit médailles d'or : « Michael Phelps écoutait toujours la même chanson quelques minutes avant de nager pour gagner : *I'm Me*, du rappeur Lil Wayne. Le nageur s'inspirait de la fougue des paroles, a-t-il confié en entrevue : *Yes, I'm the best, and no I ain't positive, I'm definite / I know the game like I'm reffing it*. Oui, selon plusieurs études, la musique agit de façon positive sur le sportif pour plusieurs raisons, que ce soit avant ou pendant une performance. [...] **La musique influence d'abord "la perception de l'effort"**. Selon une étude de la Southern Connecticut State University, réalisée auprès de 12 joueuses de basketball, celles qui écoutaient de la musique rythmée pendant l'effort ont couru en moyenne 5 minutes de plus que les autres (à un niveau d'intensité de 85 à 90 % de leur fréquence cardiaque maximale)[38]. »

La journaliste précisait que **la musique fait oublier l'état de fatigue**, ce qui retarde le moment où l'on ressent la volonté de ralentir la cadence. Une étude du psychologue sportif Costas Karageorghis, de l'université Brunel, à Londres (Royaume-Uni), attribue à une musique au nombre élevé de BPM (battements par minute) la faculté d'augmenter la vitesse des athlètes. Ainsi, la simple **synchronisation des BPM et de la structure mélodique d'une chanson avec l'intensité d'effort** à déployer (comme dans les séances de cardiovélo) peut même optimiser une performance sportive, car **les sujets « économisent » de l'oxygène** (une différence de 7 %, selon l'étude) en l'utilisant au maximum, au moment opportun[39]. »

Pouvoir de la musique encore ? Aux récents Jeux olympiques de Sotchi, la skieuse Justine Dufour-Lapointe a mentionné, quelques minutes avant sa descente, s'être préparée mentalement en écoutant *Roar,* de Katy Perry, la chanson fétiche qui lui donne de l'énergie. Ensuite, la belle athlète a rugi assez fort pour remporter la médaille d'or.

La puissance de l'effet « limbique » de la musique est mesurable dans le corps. Aussi ne sous-estimons plus ce précieux outil. Dès que je suis touchée et profondément inspirée par une chanson ou la trame sonore d'un film, je l'achète sans tarder. Ensuite, peu importe où je me trouve, j'ouvre mon iPhone et je tire parti du pouvoir de la chanson comme de la musique pour me remettre dans l'ambiance émotionnelle ressentie lors du visionnement.

C'est tellement efficace que je porte toujours une attention consciente au type de musique qui joue tout au long du film ; j'en enregistre des bouts pour ensuite identifier le titre de la chanson à l'aide des applications Shazam et Soundhound sur mon iPhone. Si je n'arrive pas à capturer un bout de la chanson, je note quelques paroles afin d'aller sur Google les réécrire en ajoutant le mot « *lyric* » à ma recherche. Le titre de la chanson apparaît rapidement. Aussi, je vais sur iTune, je tape le titre du film en ajoutant « *soundtrack* », et cela me permet de la reconnaître plus facilement.

5.9 Faire un avec la musique

Maintenant, une distinction s'impose. On peut écouter une musique en s'y associant ou l'entendre en étant dissocié. L'effet sur notre système limbique est fort différent. Comment

extraire l'énergie émotionnelle et **se connecter à l'essence de la chanson** ? Il faut se mettre intentionnellement en état de la ressentir en y engageant le maximum de notre système nerveux. Ce faisant, les zones du cerveau responsables seront davantage activées et produiront leur effet sur les transmetteurs du bonheur et sur notre physiologie générale. L'idée, c'est de s'associer à la chanson, de s'arrêter, de se laisser absorber, de plonger dans la musique, de la laisser jouer dans notre cœur et notre corps, de la savourer en s'aidant par l'esprit et l'intention.

Si nous voulons créer de l'énergie pour bouger, il faut augmenter le volume, alors que pour nous connecter avec la gratitude (une émotion plus douce, plus calme), on réduit le volume. S'associer à une musique demande un effort d'intention, un investissement de notre attention. Entendre une mélodie d'une oreille distraite, en étant dissocié, entraîne moins d'effets sur le système nerveux, puisque nous ne sommes pas entièrement engagés.

5.10 Des munitions sonores limbiques

Ce qu'il y a de bien avec les films, c'est que les réalisateurs ont fait le travail à notre place ! Ils ont soigneusement procédé à une sélection de types de musique créatrice d'émotions particulières. On peut se fier à leur travail de présélection pour nous inspirer à bâtir notre propre répertoire. Voici quelques-unes de mes meilleures munitions limbiques sonores pour induire en moi différentes énergies courageuses.

Devant la douleur du désespoir, la chanson *Calling All Angels* de Jane Siberry revient souvent dans les films lors de grandes épreuves comme pour mettre un baume sur la **souffrance** entraînée par la **mort d'un proche**. On l'entend dans *Payez au suivant* (2000) et dans la série *Six pieds sous terre* (*Six Feet Under*), lorsque les personnages, dépassés par la peine devant la perte d'un être cher, tendent à **s'en remettre à plus grands qu'eux**. À chacun sa mythologie et son vocabulaire particuliers (Dieu, les anges, la Vie, la puissance organisatrice…), mais l'être humain a besoin de croire et de s'en remettre à une force supérieure lorsque ça fait trop mal. Voici un extrait des paroles : « *Calling all angels (calling all angels) / Calling all angels (calling all angels) / Walk me through this one / Don't leave me alone.* » Traduction : « Appelez tous les anges / Aidez-moi à traverser cette épreuve / Ne me laissez pas tout seul. »

Dans une infolettre, j'ai parlé en bien d'*Infinite White* du film *Transformers* de Steve Jablonsky, musique sublime. Le crescendo et la pureté de la voix de Lisbeth Scott, c'est presque divin. Le calme après la tempête, la lumière qui nous sort des ténèbres. Cela me rappelle le film *Gandhi* où, affaibli par son jeûne contre la violence, le grand homme (sous les traits de Ben Kingsley) murmure à son amie : « *Quand je désespère, je me souviens qu'au travers des âges, la voie de l'amour et de la vérité a toujours mené à la victoire. Il y a eu des tyrans, des assassins. Pendant un certain temps, ils peuvent sembler invincibles, mais ils finissent toujours par tomber. Toujours*[40]. »

Aussi, avez-vous déjà remarqué qu'en période sombre et difficile, l'émotion négative nous submerge, et nous avons l'impression qu'elle durera toujours ? Permettez-moi cette parenthèse sur un petit truc de PNL qui me sert d'ancrage lorsque j'ai le moral au creux de la vague. En fait, pendant qu'*Infinite White* joue dans mon iPod, je visualise en esprit ma situation en gris, et à mesure que la chanson évolue, **je m'imagine la scène s'éclairer de blanc**, de lumière, et j'adhère au fait que **la sincérité, la bonne volonté et l'amour triomphent toujours**. Ça m'aide à avoir le courage de lâcher prise et de faire confiance à la vie.

J'utilise aussi la chanson du Global Stage Orchestra, *At World's End : One Day,* de la trame sonore du film *Pirates des Caraïbes*, pour me donner du **« guts » pour foncer**, pour aller de l'avant vers l'inconnu avec **force** et **détermination**. Afin de déjouer mon système nerveux davantage, lors du crescendo, je visualise une scène du film où JE me sens sur un bateau roulant à fond de train, poussé à pleins vents, l'air fouettant mon visage, **libre et audacieuse** devant l'aventure. Celui qui voit sa vie comme une aventure, jamais ne s'ennuie, puisqu'un fond de *thrill* s'installe…

Pour activer mon petit côté *bad girl* et le courage de faire à ma tête, **d'être 100 % moi-même, que ça plaise ou non**, j'utilise la chanson *Bad To The Bone* de George Thorogood, un classique en son genre. Utilisée dans de nombreux films, dont *Terminator 2 : Le Jugement dernier* (1991) où le personnage d'Arnold Schwarzenegger enfourche sa Harley-Davidson, prêt à mener le combat en adoptant une attitude signifiant clairement : « ça va faire, le niaisage ». On dirait qu'écouter cette musique à haut volume me rend plus audacieuse, plus fonceuse et plus libre. Et cette sensation me fait sentir que « je » prends les commandes de ma vie, ***my way***!

Dans un autre ordre d'idées, pour m'aider à créer un peu de persévérance devant les tâches soporifiques, j'utilise la chanson de Marvin Gaye *Ain't No Mountain High Enough*, du film *Sister Act 2 (1993).* C'est de l'énergie et de la bonne humeur en injection. Quand j'ai une *montagne* de linge à plier, une *montagne* de factures à classer, je sélectionne cette chanson dans mon iPod et ça me donne un second souffle pour abattre les tâches ennuyeuses en fredonnant et en tapant du pied.

5.11 Faites vos listes

Quelles sont vos *Power Songs*? Celles qui forceraient les connexions neuronales de votre système limbique à se brancher sur 220 volts de différentes formes de courage nécessaire à votre vie ?

Pour générer la **combativité du guerrier**, quelles chansons provoqueraient l'énergie vive d'un courage bouillonnant prêt à vous faire exploser de bravoure, à vous donner l'envie de charger dans votre vie à plein régime ? Autant pour le rythme que le sens derrière certaines paroles, voici quelques titres de mon répertoire personnel :

- *T.N.T.* et *Thunderstruck*, d'AC/DC,
- *Fighter*, de Christina Aguilera
- *Lose Yourself* (film *8 Mile*) et *Till I Collapse*, d'Eminem
- *Battle Without Honor and Humanity* (film *Kill Bill*) de Tomoyasu Hotei
- *Stronger*, de Kelly Clarkson
- *Run Free* (film *Spirit, l'étalon des plaines*), de Hans Zimmer
- *Holding Out for a Hero* (film *Shrek 2*) de Jennifer Saunders

Qu'utiliseriez-vous pour stimuler votre **persévérance** devant l'effort, malgré la fatigue et la douleur ? De mon côté, j'utilise les bons classiques de *Rocky* et d'autres :

- *Gonna Fly Now*, de The Rocky Orchestra
- *The Final Countdown*, Rocky's All Stars
- *Eye of the Tiger*, de Survivor
- *Danger Zone* (film *Top Gun*, 1986), de Kenny Loggins
- *The Power* (film *Bruce tout-puissant*, ou *Bruce Almighty*, 2003), de Snap
- etc.

Pour plus de persévérance, je m'en remets aux percussions africaines. Elles aident mon cerveau à aller dans des **ondes alpha**, où j'entre légèrement en transe, ce qui m'aide à diminuer ma perception de l'effort.

Pour vous aider à **soutenir votre endurance** durant un entraînement physique, prêtez attention aux **chansons à « crescendo »**, où certains passages musicaux sont exécutés en augmentant progressivement la rapidité du rythme ou l'intensité sonore. À cet égard, essayez d'écouter *Zorba the Greek,* de Mikis Theodorakis sans que votre cœur se mette à battre plus rapidement ou qu'une partie de votre corps se mette en mouvement. Les musiques à crescendo maximisent la puissance de l'effet biochimique dans notre cerveau et influencent notre rythme cardiaque, d'où l'impression d'un soudain **regain d'énergie** malgré une grande fatigue initiale.

Et qu'est-ce qui peut vous aider à vous centrer pour accéder à un sentiment de courage calme, de force tranquille ? Pour ma part, je puise de l'inspiration dans les chansons suivantes :

- *Shamanic Dreams*, d'Anugama
- *Now We Are Free* (film *Gladiateur* ou *Gladiator*, 2000), de Hans Zimmer et Lisa Gerrard
- *Rose* (film *Titanic*, 1997), de James Horner
- *9000 Days* (film *Invictus*, 2009), d'Overtone et de Yollandi Nortjie
- *Well Balanced*, *Medicine Power* et *Sacral Nirvana*, d'Oliver Shanti
- *Water Of Love*, de Gandalf
- etc.

Quelles chansons vous font **« lâcher votre fou »**, vous insufflent un courage de vitalité, vous mènent à la liberté ?

- *Rock This Party (Everybody Dance Now)* et *Love Generation* de Bob Sinclar

- *Sound of Freedom* de Bob Sinclar et Cutee B
- *It's Raining Men*, de The Weather Girls
- *Born to Be Alive*, de Patrick Hernandez
- *You're Free*, de Yomanda
- *Tush* (film *The Bucket List*, 2007), de ZZ Top
- *I Gotta Feeling*, de Black Eyed Peas
- etc.

5.12 Notre réserve de munitions limbiques

En conclusion, le but est **d'identifier « nos déclencheurs d'états émotionnels courageux »**, de multiplier nos accès à certaines émotions et de nous entraîner à les ressentir souvent et intensément pour renforcer nos circuits neurologiques correspondants. Un symbole, un credo, une image qui nous inspire le courage, un archétype, un film, une trame sonore ou une musique : voilà autant d'outils pour accéder au courage.

De mon côté, je me suis bien équipée en rappels « limbiques » destinés à soutenir mes valeurs et à m'aider à devenir le genre de personne auquel j'aspire. D'une part, j'ai un credo écrit de trois pages. D'autre part, j'ai isolé les meilleurs extraits de tous les films qui m'ont inspirée et ces derniers me sont accessibles par **l'arsenal de mes armes technologiques modernes** : mon iPod vidéo, mon iPhone, mon iPad et mon MacBook. Je démarre la scène particulière dont j'ai besoin, et ensuite je modélise l'énergie courageuse de certains personnages. Je m'associe à eux durant le visionnement. Ils sont présents et vivent en moi, un peu comme des coachs, des mentors dont la force et la droiture m'inspirent. Enfin, j'ai plus de 7 000 chansons, dont plusieurs en provenance de trames sonores de films que j'ai adorés. Je les ai classées par répertoire en fonction de l'émotion qu'elles produisent en moi.

Si vous manquez d'inspiration pour bâtir votre réserve de munitions limbiques, je vous offre en cadeau un répertoire de *Power Songs* et *Power Movies* qui inventorie les suggestions que je partage par mes infolettres mensuelles depuis janvier 2010. Vous pouvez télécharger gratuitement le document en suivant ce lien : www.isabellefontaine.ca/pdfencadeau

5.13 L'entrepôt 911 des souvenirs courageux

Un des pires obstacles au développement de notre courage, c'est l'impossibilité de reconnaître les moments où on en fait preuve dans nos vies. Biswas-Diener appelle ce concept « *Courage Blindness*[41] », qu'il décrit comme la tendance à ne pas remarquer ou à banaliser ses actions extraordinaires en les considérant comme ordinaires, une fois l'expérience passée. Qui n'a pas d'histoires de courage à son actif ? Des moments où nous avons pris des risques et surmonté notre peur ou la fatigue.

Je vous recommande d'apprendre à reconnaître les occasions où vous avez été particulièrement brave, vaillant et intègre, et à les noter dans un répertoire 911 des souvenirs de courage. Cessons d'être aveugles face à nos actes admirables !

5.13.1 Le cerveau ne fait pas la différence

Si un répertoire des souvenirs courageux a son utilité, c'est que le cerveau ne distingue pas un souvenir évoqué avec intensité de l'expérience vécue ici et maintenant. Grâce à cette particularité du cerveau, nous pouvons forcer les connexions neuronales, recréer en nous et revivre l'expérience émotionnelle associée à un souvenir en imaginant à nouveau les éléments sensoriels de l'événement provenant du passé. Et si les acteurs professionnels réussissent à créer des accès neurologiques directs pour activer les émotions qui vont soutenir leur performance théâtrale, il nous est aussi possible d'entraîner notre système nerveux pour le doter de circuits neuronaux qui vont améliorer notre capacité d'accéder au courage.

5.13.2 Quels sont vos REER émotionnels de courage ?

Sous l'emprise de l'anxiété et du découragement, notre cerveau émotionnel s'emballe, affectant notre jugement et le limitant. La **mémoire devient sélective**, car notre « *lampe de poche mentale* » met le focus sur nos limites et nos incapacités. Il nous est alors extrêmement difficile d'accéder à nos souvenirs de force et de puissance, allant même parfois jusqu'à les oublier à tout jamais. La consignation de toutes les sensations éprouvées et des stratégies utilisées lors de ces moments de courage est une astuce pour replonger dans le film de nos souvenirs courageux. Par la suite, juste avant de prononcer un discours ou de s'attaquer à une tâche qui requiert tout ce qu'on a dans les tripes, il nous suffit de relire ce répertoire et de nous remémorer ces événements pour recréer les **états de confiance et de détermination** qui nous habitaient lors de ces épreuves.

Prenez le temps de vous arrêter et de faire l'exercice suivant : notez sur une feuille les **cinq moments déterminants** qui ont façonné votre vie et analysez vos **trucs et stratégies de courage** vous ayant permis de vous dépasser. Une telle liste revient à investir dans des REER émotionnels de courage en vue d'un jour, au besoin, retirer un petit *boost* pour se sortir d'une panne.

Pour ma part, je me replonge à l'occasion dans mes souvenirs de courage notés dans un répertoire, afin de prendre du recul et de **conscientiser le chemin parcouru**. Ça me donne de la perspective et de la confiance. Aussi, ça m'aide à me replonger dans l'état intérieur requis et à **reprendre contact avec les stratégies gagnantes d'autrefois**.

J'ai trouvé extrêmement difficile de me motiver à rédiger mon mémoire de maîtrise en 1998. Relativement peu d'étudiants franchissent cette étape, nous disait-on à l'université. Et je suis une extravertie de la pire espèce : c'est souffrant pour moi d'être seule et d'écrire pendant des jours et des semaines. J'ai dû me faire violence pour traverser cette épreuve. Mais j'ai réussi à mobiliser mes forces, à exclure toute possibilité d'abandon.

Aussi, à cette époque, j'avais quitté mon emploi de serveuse afin d'entrer en **totale immersion** et d'éviter les sources de distraction qui m'auraient coupée de mon « sprint » de rédaction en me sortant de la **bulle mentale** que j'avais créée autour de mon sujet de recherche. Résultat : je ne pensais plus qu'à cela et j'avais des idées de génie en me levant la nuit, que je m'empressais de noter.

Lors d'un 5 à 7, j'avais parié à une enseignante, devant des dizaines de personnes, que je produirais ce mémoire dans un temps record. Comme je suis **orgueilleuse** et que j'ai un **gros ego**, j'ai exploité ce point faible de ma personnalité pour me donner du carburant et me créer un sentiment d'urgence. Je n'allais pas perdre la face devant des collègues et des enseignants que j'appréciais autant. Ça m'a aidée, j'ai livré un mémoire dans un temps record et j'ai même eu une mention d'honneur.

Rien ne vaut l'annonce d'une date butoir. Quand on se commet publiquement, on se donne le courage de provoquer les choses. C'est d'ailleurs en me basant sur cette expérience de courage que j'ai produit mon ouvrage *EMPOWER*, publié en 2010. En dépit des moments de découragement et de lassitude, je pouvais désormais **surfer sur la confiance** grâce au souvenir d'avoir surmonté une telle épreuve dans le passé.

De plus, j'ai noté avec beaucoup de détails sensoriels les autres souvenirs où je me suis lancée à l'eau sans garantie de succès. Le stress et l'inconfort étaient au rendez-vous, mais même dévorée à l'occasion par l'anxiété, je suis parvenue à les transcender. Comme le jour où j'ai démissionné d'un emploi très bien payé pour accepter une charge de cours à l'UQÀM qui ne m'offrait même pas 7 % de ma rétribution abandonnée ; et la fois où j'ai décidé d'incorporer mon entreprise ; cette autre où j'ai accepté d'offrir ma première conférence à un groupe de ventes de TVA sans savoir dans quoi je m'embarquais ; et le jour où j'ai acquiescé à la demande d'une cliente qui insistait pour que j'offre mes conférences à ses groupes anglophones.

Je vous propose aussi de penser un moment à des choses que vous convoitiez ou à des buts qui vous auraient été chers, mais que vous considériez comme impossibles à obtenir ou à poursuivre à l'époque, tandis que vous constatez maintenant que ce sont des acquis dans votre vie présente.

À titre d'exemple personnel, durant ma jeunesse, je fumais un paquet de cigarettes par jour et je faisais la fête constamment ; je n'étais pas très sérieuse, ni très vaillante. À 20 ans, je pesais environ 10 kilos de plus qu'aujourd'hui et je n'avais rien d'une sportive. Aujourd'hui, à 41 ans, je suis au sommet de ma forme, je cours plusieurs fois par semaine, je suis travaillante et efficace. Je ne fume plus depuis 21 ans et j'ai même tenu le pari avec mon conjoint, en 2009, de ne pas boire une goutte d'alcool pendant une année complète, par défi, alors qu'aucun problème de consommation ne le requérait.

Ce challenge visait à me prouver que j'étais assez déterminée pour activer ce genre de force de volonté. Pour m'aider, je me répétais la devise suivante : *I rule alcohol ; alcohol doesn't rule me !* (Comme certaines expressions anglophones génèrent un effet plus percutant dans ma neurologie, je ne veux pas amoindrir leur résonance sur moi en les traduisant. Et vu qu'ici, je vous partage mes réelles astuces pour activer le courage, **je priorise l'effet émotionnel suscité** avant **l'aspect littéraire du français**, même si je n'aime pas négliger ou maltraiter notre belle langue française que j'adore.) Et **je m'imaginais en duel, face à mon verre de vin, où j'allais me prouver à quel point j'étais libre et aux commandes**. Résultat : même si ça s'est avéré très exigeant par moments, j'étais capable de résister à mes envies et mes fringales. Et, contrairement à ce que mon passé empreint de mollesse et d'auto-indulgence me faisait croire, j'étais capable de m'imposer des rigueurs et d'accéder à une maîtrise de soi. Le pire, c'est que plusieurs personnes autour de moi avaient presque pitié de l'exigence élevée que je m'imposais « pour rien » pendant toute une année. On me conseillait d'être plus bienveillante, plus clémente envers moi-même, on me recommandait l'auto-indulgence. En fait, avoir écouté ces gens m'aurait privé de **faire la connaissance du samouraï qui existait en moi** et que je n'avais pas encore rencontré, faute de ne m'être jamais mesurée à de réels défis requérant l'arrivée d'énergie guerrière de contrôle de soi. En rétrospective, grâce à ce pari, je sais que je peux me fier à l'existence de cette forme de courage récemment découverte en moi.

Malheureusement, le cerveau humain étant victime d'**habituation**, il oublie qu'on a finalement trouvé une manière de concrétiser des projets qui nous semblaient irréalisables à une époque. Aussi, comme il nous est tous arrivé de traverser l'impossible à un moment ou à un autre, on peut maintenant se renforcer en tirant profit de ces acquis remarquables de notre passé. Le **répertoire écrit** des souvenirs positifs de notre vie devient alors un **outil externe à consulter** afin de désamorcer les tempêtes émotionnelles qui risqueraient de faire rage à l'intérieur de nous. Et ce document servira de nourriture pour raviver nos réserves de courage.

5.14 Utiliser le corps comme pharmacie

En plus de la psychologie archétypale, de la cinémathérapie, des trames sonores de films et des souvenirs de nos moments de courage pour nous aider à forcer nos connexions neuronales à se brancher sur plus de courage, il nous est possible **d'utiliser notre corps comme pharmacie** pour parvenir à déjouer notre cerveau émotionnel et à l'entraîner à sécréter la biochimie du courage.

En fait, chaque état émotionnel a son équivalent physiologique. C'est pourquoi, en matière de communication, au moins 90 % des messages affectifs sont non verbaux – car les émotions s'affichent et s'expriment avant tout dans le corps[42]. À l'inverse, on peut aussi **opérer un changement physiologique pour modifier un état émotionnel**. Comme l'explique Servan-Schreiber, le cerveau limbique (émotionnel) contrôle les émotions et la physiologie du corps.

> « Le cerveau limbique est un poste de commande qui reçoit continuellement des informations de différentes parties du corps et y répond de manière appropriée en contrôlant l'équilibre physiologique : la respiration, le rythme cardiaque, la tension artérielle, l'appétit, le sommeil, la libido, la sécrétion d'hormones, et même le fonctionnement du système immunitaire sont sous ses ordres[43]. »

Grâce à cette relation étroite avec notre physiologie, il devient plus facile **d'accéder aux émotions par le corps** plutôt que par la logique ou la parole. Et si nous commandons à notre corps de bouger ou de respirer différemment, nous altérons immédiatement la réaction du cerveau limbique, qui s'adapte aux nouvelles données en procurant l'énergie émotionnelle requise. Une **recette physiologique active l'énergie du courage**.

5.14.1 Les postures de puissance

Le lien étroit entre les expériences de courage et de confiance en soi permet d'utiliser notre corps pour augmenter notre ascendant (notre autorité naturelle) et nous aider à affronter les situations sociales embarrassantes avec plus d'assurance. Dans sa présentation *Votre langage corporel forge qui vous êtes*[44], Amy Cuddy, psychologue sociale au Harvard Business School, s'est intéressée à la dynamique du pouvoir, plus particulièrement aux expressions non verbales de puissance, de pouvoir et de dominance.

Chez l'homme, comme pour les autres espèces du règne animal, les **postures de puissance** se manifestent par de l'extension. On se fait gros, on s'étire, on prend de la place. Fondamentalement, on fait montre d'ouverture. Cuddy raconte que même les aveugles de naissance font ce type de gestes quand elles passent le fil d'arrivée en position gagnante dans des compétitions sportives, alors qu'elles n'ont jamais pu observer quelqu'un le faire avant elles. Les bras forment un V dans les airs et le menton est relevé. Mais que font les humains et les animaux qui se sentent impuissants ? Exactement le contraire : les **postures d'impuissance** impliquent qu'on se referme, se replie et se rapetisse – et on ne voudrait pas toucher à notre voisin.

La psychologue précise que d'un point de vue hormonal, les puissants mâles alpha dans les hiérarchies des primates ont un taux élevé de testostérone et un faible niveau de cortisol. Il en est de même des dirigeants puissants chez les humains. La **testostérone**, hormone de la dominance, favorise la croissance musculaire, stimule un certain niveau d'agressivité et de combativité, et attise le désir sexuel propice à la reproduction. Quant au **cortisol**, l'hormone du stress par excellence, le mâle dominant en dispose d'un plus bas niveau. Aussi est-il plus décontracté, car moins nerveux et moins anxieux, en raison d'un système nerveux moins sensible au stress. On observe sans surprise qu'au contraire des gens qui se sentent faibles, les personnes de pouvoir tendent à être plus autoritaires, confiantes et optimistes. C'est connu, nous prenons plus de risques lorsque nous sentons que nous avons des chances de gagner. Nous nous sentons forcément plus courageux.

Amy Cuddy et son équipe se sont demandé : peut-on imiter les postures types des gens qui sont des caricatures du comportement alpha et « faire comme si » jusqu'à ce qu'on puisse non seulement paraître plus puissant, mais surtout, intérieurement, se sentir plus puissant dans son corps ? **Pouvons-nous « faire comme si » jusqu'à le devenir ?** Jusqu'à changer intérieurement et nous approprier réellement notre pouvoir ? Il semblerait que oui, à la lumière de leurs recherches.

Dans son laboratoire, l'équipe de Cuddy a testé la variation du niveau de testostérone et de cortisol dans la salive d'individus à qui on avait demandé, pendant deux petites minutes, d'adopter les postures de puissance (*high power poses*) ou d'impuissance (*low power poses*). L'expérience allait comme suit : cracher dans une fiole pour prendre un échantillon de salive avant et après l'expérience corporelle. À l'aveugle, on s'isole dans une petite salle à côté du laboratoire. Pendant deux minutes, ceux qui doivent adopter les poses de puissance s'étendent et prennent le plus d'espace possible : jambes sur le bureau, mains derrière leur tête.

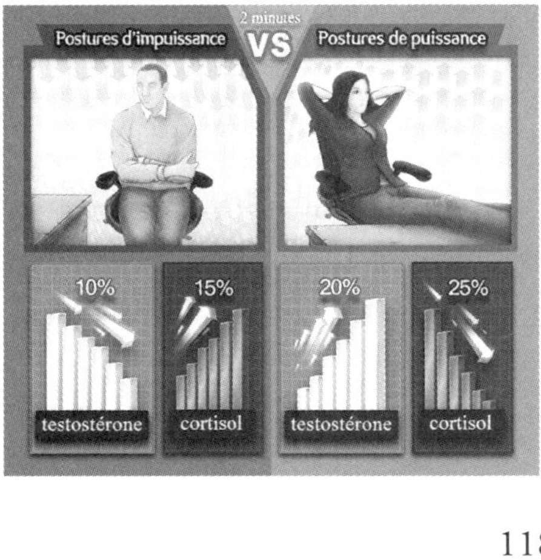

Les individus du groupe des poses d'impuissance doivent se faire petits, se recourber, se prendre la tête avec une main.

Ceux qui ont adopté les poses de puissance ont vu l'hormone de dominance et du courage (la testostérone) augmenter de 20 % et l'hormone du stress (le cortisol) diminuer de 25 % ! **Plus de pouvoir** et **moins de nervosité**. De l'autre côté, ce fut l'effet inverse : en adoptant des postures d'impuissance, le cortisol augmentait de 15 % et la testostérone diminuait de 10 %. **Plus de stress** et **moins de confiance**[45].

Résultat : **deux minutes suffisent pour apporter des changements hormonaux** qui programment notre cerveau soit à mieux nous affirmer, à nous mettre à l'aise en nous rendant confiant pour ainsi mieux tolérer les risques, soit à nous rendre plus sensible au stress, indécis devant les risques et porté à nous refermer sur nous-même.

Au final, l'équipe de Cuddy a eu envie de mesurer les **effets relationnels de ces modifications biochimiques** chez les deux groupes aux prises avec des situations sociales menaçantes. Par exemple, lorsque nous sommes sujets à l'évaluation des autres (adolescents observés par les amis à la cafétéria, personne devant parler en public, etc.). Les chercheurs ont opté pour le plus commun jeu de rôles, un entretien d'embauche où ils ont demandé aux juges d'être de glace, sans réaction dans le visage. Ce qui est réputé pour être extrêmement stressant.

Il est ressorti de cette expérience qu'à l'aveugle, les juges ont eu envie d'embaucher les personnes provenant du groupe « posture de puissance ». Qu'est-ce qui a guidé leur choix ? Selon leurs commentaires, davantage que le contenu de leurs réponses, « **la présence** » qu'ils amenaient à leur discours, leur niveau de charisme et d'enthousiasme justifiaient leur sélection. En effet, les participants choisis avaient apporté leur « être vrai ». Ils se sont offerts eux-mêmes, sans voile, sans stress de vouloir bien paraître. Ils **se sentaient bien dans leur peau** et **c'était séduisant**.

Petite parenthèse : cette recherche m'a rappelé une rencontre inusitée lors d'une formation à laquelle j'assistais à Toronto. Je discutais avec un jeune homme de 20 ans qui avait la moitié de notre âge, mais qui dégageait une telle confiance en lui qu'il en était intrigant. Au cours de la conversation, il m'a confié son astuce pour augmenter ses chances auprès de la gent féminine quand il sortait dans les bars. Il circulait dans le club en s'imaginant qu'il était le propriétaire de la place et les gens autour de lui, ses invités. Cela le rendait à l'aise, assurément plus confiant et souriant lorsqu'il abordait la plus belle demoiselle. Parions qu'ensuite les dames, sans le savoir, réagissaient à la testostérone de ce jeune mâle alpha.

Bref, **avant d'affronter une situation potentiellement embarrassante**, réfugiez-vous dans votre voiture ou dans une salle de bain et **adoptez des poses qui mettront votre corps en ouverture maximale** : bras derrière la tête et pieds surélevés, étendez-vous, prenez de la place. Ainsi, vous augmenterez votre testostérone tout en diminuant votre cortisol ; cela vous permettra de renforcer votre esprit et d'afficher un plus grand ascendant en relevant votre défi.

5.14.2 L'hormone du courage

Plus abondante chez les gens qui se sentent puissants, la testostérone est aussi reconnue pour son rôle d'hormone du courage. En fait, elle procure un effet dynamisant et antistress qui rend plus combatif et plus endurant. C'est une hormone qu'on attribue à la gent masculine, mais les experts[46] affirment que la femme produit 60 % de la testostérone d'un homme. C'est une hormone essentielle pour bien vieillir, mais malheureusement, elle commence à diminuer à partir de la trentaine. C'est pire lors de la ménopause, qui réduit grandement la fabrication de testostérone chez une femme. Ce qui peut expliquer pourquoi certaines personnes ne se reconnaissent plus, car elles se sentent de plus en plus peureuses en vieillissant et éprouvent une sensation de fatigue en permanence ou presque.

Pour nous rassurer devant certains symptômes défaillants, demandons à notre médecin de surveiller le taux de cette hormone dans notre corps, car le manque de testostérone entraîne des pertes de mémoire, augmente les risques d'ostéoporose, diminue considérablement le désir sexuel, fait grossir et fait fondre la masse musculaire. Si jamais notre médecin constatait que le problème est marqué, il pourrait prescrire des gels à la testostérone sous forme de crème dermique à appliquer sur la peau. Par contre, il n'est pas nécessaire d'aller du côté des experts de la santé pour augmenter la biochimie du courage dans notre corps, car des moyens concrets s'offrent à nous pour remédier au manque de testostérone et augmenter une certaine force de vie dans notre métabolisme.

D'emblée, les spécialistes recommandent de perdre l'excédent de poids, car les **kilos superflus font baisser le taux de testostérone**. Il a été démontré, en l'occurrence, que le sucre en soi augmentait le niveau d'insuline dans le sang, un facteur qui conduit à la baisse de testostérone.

Par ailleurs, les **exercices courts à haute intensité** stimulent la production de testostérone. Il faut néanmoins distinguer les types d'activité physique. Les experts précisent que **les efforts d'endurance prolongée** (comme les marathons, les marches prolongées et l'endurance à vélo) **réduiraient notre stock de testostérone**, au contraire des exercices intenses et courts, répétés plusieurs fois de suite, après une brève période de récupération, qui hausseraient la production de testostérone et d'hormones de croissance[47] dans notre corps. Voici la recommandation :

- Échauffez-vous trois minutes.
- Faites un effort (courir, sauter, nager, pompes sur les genoux) aussi vite que vous pouvez pendant 30 secondes. Vous devez avoir l'impression de ne pas pouvoir tenir plus longtemps.

- Récupérez en allant lentement pendant 90 secondes.
- Recommencez sept fois ce cycle (huit fois en tout).

Cela vous prendra donc 20 minutes, et l'essentiel du temps sera passé à récupérer, donc à vous reposer.

De plus, certaines substances non médicamenteuses, tels des compléments alimentaires, sont de précieux précurseurs de fabrication de testostérone dans notre corps. Par exemple, le **complément alimentaire DHEA**[48] est le précurseur le plus abondant d'androgènes dans le corps humain, autrement dit la principale matière première entrant dans la fabrication des hormones vitales, dont la testostérone. Nous sécrétons naturellement cette hormone, mais elle se vend aussi sous forme de suppléments. Elle semble le secret d'une jeunesse à la fois physique et mentale. « Encore illégale au Canada, la DHEA a généré un chiffre d'affaires de 50 millions de dollars aux États-Unis en 2005[49]. »

Notons que la **vitamine D** et le **zinc**, présents dans certains aliments, sont aussi de précieuses sources d'hormone de dominance. On puise la vitamine D à même les rayons du soleil sur notre corps et le **zinc** se retrouve en grande concentration dans les huîtres crues, le foie de veau, certains fruits de mer et en supplément alimentaire ou supplément protéique.

Ensuite, pour un équilibre favorable aux états courageux, il faut **limiter notre exposition au stress**, sinon le **cortisol** alors sécrété dans notre corps pourrait **bloquer les effets positifs de la testostérone** et, biochimiquement, saper notre capacité accrue de courage. Afin de réduire l'anxiété et le stress, on peut aussi opter pour une stratégie alimentaire en prenant des **suppléments d'oméga-3**. Ces derniers nourrissent notre cerveau émotionnel et l'aident à mieux fonctionner.

Certains nutriments ont des effets sur les neurotransmetteurs du cerveau, dont les acides gras qui sont essentiels à son bon fonctionnement. À long terme, un régime riche en **acides gras oméga-3** augmente notre production de dopamine, ce neurotransmetteur de l'énergie et de la bonne humeur[50]. Ainsi, non seulement **une alimentation pauvre en oméga-3** réduirait notre expérience du plaisir, mais elle nous **rendrait anxieux**.

« Lorsque l'on supprime les oméga-3 de l'alimentation de rats de laboratoire, leur comportement change complètement en quelques semaines : ils **deviennent anxieux, n'apprennent plus de nouvelles tâches et paniquent dans les situations de stress**[51]. »

Servan-Schreiber suggère la prise des suppléments alimentaires d'oméga-3 à plus haute concentration d'acide eicosapentaénoïque (AEP), vu son apport bénéfique sur notre santé émotionnelle et sa capacité de réduire les symptômes de la dépression, de la tristesse, du manque d'énergie, de l'anxiété, de l'insomnie et de la baisse de libido[52]. Pourquoi s'en priver ?

Parlant de libido, toutes les civilisations ont leur terme pour désigner l'énergie à la source de toute vie. En Asie, on l'appelle **qi** (prononcé « chi ») ou **ki.** En Inde, on utilise le terme **prana**. Dans *Star Wars (La Guerre des étoiles)*, on fait référence à **la Force**... En Occident, on parlera d'élan vital ou de **libido** pour faire référence à la pulsion de vie. À ce sujet, saviez-vous que l'on pourrait utiliser des moyens plus coquins d'augmenter notre taux de testostérone et de faire circuler l'élan vital en nous ? Le simple fait de s'amener à ressentir du désir sexuel en s'imaginant des **scénarios torrides** produit son effet dans le corps en augmentant notre vigueur et notre combativité. C'est démontré !

Un expert en imagerie par résonance magnétique (IRM) a exploré le cerveau d'un individu excité sexuellement. Adam

Safron, chercheur en neuropsychologie à la Northwestern University, en Illinois, a fait visionner un film porno au moyen d'une projection reflétée par un miroir aux sujets installés dans un scanneur. Le chercheur observait les réactions des neurones titillées de ses volontaires pendant qu'ils observaient les ébats. Des neurones des régions situées dans le système limbique s'embrasaient aussitôt que les images suggestives commençaient à défiler. Il a pu constater aussi que l'activité cérébrale augmentait dans presque tout le cerveau lorsqu'il y avait excitation sexuelle.

Safron s'intéresse particulièrement au striatum ventral, qui fait partie du système de récompense et qui joue un rôle essentiel dans l'expérience du plaisir. Il a établi que ce système, chez l'humain comme chez l'animal, **donne la motivation nécessaire** pour accomplir des tâches essentielles à la survie comme se reproduire et se nourrir. « Les organismes pour lesquels le sexe était une motivation puissante sont ceux qui ont connu le plus grand succès évolutif », explique le chercheur[53].

Enfin, **l'excitation sexuelle nous rend plus vifs, plus compétitifs, plus agressifs**. Elle est aussi reconnue pour nous rendre plus vigilants dans notre environnement. Vu ses effets positifs sur notre niveau de vitalité, prenons soin de nourrir le désir en nous. Ne laissons pas notre libido diminuer d'elle-même avec l'âge et l'accoutumance, veillons à stimuler cette pulsion de vie.

5.14.3 Le pouvoir de la respiration

On peut aussi augmenter nos élans courageux en modifiant notre respiration, car notre biochimie se modifie lorsqu'on parvient à respirer en imitant la recette spécifique à chaque état émotionnel. Ainsi les gens **passionnés** respirent profondément et à toute allure, car la joie et l'excitation font respirer abondamment, profondément.

Dans les états de **déprime et de dépression**, nous respirons lentement en utilisant notre métabolisme de façon minimale. En état de **stress et d'anxiété**, les muscles abdominaux de l'anxieux se contractent sous l'effet du stress ; ce faisant, ils l'empêchent d'expirer complètement. C'est pourquoi son souffle est court et rapide et provient essentiellement de la poitrine. Précisons que le courage n'est pas toujours une énergie de force, de combat. Il est parfois une énergie de calme et de contrôle. Alors, **si on désire imposer le calme à un corps anxieux**, on peut dégonfler l'angoisse par une suite de respirations lentes, profondes et diaphragmatiques.

Au fait, saviez-vous **qu'à l'inspiration, le cœur accélère** ? Et **qu'à l'expiration, il décélère** ? Pour ralentir un cœur qui bat la chamade sous l'effet d'un coup d'anxiété, on **expire le plus longtemps possible**. À cet égard, dirigeons notre attention sur des **rituels religieux réputés apaiser l'âme**, car ils exercent non seulement sur notre psyché des effets liés à des croyances spirituelles qui pacifient notre état intérieur, mais, en conséquence, d'un point de vue strictement biochimique, ils font nécessairement du bien au corps en lui imposant le calme par leur effet sur l'expiration.

Fredonner les chants grégoriens, prier à haute voix, réciter des rosaires, émettre le son *Aum*, répéter des mantras, tous ces comportements ont pour dénominateur commun la modification de notre mode respiratoire ; si bien que **notre expiration s'en trouve nécessairement prolongée**. En expirant notre air longuement, cela provoque automatiquement une **respiration diaphragmatique,** qui à son tour active le système nerveux parasympathique pour libérer le neurotransmetteur de la détente, l'**acétylcholine**. S'ensuit un état de relaxation qui, à la longue, ralentit le cœur et dégonfle le stress.

Ce qui est moins évident, c'est de se rappeler qu'on doit respirer lentement au moment d'une attaque de panique... Lorsque j'ai accouché de ma fille Romane, j'ai vécu un moment d'angoisse qui a vite été maîtrisé par l'autorité de l'infirmière qui prenait soin de moi. Je mesure seulement 1,60 m (5 pi 3 po) et mon bébé est arrivé une semaine en retard à un poids de près de 4,50 kg (10 lb). Elle prenait l'espace de mes poumons. Cela m'empêchait de respirer, et j'avais une sinusite par-dessus le marché.

À un moment donné, pendant le travail, j'ai senti que je ne pouvais plus respirer. Comme si j'étouffais. Aussi, j'ai commencé à paniquer dramatiquement. C'est alors que l'infirmière m'a presque crié au visage : « Voyons, madame Fontaine ! Parlez-vous ! Ressaisissez-vous ! Maintenant ! » Elle a tellement été sèche et directive que ça m'a saisie, elle a capté mon attention, et la panique s'est estompée. Ensuite elle a ajouté : **« O. K., maintenant respirez avec moi. Nous allons ralentir votre respiration. »** Ce qui a eu pour effet de me calmer et enfin, de m'aider à mettre au monde un beau bébé très joufflu.

Des années plus tard, j'ai utilisé le truc de cette infirmière lors d'un camp de leadership où j'avais le rôle du leader dans une équipe qui devait faire face à un défi très stressant sur les eaux froides d'un lac à l'automne. Un des membres de mon équipe était tellement affolé qu'il ne comprenait plus rien et il faisait des gestes gauches et précipités au point où il aurait pu faire chavirer notre embarcation dans l'eau glaciale et aucun d'entre nous ne disposait de linge de rechange.

La perspective de passer la soirée à greloter m'a donné le courage d'intervenir avec fermeté (comme l'avait fait mon infirmière) en disant : « Adam ! Arrête ! Arrête toute action maintenant ! Respire avec moi ! On va ralentir notre respiration !

Lentement. » L'intervention a duré moins de deux minutes, il s'est calmé et il a été en mesure d'entendre et de comprendre mes instructions… pour le plus grand confort de tous les autres dans l'équipe, très heureux qu'on soit restés au sec grâce à la fermeté de mon intervention.

5.14.4 S'inventer des routines créatives

Il faut pratiquer encore et encore dans des moments de calme, afin de pouvoir compter sur notre réflexe de respirer pour ralentir nos battements de cœur et sécréter plus d'acétylcholine lors des moments anxiogènes. Alors, dans le but d'intégrer ces pratiques de respiration à notre mode de vie, on peut **s'inventer des routines créatives**, intéressantes et systématiques.

On peut se donner des petits règlements pour ralentir notre respiration dès qu'on entre dans le bain, dans le spa, qu'on arrive aux feux rouges de circulation dans notre voiture. On peut systématiser les lieux ou les moments où on s'exercera au bourdonnement ou ***humming*** (souffle). Cette pratique consiste à émettre un son continu à partir d'une voyelle pendant une période assez longue pour évacuer tout l'air de nos poumons, comme lors de la récitation du fameux mantra *Aum*, où on laisse le son émerger par le nez.

On cherche un son essentiellement monotone où l'on produit de légères variations dans les tonalités. La résonance intérieure créée par le passage de l'air dans la tête et la gorge produit un effet apaisant, calmant et cela nous aide à nous centrer, à nous concentrer. Pour me donner de l'entrain à utiliser la technique et rendre la pratique amusante, j'utilise des chansons comme *Sacral Nirvana et Donovan My Timeless Cosmic Friend* d'Oliver Shanti.

Pour une pratique plus rythmée de ces techniques de respiration, dès que je commence à jogger, j'accorde maintenant autant d'importance à **ma manière de respirer** qu'au mouvement de mes jambes. Les cinq premières minutes sont consacrées à gonfler au maximum mes poumons d'air, lequel je m'efforce de relâcher le plus lentement possible. Je le fais en adaptant mes petites bouffées d'air au rythme de mes pas.

À la fin de ma course, si je me sens calme, détendue et bien, je ne sais pas si c'est grâce au déferlement d'endorphines provoqué par ma grande demande cardiovasculaire ou à cause de l'augmentation de l'acétylcholine induite par ma capacité à jouer à modifier ma respiration. Peu importe, j'ai trouvé une formule gagnante pour réduire le stress et je l'exploite pour m'aider à être une personne plus centrée et plus solide.

Pour m'imposer un autre petit **défi générateur d'acétylcholine**, lorsque je fais des marches dans un but de détente, je tente d'inspirer en 4 et d'expirer en 16. C'est plus difficile, mais biochimiquement très efficace pour diminuer les niveaux de cortisol dans mon corps.

Il y a aussi la technique ***Breathwalk***. Elle vise à combiner des façons de respirer en les synchronisant avec nos pas tout en ajoutant un état méditatif, en s'investissant d'une attention de « pleine conscience ». Parions que, sans trop le savoir, les pèlerins qui tirent un profond bénéfice de leur chemin de Compostelle adoptent consciemment ou inconsciemment une forme de *Breathwalk* alliant marche, méditation et respiration.

En conclusion, avec la vie stressante d'aujourd'hui, pour ramener de l'équilibre dans notre organisme et réduire nos niveaux de cortisol, il est primordial d'entraîner notre corps à se calmer sur une base quotidienne et systématique. Par contre, si nous devions faire face à un défi circonscrit dans le temps devant lequel nous serions excessivement nerveux, tenter de s'imposer le calme n'est pas l'état intérieur indiqué pour soutenir nos prouesses.

5.15 Transformer la peur en excitation

Imaginez que votre patron vous demande de représenter votre entreprise lors d'une conférence de 60 minutes dans trois semaines, devant 2000 personnes (incluant votre équipe, vos concurrents et des étrangers). Si vous devez parler en public pour la première fois à vie, il y a fort à parier que vous ressentirez une grande dose d'anxiété de performance.

Une anxiété ressentie des semaines, voire des jours avant l'événement, qui nous fait anticiper les pires scénarios (comme d'avoir l'air ridicule devant 2000 individus), peut jouer un rôle salutaire dans notre prestation. Elle provoque le **sentiment d'urgence** nécessaire à **nous motiver à accomplir l'effort de préparation** pour éviter de mal paraître. Grâce à l'anxiété, nous puisons de l'énergie supplémentaire pour répéter et pratiquer durant de longues heures. Et parions qu'une date butoir rapprochée vous obligerait à mettre toutes les distractions de côté, vous rendant « focus » et vous incitant à vous concentrer sur la planification de votre allocution, en vous limitant à l'essentiel. Vécue avec de l'avance, l'anxiété peut appuyer certainement la performance.

Toutefois, à 15 minutes de monter sur scène, cette énergie anxieuse deviendrait contre-productive, limitant vos capacités cognitives et votre performance[54]. **Trop d'anxiété** pendant l'exécution d'une tâche **réduit l'accès à notre mémoire vive** et **limite la capacité de notre cerveau à traiter plusieurs informations simultanément**. Si notre énergie mentale est dépensée à ruminer ou à anticiper le pire, un grand pourcentage de cette énergie n'est plus disponible pour soutenir nos prouesses durant la tâche. Sans compter qu'une telle charge d'anxiété entraîne une **aversion pour le risque** et **mine la confiance en soi**. Cela affecte notre motivation en minimisant nos comportements courageux.

Habituellement, on recommandait instinctivement aux gens de tenter de **se calmer**, alors que des recherches récentes ont démontré que pour mieux gérer notre anxiété de performance, il était nettement plus efficace de transformer notre peur en excitation, plutôt que de tenter de se calmer avant d'affronter le défi.

Avez-vous déjà remarqué que contrairement aux états de calme, les réactions physiologiques de l'anxiété et de l'excitation se ressemblent beaucoup ? Les deux entraînent un ***high arousal***, état d'excitabilité physiologique et psychologique où nous sommes alertes et réactifs aux stimuli ; notre fréquence cardiaque augmente, nous sommes dans un état de vigilance sensorielle ; notre mobilité est accrue et notre capacité de réaction, plus vive.

Donc, les deux états produisent une vague d'énergie dans notre physiologie. Aussi est-il plus facile de se mettre à surfer sur cette vague plutôt que de tenter de l'arrêter, car s'efforcer de réduire ou d'arrêter cette excitabilité physiologique en tentant de s'imposer le calme au cœur de la tempête, c'est laborieux tout autant que de nager à contre-courant. Il est plus facile et efficace de simplement transmuter l'énergie anxieuse en excitation.

Et comment pourrions-nous respirer pour aider notre corps à transformer nos moments d'anxiété en excitation et en vigueur ? Comme les muscles abdominaux de l'anxieux se contractent sous l'effet du stress, l'empêchant d'expirer complètement, il existe des outils visant à déjouer cette réaction physiologique. Par exemple, dans mon *boot camp*[55], on expérimente des techniques de Kundalinī yoga comme la **respiration du feu**[56], reconnue pour élever le voltage de notre système nerveux central et faire circuler l'intensité dans notre corps.

Devant un stress paralysant, on peut se rabattre sur un outil de ce genre pour décontracter nos abdominaux et orienter notre mode respiratoire vers plus de puissance, afin de surfer sur une saine vague d'énergie, qu'une anxiété bien convertie en excitation peut produire dans notre corps pour nous donner un élan et nous propulser plus loin.

Une fois l'énergie disponible délibérément transformée en vigueur, il s'agit d'opérer un changement dans notre perception de l'événement, car si l'anxiété et l'excitation sont congruentes physiologiquement, elles sont différentes sur le plan **cognitif**. Aussi, la clé réside dans la **modification de notre dialogue intérieur** et dans **notre manière de voir le défi**. Avez-vous déjà ressenti un mélange d'anxiété et d'excitation rendu au sommet des montagnes russes d'un parc d'attractions, alors que le wagon dans lequel vous êtes installé s'apprête à plonger et à donner l'effet d'une chute de plusieurs centaines de mètres ? C'est uniquement parce que vous ***savez*** que ce n'est qu'un manège et que **votre esprit se sait en sécurité** que la peur ressentie dans votre corps se transforme en excitation, vécue comme agréable au point de vous inciter à attendre de longues minutes à l'entrée du manège.

Alison Wood Brooks explique que **l'anxiété est caractérisée par de l'incertitude**, un manque de contrôle et une estimation négative de l'avenir qui nous mettent dans un état d'esprit orienté vers les menaces potentielles. L'effet ? Nous nous figeons (ou même reculons) devant les risques et cette anxiété embrouille nos capacités cognitives, diminuant ainsi notre potentiel de performance.

Tandis qu'au contraire, dans notre mental, **l'excitation est caractérisée par de l'optimisme** et une évaluation positive des événements. Elle crée donc un état d'esprit orienté vers les opportunités et une plus grande confiance en notre capacité de faire face au défi en anticipant d'excellents résultats. L'excitation permet l'accès à notre potentiel cognitif et augmente nos élans courageux, puisqu'elle nous donne envie d'avancer volontairement vers le challenge, ce qui a pour effet de soutenir d'éventuelles prouesses.

L'article de Mme Brooks révèle que les recherches menées auprès de sujets exposés à des situations socialement stressantes (prendre la parole en public, monter sur scène pour chanter du karaoké ou procéder à des calculs mathématiques devant des gens) ont démontré que pour changer leur perception cognitive de l'événement, il suffisait de **leur prescrire le conseil suivant : « Tentez de devenir excités. »** Ou de **leur proposer de se dire à haute voix : « Je suis excité. »** Les sujets ressentent alors une expérience subjective d'excitation propice à augmenter les prouesses puisque des juges ont estimé que, comparativement aux groupes à qui on avait prescrit le calme, les gens qui s'étaient convaincus de leur excitation sont des orateurs plus détendus et plus persuasifs.

En conclusion, si une simple déclaration comme « je suis excité » suffit à augmenter l'expérience intérieure d'excitation afin d'éclipser une partie de l'anxiété, pourquoi ne pas utiliser des devises courageuses présélectionnées pour tirer notre épingle du jeu face au stress, maximiser nos tours de force et augmenter notre courage ?

5.16 Mantras personnels et devises courageuses

Quels mots ou phrases stimulent en vous des états d'excitation ? Moi, je préfère : « Je suis tellement excitée que je suis en feu » ou encore « Je suis tellement excitée que je suis allumée comme un sapin de Noël ». Les **mots**[57] ne sont pas qu'un ensemble de lettres avec une signification, ils **contiennent le pouvoir de modifier notre vécu subjectif**. Ils peuvent nous affaiblir ou nous donner de la force. En fait, notre cerveau est une machine à fabriquer des images et certains mots appuient sur le clavier interne de notre mémoire, provoquant un ressenti intérieur singulier. Notre système nerveux est un peu comme un juke-box neurologique où certaines expressions activeraient un état émotionnel différent. Armons-nous consciemment de ces précieux accès limbiques et apprenons à appuyer sur les bonnes touches, qui vont faire résonner nos élans courageux.

Quels **mantras** personnels nous donnent du courage ? Quelles **devises** nous inspirent de la combativité ou de la solidité ? Notons par ailleurs que chaque expression agit comme un ***dimmer***[58]. Alors, lesquelles génèrent en nous le plus d'intensité ? De mon côté, lorsque je me parle seule et que je me dis : *Comme je suis déçue par mon manque de courage*, cela n'active pas le même **voltage** émotionnel que lorsque je me dis : *Là, Isabelle, ça va bien faire le niaisage. Opère, puis ça presse !*

Je vous propose de valider, dans le ressenti de votre expérience intime, s'il ne serait pas plus efficace, pour augmenter la charge affective, d'orienter votre dialogue intérieur vers des expressions provenant d'une autre langue, voire des termes plus crus ou des jurons grossiers. Dans la mesure où nous nous adressons à nous-même seulement, **visons l'efficacité avant la bienséance**.

Certaines devises produisent en nous une **résonance émotionnelle** puissante, dans le sens où une seule phrase arrive à contenir des valeurs implicites chères à notre code d'honneur. Par exemple, une personne interpelée par l'expression anglophone « *Simply show up* » se rappelle en l'utilisant qu'elle n'a pas à être parfaite, ni même à devoir à tout prix gagner, mais qu'elle doit faire son effort pour réussir, qu'elle doit au moins se lancer à l'eau et tester sa chance.

En provenance du juke-box neurologique de mes auditoires, voici des exemples de « touches » courageuses :

- « Là, ça va faire le niaisage, *watch me*! »
- « *Check*-moi bien aller ! »
- « Tassez-vous de là, je m'en charge. »
- « Prête, pas prête, j'y vais ! »
- « Il ne m'aura pas. »
- « *Bring it on.* (Que le spectacle commence.) »
- « *Go big or go home.* (Engage-toi à fond ou reste à la maison). »
- « *I rule alcohol; alcohol doesn't rule me.* »
- « *Just do it* (Fais-le). »
- « *Done is better than perfect.* »
- « Là, ça suffit. »
- « Ça va faire. »
- « J'ai déjà vu pire. »
- « Tiens bien ta tuque. »
- « Attache tes shorts avec de la broche. »
- « Testez-moi pour voir. »

Apprenons à exploiter la pleine puissance de certaines expressions en fonction du **retentissement intérieur** qu'elles produisent, car en tant qu'accès limbiques dans notre cerveau, elles nous seront utiles comme aide-mémoire des valeurs de notre code d'honneur.

5.17 Réveiller l'instinct guerrier pour muscler notre système immunitaire

Dans *Anticancer*, le docteur David Servan-Schreiber nous explique qu'il est possible d'utiliser les mouvements de notre corps pour **muscler notre réponse immunitaire** lorsqu'on est dépassé par un événement menaçant comme une maladie grave. Devant les grandes épreuves capables de nous jeter au sol, il est recommandé de **stimuler notre combativité** et de réveiller notre instinct guerrier. Prenons le cas du cancer : après avoir encaissé le coup du diagnostic et l'angoisse qui l'accompagne, il est crucial de rebondir et de se sentir fort face à la maladie. La pire position pour mener le combat serait un trop long accablement par des états d'impuissance et de désespoir, car le stress psychologique et les états de passivité engraissent le terreau dans lequel la graine du cancer pourrait se développer.

Il a été démontré en laboratoire que le **sentiment d'impuissance nourrissait le cancer**. Selon les chercheurs, le stress déclenche la libération d'hormones qui activent les fonctions d'« urgence » de l'organisme (comme les mécanismes de l'inflammation), qui ensuite facilitent la progression des tumeurs. « Parallèlement, le stress met en veilleuse toutes les fonctions qui peuvent attendre, comme la digestion, la réparation des tissus et, on le sait aujourd'hui, le système immunitaire[59]. »

Le docteur précise que depuis une vingtaine d'années, un nouveau domaine scientifique est apparu : la **psycho-neuro-immunologie**. On étudie les liens entre les facteurs psychologiques et l'activité du système immunitaire. Par exemple, lorsque nous avons le **sentiment d'être dépassé, que notre vie n'est plus gérable**, notre cerveau libère les hormones du stress comme la noradrénaline et le cortisol qui, malheureusement, ont l'effet indirect de bloquer nos bonnes cellules NK (pour *Natural Killers*), capables d'attaquer et de combattre les cellules cancéreuses qui veulent grandir dans notre organisme. Aussi explique-t-il : « Tout se passe comme si les globules blancs du système immunitaire – comme les cellules NK et les lymphocytes T et B – étaient sensibles au sentiment d'impuissance et à la perte du désir de vivre qui en découle[60]. »

Servan-Schreiber précise aussi que notre corps ayant été conçu pour le mouvement et l'activité physique, plusieurs études ont démontré que l'activité physique permet de stimuler directement les mécanismes de régulation et de défense du corps contre le cancer.

Au chapitre 11 de son livre, il présente l'apport original du Dr Thierry Brouillet, directeur médical de l'Institut de radiothérapie au sein du Centre hospitalier universitaire Avicenne de l'Université Paris-XIII. Ceinture noire, il a longtemps été le médecin de l'équipe de France de karaté.

« Expert en médecine du sport, il a naturellement été intrigué par les nombreuses études récentes montrant que les patients les plus actifs physiquement font moins de cancer et, surtout, nettement moins de récidives que les autres[61]. »

Le Dr Brouillet recommande donc à ses patients de **commencer à faire du sport en même temps que débute leur chimiothérapie**. Il suggère plus particulièrement un sport de combat au sein d'un club de karaté spécialisé[62] dans l'accompagnement des patients atteints d'un cancer, même si l'idée paraît saugrenue pour ceux qui n'ont jamais eu l'idée de faire un **sport de « combat »** dans leur vie.

En racontant les effets bénéfiques des arts martiaux, il dit que malgré l'épuisement consécutif à la chimiothérapie, dès que les patients arrivaient au dojo pour s'entraîner, ils sentaient la force et la combativité monter en eux : 1) lorsqu'ils se mettaient en position de combat ; 2) lorsqu'ils criaient contre la maladie le puissant son du *« kiaï »* surgissant de tout leur corps ; et 3) lorsqu'ils se visualisaient avant de faire les gestes de frappe, en train de se dire : « Cancer ! À nous deux ! »

Les chercheurs ont observé que la condition entière des patients s'améliorait, une fois ceux-ci libérés de leur sentiment initial d'impuissance. En conséquence, l'attaque contre la maladie (en état psychologique pour lui tenir tête) conférait aux patients des cellules NK beaucoup plus actives que celles des patients sombrant dans l'impuissance.

En réalité, l'apport d'un tel entraînement physique au combat, c'est qu'au lieu de simplement diriger leur pensée (et tenter de se persuader mentalement qu'ils possédaient une solidité émotionnelle), les patients guerriers utilisaient leur corps comme une pharmacie pour **convaincre leur inconscient** qu'ils étaient **en position de force** face au cancer, en s'imaginant en train de donner tout ce qu'ils avaient dans le ventre afin de **« se battre » pour leur vie**, puissamment.

J'ai envie de vous présenter Johanne, une participante de mon *boot camp* d'octobre 2013. Un courriel de sa part m'indiquait qu'elle ne savait pas si elle se sentirait capable de participer à 12 heures de formation expérientielle sur le courage, car elle venait de se faire diagnostiquer un cancer des os et qu'elle subirait des traitements en chimiothérapie quelques jours avant notre événement.

Le matin du *boot camp*, Johanne était présente. Elle avait conduit pendant cinq heures la veille entre Gatineau et Lévis. Sa détermination et la soif de vivre se lisaient sur son visage. Elle n'a pas manqué une seule minute de la formation, elle a su canaliser son attention et son énergie tout au long de la journée. Je savais, en mentionnant les découvertes relatives à l'instinct guerrier et au système immunitaire, que cela ne tomberait pas dans l'oreille d'une sourde. Un mois après, je recevais une photo d'elle à l'hôpital tenant la tige de soluté, le bras en l'air, symbolisant une guerrière victorieuse. Elle portait le chandail de notre *boot camp* avec le sigle chinois du courage et écoutait son répertoire de *Power Songs* générant sa combativité pendant que son corps absorbait la chimiothérapie.

De plus, j'ai été très touchée, deux mois plus tard, de recevoir un second courriel de sa part, envoyé en copie conforme à ses proches : « Cette semaine, j'ai eu de belles émotions : mardi soir j'ai obtenu ma ceinture jaune en karaté. Je fais du karaté surtout pour stimuler en moi l'énergie combative ; j'ai appris en le faisant aussi que ça défoule en masse et ça permet d'exprimer une colère de façon saine et sécuritaire. Même si l'obtention d'une ceinture n'était pas sur ma liste d'objectifs au départ, il s'est passé quelque chose pendant que j'accomplissais le kata (série de mouvements) devant le groupe : j'ai décidé d'y aller tête nue et j'ai fait revoler le chapeau.

« Il y avait là une affirmation de moi face à la bête. La perte des cheveux n'est pas attribuable au cancer, mais bien à la chimiothérapie : le crâne chauve est un témoin que la chimio fonctionne. Faire la série de mouvements combatifs, la tête nue, c'était dire au cancer et à tout le monde que je suis là, que je suis vivante et forte et que je vais gagner ! »

En prime, j'ai eu l'honneur de recevoir ses photos pendant la cérémonie. La rage de vivre et la fierté que je lisais sur son visage étaient celles d'une puissante guerrière qui lutterait bec et ongles pour sa vie.

5.18 La neuroplasticité autodirigée

Nos émotions étant influencées par notre physiologie, essayons d'installer dans notre corps, notamment dans nos circuits neuro-sémantiques, de nouvelles chorégraphies susceptibles de provoquer des états d'âme de solidité et de bravoure.

Tirons parti de certaines **connaissances qui s'incrustent dans le corps** au point de devenir, par la suite, des acquis de notre inconscient. Comme lorsque nous avons appris à conduire une voiture manuelle. Au départ, on se demandait comment faire pour accélérer, freiner et tourner simultanément, tant nous mobilisions notre esprit conscient pour changer de vitesse. Pourtant, quelques mois plus tard, nous pouvions boire notre café, parler illégalement au téléphone, syntoniser une station de radio et saluer notre voisin, tout en changeant de vitesse sans même y penser ! Notre conduite d'une auto manuelle est désormais une connaissance inconsciente inscrite dans de nouveaux circuits neurologiques de notre cerveau.

Il en va de même pour les émotions. Par la **pratique répétée** des différentes astuces présentées dans ce long chapitre, où l'on fait l'exercice d'induire nos connexions neuronales à user de courage, nous pouvons installer dans notre corps de nouveaux réseaux neurosémantiques qui vont soutenir nos élans courageux, comme si nous n'avions qu'à changer de vitesse pour y accéder ! Il n'en tient qu'à nous de les intégrer à notre vie pour que le courage devienne un réflexe, une option par défaut qui se déclenche sans même qu'on s'en rende compte…

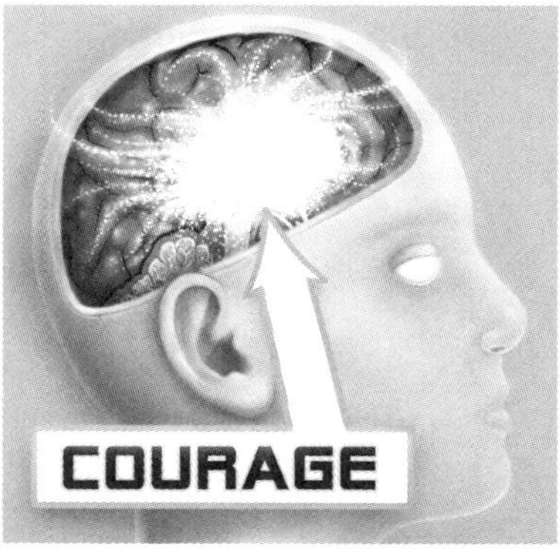

- Connectons notre inconscient à l'énergie du courage par le recours à la **psychologie archétypale.**
- Misons sur la **cinémathérapie**! Utilisons les personnages de film comme des « coachs gratuits » et bâtissons-nous une banque de films susceptibles de nous inspirer lorsque nous aurons besoin de déployer tout ce que nous avons dans le ventre.
- La **musique** est la langue des émotions. Sélectionnons une liste de *Power Songs* et de trames sonores capables de nous insuffler l'énergie du courage.
- Misons sur nos **souvenirs** les plus glorieux pour réactiver instantanément l'expérience et l'énergie émotionnelles du guerrier.
- Avant un événement stressant, adoptons des **postures de puissance** pour stimuler en nous la biochimie de l'assurance.
- Intégrons à notre routine et à notre alimentation les trucs pour augmenter notre niveau d'hormone du courage : la **testostérone**.
- Introduisons dans notre quotidien des routines simples et créatives pour pratiquer les exercices de **respiration** qui, le moment venu, nous serviront à imposer le calme ou l'excitation à un corps anxieux.
- Mettons-nous au défi afin de **transformer la peur en excitation**.
- Les mots sont porteurs d'une charge affective : trouvons une **devise** ou un **mantra** apte à soutenir nos élans courageux.
- Pratiquons un **sport de combat** pour muscler notre système immunitaire.

CHAPITRE 6

Dompter ses peurs

6.1 Démystifier la peur

L'émotion la plus liée au courage est la peur. Tous les humains la ressentent. Un jeune enfant pourrait fort bien craindre sa première journée d'école ; une femme redoute de traverser un stationnement tard la nuit ; un entrepreneur éprouve une certaine appréhension au moment d'hypothéquer sa maison pour se lancer en affaires. Il y aurait une multitude de peurs éventuelles à énumérer.

En fait, la **peur** et le **courage** fonctionnent ensemble en **dents de scie** ou comme dans une montagne russe : ça monte et ça redescend. Pour activer l'énergie de la bravoure, on doit d'abord ressentir une forme d'appréhension ; sinon, il ne serait pas question de courage. Une fois qu'un défi est maîtrisé et que la confiance et le confort se sont installés, il faut augmenter le niveau de challenge pour ressentir à nouveau l'intensité du courage, sinon on parle de maîtrise, on ne parle plus de courage.

Alors, pour mieux comprendre le phénomène du courage, développons une intelligence de la peur, son principal obstacle. En apprendre plus à son sujet dans le but d'appréhender son fonctionnement si l'on veut être en mesure de maîtriser la peur le moment venu.

D'entrée de jeu, savez-vous la différence entre la peur et l'anxiété[63] ? Voyons ce que les psychiatres Christophe André et François Lelord nous en disent dans leur excellent livre *La Force des émotions* :

Si vous ressentez l'émotion pure de la **peur**, c'est un signal, vous êtes en train de réagir à un **danger réel et actuel** : deux inconnus au regard menaçant, avec leurs pitbulls, se mettent à courir vers vous en vous montrant du doigt. La durée de votre réaction de peur sera brève s'ils indiquent en fait le gars derrière vous. Ouf ! Vous avez eu une de ces trouilles. L'impact physiologique est fort, car la peur fournit l'énergie pour assurer notre survie. Il est probable que votre cœur et votre respiration se soient accélérés, que vos muscles se soient contractés, et que vos mains se soient mises à trembler sous l'effet de l'activation de votre système nerveux sympathique et de ses deux neurotransmetteurs : l'adrénaline et la noradrénaline.

En laboratoire, les spécialistes observent aussi que, sous le coup de la peur, les mains deviennent plus froides, le visage pâlit et les muscles des jambes sont mieux irrigués ; vous êtes prêt à fuir et à courir. Vous vous focalisez sur le danger. La peur déclenche non seulement une alerte psychologique, mais également une autre d'ordre physiologique, car nous ressentons les émotions dans notre corps. Ces réponses physiologiques sont tout à fait **appropriées** lorsqu'on fait face à un **réel danger**, une menace à notre survie, comme dans un cas d'agression violente où nous aurions besoin de plus d'énergie pour courir et fuir.

D'un autre côté, pour éprouver de l'**anxiété** (ou de l'**angoisse**), il nous faut être en train d'**anticiper** un **danger potentiel**, à venir, dans le futur. L'objet de l'anxiété tend à être flou. Quelle forme va prendre le danger ? Nous ruminons nos soucis, nos inquiétudes dans notre tête, et ce trouble peut être chronique, peut gruger considérablement notre niveau d'énergie et ne plus nous allouer de répit.

Qui plus est, lorsque nous devons évaluer des difficultés ou des menaces qui **risquent de survenir** éventuellement, un esprit calme fournit de bien meilleurs résultats. Donc, lorsqu'on décortique la nature profonde de l'anxiété et de l'angoisse, on constate que ces états ne sont pas salutaires et ne nous prédisposent pas à plus de courage.

À titre d'exemple, la majorité des gens sont anxieux à l'idée de devoir parler en public. Et si la peur ressentie dans leur corps est bien réelle (tremblements des mains, trémolo dans la voix, respiration accélérée, bouche sèche, etc.), le danger concret associé à la prise de parole devant un auditoire dépasse à peine la conversation anxiogène dans notre tête.

Pensons-y un instant. Existe-t-il un danger réel à parler en public ? Une personne peut-elle perdre la vie en le faisant ? Ses enfants sont-ils menacés ? Risque-t-elle de perdre son travail après sa prestation ? Que peut-il vraiment se produire de si dramatique pour que la très grande majorité des gens soient terrorisés par la peur de parler devant un groupe ? Absolument rien, vous en conviendrez. Et pourtant, beaucoup de gens se retrouvent paralysés et gauches au moment de s'exprimer devant les autres. On se dit que les gens vont nous juger. Qu'on aura l'air fou si on oublie une partie de notre discours, qu'on ne sera pas à la hauteur ; et on entre dans le cercle vicieux de l'anxiété. On appréhende, sans trop savoir quoi, ce qui pourrait éventuellement se produire, sans qu'il y ait danger réel et actuel.

6.1.1 Les peurs légitimes et les peurs construites par l'esprit

« La réalité n'est qu'une illusion,
bien que très tenace. »
— Albert Einstein

On constate qu'il y a deux types de peurs. D'une part, les **peurs salutaires** et **légitimes** se manifestent lorsque se déclenche un système d'alarme qui nous prévient d'un danger bien réel, tout en activant des réactions physiologiques extrêmes nécessaires à notre survie. D'autre part, les **peurs construites par l'esprit** génèrent une anxiété diffuse qui se compare à un système d'alarme qui n'arrête pas de sonner… qui nous donne l'impression que le monde est un danger. Cette forme d'**hypervigilance non fondée** est physiologiquement drainante, mais pire, elle nous rend myopes et nous empêche d'être alertes devant les risques réels qui pourraient surgir dans notre environnement au moment présent.

Comment distinguer une réelle menace si notre système est en état constant d'alerte ? Si un cerveau mal entraîné déroule en continu des films potentiellement catastrophiques dans notre tête, c'est qu'il n'y a plus de signal réservé pour les fois où c'est vraiment requis. Notre intuition s'en trouve alors mal informée. Ces types de **peurs irrationnelles** sont **néfastes**. Nous les édifions et les entretenons par notre dialogue intérieur, par une conversation avec nous-même qui suscite l'angoisse dans notre tête. L'être humain est capable d'inventer des raisons pour être anxieux, car l'**inquiétude** est une forme de **peur qu'on fabrique** et qui nous empêche de nous épanouir.

On a peur de tout dans nos sociétés modernes, sans doute parce qu'on dispose de plus de temps pour s'imaginer des scénarios affolants (inquiétants ou préoccupants), mais fort **peu probables**. Dans le livre *The Gift of Fear*[64], l'auteur explique que, contrairement à la majorité des gens qui peuple cette planète, nous sommes si prospères, sécuritaires et protégés en Amérique du Nord, que nous avons le temps de nous offrir le « luxe » d'angoisser au sujet de craintes stériles qui ne risquent vraiment pas de se produire. Paradoxalement, au cœur d'un pays en guerre, une mère qui doit survivre avec ses trois enfants utilise toute son énergie psychique pour affronter les périls quotidiens et ne dispose pas d'assez de temps pour entretenir des pensées angoissantes sur l'avenir.

En effet, il est peu probable qu'en situation de survie, l'être humain ait le temps d'être dévoré par la peur : de l'échec, de vieillir, du changement, de quitter sa permanence pour un emploi plus satisfaisant, du rejet, de l'engagement, de s'affirmer, des microbes, de la grippe A (H1N1), des vaccins, etc.

En prime, les médias modernes nous exposent pratiquement jour et nuit aux pires atrocités se produisant dans le monde. Avant cette ère médiatique[65] (comme encore aujourd'hui dans les sociétés traditionnelles), notre **catalogue des peurs potentielles** était beaucoup moins étoffé, ce qui devait ralentir nos imaginations débordantes. Maintenant, en plus des catastrophes de nos propres vies, les médias exposent nos regards aux calamités qui s'abattent dans les vies de tout le monde sur cette planète. Puisque nous n'employons pas toutes nos minutes pour survivre, notre esprit oisif tend à combler le vide avec des scénarios anxieux.

Les peurs construites de toutes pièces par notre esprit peuvent prendre le dessus si ce dernier n'est pas encore assez entraîné pour les combattre et reprendre le contrôle avec aplomb. Enfin, si vous êtes comme moi, je parie que ce sont ces craintes qui vous volent le plus d'énergie et vous font « jouer petit » ! Ce type de peurs nous épuise et nous paralyse. C'est une **énergie gelée**, elle draine toute notre vitalité au moment où nous en avons le plus besoin pour relever un défi.

Les problèmes ne viennent pas de la peur en soi, mais de notre capacité à discerner leur légitimité ; à la gérer, voire à la dompter en y faisant face à partir d'une position de puissance plutôt que d'y réagir avec impuissance. Notre but est d'apprendre à utiliser l'énergie qu'elle contient à notre avantage.

6.2 L'antidote de la peur : information, exposition et action !

« Être confronté à ses peurs sans pouvoir agir est le moyen le plus sûr de les accroître. »

— François Lelord et Christophe André, *La Force des émotions*

Deux facteurs[66] principaux peuvent amener certaines personnes à perdre le contrôle de leur peur, qui se transforme alors en anxiété intense, même en stress post-traumatique. D'abord, l'obligation d'affronter un danger **sans s'y être préparé, ni entraîné** ; ensuite, se retrouver **impuissant** face au risque, dans **l'impossibilité d'agir**. D'où l'importance d'une saine préparation.

Comme toute anxiété verse dans la démesure à cause de l'ignorance et de la confusion à son sujet, il est crucial de se renseigner, de **s'équiper de connaissances** comme **antidote** à l'incertitude. Il faut agir sur nos peurs, voire s'y exposer, car plus on s'est pratiqué, plus il nous est facile de les domestiquer. Par exemple, une personne n'ayant jamais suivi de cours d'autodéfense se sentira beaucoup plus vulnérable et impuissante devant une attaque violente que celle qui a suivi un cours de 30 heures de pratique intensive.

Fabrice et sa pyramide

Lelord et André donnent l'exemple de Fabrice, parti étudier durant trois ans à Los Angeles, en Californie ; et ils le citent :

> « Lors de mon séjour, il y a eu plusieurs tremblements de terre, assez fréquents là-bas. La première fois, j'ai été réveillé en pleine nuit par une sensation d'angoisse indicible. J'ai mis quelques instants à réaliser que la terre était en train de trembler. Je suis sorti comme un fou de mon lit, et j'ai couru dans les couloirs, jusqu'à ce que mes collègues de la résidence universitaire me disent de les suivre sur la pelouse au milieu des bâtiments. Ils m'ont alors expliqué tout ce qu'il fallait faire en pareil cas : sortir et s'assoir sur la pelouse si les secousses n'étaient pas trop fortes, ou bien se tenir sous les chambranles des portes, – car c'est ce qui résiste le mieux quand les plafonds s'effondrent – si on n'a pas le temps de sortir, etc. Ils m'ont aussi donné leur truc pour être réveillé par les premières secousses : construire une pyramide de cannettes vides de Coca-Cola, elle se casse la figure dès que ça commence à trembler, et on peut sortir rapidement. Tout ça peut paraître dérisoire, mais ça m'a permis de ne plus avoir peur des tremblements de terre suivants. J'avais l'impression de ne plus être une victime désarmée[67]. »

Le fait de s'informer de ce qui nous effraie, de prendre des mesures et d'y être fréquemment exposé permet de sentir que l'on reprend le contrôle de la situation. Cela diminue l'angoisse associée à l'inconnu. Adopter une **attitude active** face au danger est sans doute un des remèdes les plus efficaces, selon nos psychiatres.

Les rapides de la honte

Dans le même ordre d'idées, il m'est arrivé un incident cocasse il y a quelques années. Ça faisait plusieurs jours que mon amoureux était tout excité de planifier avec un ami une expédition de canot-camping de 10 jours très creux dans les bois, loin de la civilisation. Ils allaient descendre une rivière de 160 kilomètres de long en canot et faire du camping sauvage sans aucune commodité autour…

Lorsque son ami l'a laissé tomber trois jours avant la date du départ, mon conjoint était tellement déçu qu'il en faisait pitié. Pleine de compassion et d'amour, je lui ai proposé de l'accompagner dans l'aventure. À lui voir la face, ça l'a plutôt surpris. En effet, le camping sauvage ne m'a jamais attirée. Me battre avec les mouches noires, me laver les cheveux dans une rivière et aller faire mes besoins derrière un buisson, ce ne sont pas mes trucs à moi. Mais bon ! Ce que peut entraîner l'amour… mais dans ce cas-ci, avouons-le, il était surtout question d'inconscience…

Bref, on décolle les yeux fermés dans l'aventure ! C'est la première fois de ma vie que je fais du vrai camping sauvage et du canot. Et dès la seconde journée, on se retrouve dans les eaux vives qui soudainement se transforment en rapides de niveau R3 (indice de difficulté). N'ayant jamais pagayé de ma vie, ce qui signifie aucun entraînement, notre embarcation a chaviré dès le premier rapide à cause d'une mauvaise manœuvre de ma part. J'ai eu la peur de ma vie.

Moi qui aime être compétente et maîtriser mon environnement… là, j'avais perdu le contrôle. Je me souviens de l'intensité du clapotis autour de moi, de l'impressionnante force du rapide. Pour ajouter à mon stress, j'aperçois la tente et les sacs de couchage, qui partent à la dérive loin devant nous. Par chance, j'ai pu m'agripper in extremis au canot d'une seule main. Le courant était si fort qu'il me tenait à l'horizontale dans la rivière ! J'étais en panique et j'ai même cru que ma vie était en jeu.

À ce moment-là, j'ai remarqué que mon homme tentait d'atteindre quelque chose dans le fond du canot. Ce qu'il cherchait ? L'appareil photo ! Il voulait cristalliser l'image de mon visage paniqué ! D'autant plus que je paniquais pour absolument rien du tout, car quand j'ai finalement retrouvé mes esprits, j'ai vu que Martin était debout… dans moins d'un mètre d'eau et qu'il tenait le canot en riant de ma réaction de peur exagérée.

La peur dans notre cerveau, c'est comme une tasse de sable que l'on brasse dans une bouteille d'eau. **Ça s'embrouille** et on finit par **ne plus y voir clair** ! On devient **confus** et on n'a plus accès à toutes les ressources pour intervenir. D'où le pouvoir de l'entraînement, car mon conjoint avait déjà suivi des cours au cégep, où il s'était souvent exercé à chavirer. Il avait appris à contrôler les variables d'un rapide à force de répéter l'expérience. Il n'avait plus peur de tomber à l'eau ni de perdre le contrôle, lui. Bien au contraire, il trouvait ce petit défi excitant.

Donc, à mon retour, plutôt que de conserver cette peur des rapides, j'ai plutôt décidé de prendre celle-ci en main. De fait, tous les spécialistes s'entendent là-dessus : en situation de peur, le pire est de s'autoriser à développer des mécanismes de contournement. Si on se laisse aller à la facilité, on devient captif et **prisonnier du détournement**.

Ainsi, j'ai plutôt canalisé l'énergie de cette anxiété de manière constructive : lire, m'informer et augmenter mes connaissances sur le sujet qui avait généré ma petite angoisse. Avec un club de canotage, j'ai suivi des cours pour apprendre à « bien chavirer », soit utiliser le courant, se remettre les pieds devant, comme assis sur une chaise au cœur de la rivière, pour absorber les chocs potentiels causés par les roches.

C'est devenu beaucoup plus amusant de chavirer à partir du moment où je me suis sentie préparée psychologiquement à y faire face et que j'ai su comment réagir si ça m'arrivait à nouveau. Depuis, je ne suis plus impuissante dans une rivière. Ni confrontée aux mouches noires, soit dit en passant !

6.3 Prendre sa peur en main !

Le courage est une compétence qui se cultive au quotidien et l'**action** est sans aucun doute l'un des piliers les plus importants de la réussite. Or, bon nombre de personnes développent une **option par défaut** vers le **statu quo** en **s'entraînant à fuir**, ce qui les fait entrer dans une zone d'inconfort, car ça leur est désagréable. S'ensuit un cercle vicieux qui se nourrit de lui-même : plus on se laisse mener par le bout du nez par la peur ou l'inconfort, moins on prend de risques et moins on réussit. Et moins on réussit, plus on perd confiance en notre capacité d'affronter les risques et les moments d'inconfort, et plus on se tourne vers l'**inaction** ou les stratégies d'évitement. C'est pourquoi on doit renforcer les circuits neurologiques de la bravoure le plus souvent possible, afin que « l'option du courage » devienne le réflexe par défaut.

6.4 Regarder la peur droit dans les yeux : éviter l'évitement

Si, à certains moments de notre vie, il est crucial d'être à l'écoute de nos sentiments, il est de loin préférable de les ignorer parfois, surtout si, devant des menaces illusoires, ils nous figent dans une anxiété paralysante.

Vous souvenez-vous du film *Le Sixième Sens* (1999) où Bruce Willis, alias Malcolm Crowe, joue le rôle d'un psychologue pour enfants ? À un moment, il arrive à convaincre le garçonnet de neuf ans, Cole Sear (Haley Joel Osment), de ne plus fuir les apparitions de personnes décédées, mais plutôt de regarder les spectres en face et de leur demander ce qu'ils lui veulent. C'est le moment tournant du film, où le jeune cesse de s'engouffrer dans l'angoisse pour au contraire dominer la situation ; l'enfant peut même exploiter son don pour faire une différence et apporter sa contribution autour de lui.

Dans le même ordre d'idées, dans son dernier livre rédigé avant de mourir, David Servan-Schreiber raconte que son père l'obligeait à faire du ski nautique en Floride en dépit des requins alors qu'enfant, il était mort de trouille : « J'ai eu extrêmement peur. La fois suivante, moins. **Quand on a traversé le risque et qu'on a survécu, on n'est plus tétanisé devant le danger. On "apprend le courage"**[68]. » Il ajoute que ce type d'éducation l'a particulièrement aidé à faire face aux difficultés qu'il a éprouvées tout au long de sa vie.

Aussi précise-t-il que l'entraînement au combat, pour affronter le pire, lui fut d'un grand secours : « On continue d'avoir horriblement peur, bien sûr, mais on sait comment ne pas se laisser paralyser par elle. Le courage tel que mon père me l'a enseigné consiste à **"tenir bon" quand on tremble comme une feuille**, et non pas à prétendre qu'on ignore la peur[69]. »

Bill O'Hanlon, pionnier de l'approche de thérapie brève orientée vers les solutions, nous expliquait, lors d'une formation, l'importance d'affronter ses peurs et de tout mettre en œuvre pour « **éviter les stratégies d'évitement** ». Sinon, ces dernières deviennent vite des prisons mentales.

On doit à tout prix résister à l'idée attrayante d'opter pour la voie du confort, aspiré par les tentations de contournement, si l'on veut sa liberté ou une vie à la hauteur de ses attentes. Enfin, utilisant le langage symbolique de notre inconscient, dont une métaphore éloquente, O'Hanlon nous a raconté cette vieille légende bouddhiste, mon nouveau **repère symbolique** pour ne pas stagner dans le statu quo lorsque j'ai peur et que j'aurais envie de figer à cause d'une simple conversation anxiogène dans ma tête.

6.4.1 La chambre aux 1000 démons[70]

« Avoir peur est une chose.
Mais laisser la peur vous prendre par la queue
pour vous tournoyer dans les airs en est une autre. »
— Katherine Paterson

« Il y a fort longtemps, dans l'ancien Tibet, une cérémonie renouvelée tous les 100 ans permettait aux étudiants bouddhistes de parvenir à l'éveil, à la libération spirituelle.

« Tous les étudiants, en robe blanche, devaient prendre place devant les lamas [prêtres, moines bouddhistes] et le dalaï-lama. Ce dernier ouvrait la cérémonie par ces mots » :

> *Voici la cérémonie des 1000 démons. Cette cérémonie conçue pour vous aider à atteindre l'éveil spirituel ne se produit qu'une fois par siècle. Si vous décidez de passer votre tour, vous aurez à attendre un autre siècle, soit votre prochaine réincarnation, afin d'avoir la chance d'accéder à l'illumination. Dans le but de vous aider à prendre votre décision, nous vous expliquons le déroulement de la cérémonie.*

Pour pénétrer dans la chambre aux 1000 démons, vous n'avez qu'à ouvrir la porte, faire un pas en avant et entrer. La chambre aux 1000 démons n'est pas très grande. Sachez qu'une fois à l'intérieur, la porte se referme derrière vous, et il n'y a pas de poignée de porte en vue pour revenir sur vos pas. Afin d'en sortir, vous devez marcher droit devant, traverser la chambre jusqu'à la porte devant vous. Elle n'est pas verrouillée, elle s'ouvrira facilement. Du moment que vous sortirez, vous aurez atteint l'éveil!

Si la chambre se nomme la chambre aux 1000 démons, c'est qu'il y a bien 1000 démons à l'intérieur. Et ***ces démons ont la capacité de prendre la forme de vos pires peurs*** *; et dès que vous entrerez dans la pièce, ils vous les feront ressentir. Si vous avez peur des hauteurs, vous vous retrouverez suspendu au-dessus du vide à des centaines de mètres du sol. Si vous craignez les araignées, vous verrez des bestioles hideuses tout autour de vous. Si le ridicule vous fait peur, vous verrez plein d'inconnus en train de vous pointer du doigt et de rire de vous. Peu importe la nature de vos peurs, les démons vont se procurer les images dans votre esprit et vous donner l'impression qu'elles reflètent la réalité. Ces images vont vous apparaître tellement vraies, que vous aurez de la difficulté à vous rappeler qu'elles ne sont que des illusions.*

Sachez que nous ne pourrons pas entrer pour vous sauver. Cela fait partie des règles. Si vous entrez dans la chambre aux 1000 démons, vous devez en sortir par vous-même. Certaines personnes n'en sortent jamais. Elles entrent et deviennent tellement paralysées par la peur qu'elles sont prises au piège des illusions apeurantes jusqu'à leur mort. Si vous désirez prendre le risque d'entrer dans la chambre aux 1000 démons, c'est bien. Si vous ne voulez pas et que vous préférez rentrer chez vous, c'est bien aussi. Vous n'êtes pas obligé d'entrer dans la chambre. Vous pouvez attendre votre prochaine réincarnation, revenir dans 100 ans, et essayer de nouveau.

Si vous choisissez d'entrer dans la chambre, nous avons ***deux conseils*** *pour vous. Premier conseil : Dès que vous serez dans la chambre, rappelez-vous que* ***ce que les démons vous montrent, ce n'est pas réel. Ils puisent des images à même votre esprit. Ne tombez pas dans le piège, ce ne sont que des illusions****. Mais la majorité des gens qui sont entrés avant vous ne sont pas arrivés à se souvenir de ce principe. L'idée de l'illusion est dure à garder à l'esprit.*

Le second conseil a été beaucoup plus utile pour les gens qui sont parvenus à traverser la chambre et qui ont atteint la libération spirituelle. Dès que vous êtes dans la chambre, peu importe ce que vous voyez, ressentez, entendez ou pensez, ***faites en sorte que vos pieds continuent d'avancer****.*

Si vous marchez vers l'avant et obligez vos pieds à avancer, éventuellement, vous vous retrouverez au bout de la pièce, arriverez devant une porte, et vous pourrez alors en sortir, libre et éveillé.

N'est-ce pas une belle métaphore ? Notre esprit échafaude la grande majorité des peurs qui nous assaillent ou nous retiennent. C'est une illusion qui, somme toute, n'est réelle que pour nous. Bien que ces peurs relèvent de l'imagination, elles détiennent le pouvoir de nous contraindre à une vie tiède et sans saveur, qui sera bel et bien une réalité, à moins de prendre une décision consciente et engagée pour surpasser ce qui nous empêche d'avancer vers la liberté d'une existence pleinement choisie.

Nous ne connaissons pas les plans grandioses que la vie nous a concoctés. Parfois, seul le courage de traverser nos peurs peut nous permettre de les découvrir.

J'aime bien aussi la métaphore utilisée dans *Indiana Jones et la dernière croisade* (1989), où Indiana (Harrison Ford) n'a pas le choix de se lancer dans un ravin pour sauver son père mourant. Pour arriver à traverser, le seul moyen dont il disposait était le ***saut de la foi***. Devant l'urgence du père mourant, malgré la peur et le doute, le héros prit une grande respiration et avança son pied dans le vide avec confiance et détermination pour apercevoir un pont invisible apparu sous ses pieds.

Ainsi en est-il de nos vies. Souvent, c'est lorsqu'on accepte de sauter sans filet que ce dernier apparaît. Non ? Ne vous est-il jamais arrivé, après de longues années d'insatisfaction, de quitter finalement votre emploi pour éventuellement débusquer une offre ailleurs exactement dans vos cordes ? Connaissez-vous un couple malheureux et résigné qui s'est « enduré » pendant trop d'années et qui, une fois divorcé, a donné deux individus plus heureux avec d'autres partenaires dont ils n'auraient même pas osé rêver par le passé ?

Anaïs Nin disait que « la vie nous semble plus riche ou plus étroite selon le courage qui nous habite ». Pourquoi ne pas utiliser nos signaux de peur irrationnelle, non pas comme des feux rouges signalant la nécessité d'arrêter ou de contourner un obstacle, mais plutôt comme un **signal que la lumière vient de passer au vert** et qu'une impressionnante quantité d'énergie est en train de déferler dans notre corps ? Et qu'il faut surfer sur cette vague afin de l'utiliser pour se propulser et faire en sorte que nos pieds continuent d'avancer vers un monde de possibilités ?

Quelles sont nos peurs irrationnelles construites par notre esprit ? Qu'est-ce qui nous fait « paralyser sur place » et rapetisser ? Dans quelles situations perdons-nous nos moyens ? Quels sont les thèmes de nos ruminations ? Quelles illusions apeurantes nous apparaîtraient dans la chambre aux 1000 démons ?

6.5 Dérouler le scénario catastrophe jusqu'au bout

« Venez jusqu'au bord.
Nous ne pouvons pas, nous avons peur.
Venez jusqu'au bord.
Nous ne pouvons pas, nous allons tomber.
Venez jusqu'au bord.
Et ils y sont allés.
Et il les a poussés.
Et ils se sont envolés. »
— Guillaume Apollinaire

Aux prises avec l'anxiété, la première des souffrances consiste à ne pas savoir vraiment de quoi nous souffrons. Il faut donc commencer par **sortir de la confusion** en **mettant des mots sur nos malaises** et en déterminant le niveau de déséquilibre qu'ils produisent dans notre vie. Cet exercice de clarification permettra d'être prêt lorsque la peur se manifestera. Et tant qu'à faire l'exercice, poussons-le à l'extrême ! Demandons-nous : **« Quel est le pire qui puisse arriver ? »** Déroulons notre scénario catastrophique jusqu'au bout et posons-nous cette question : *Le cas échéant, pourrai-je composer avec cette situation qui m'apparaît épouvantable ?*

En 2007, lors de notre voyage de retour de l'École Polytechnique de Montréal (où nous avions donné un cours expérientiel où nous demandions à nos étudiants de relever le défi de transcender certaines de leurs peurs relationnelles), ma collaboratrice Julie et moi discutions de **nos propres peurs irrationnelles**. Et son refus de conduire dans les rues de Montréal m'intriguait. Julie aurait pu traverser la province de Québec de long en large au volant de son auto, mais elle avait, depuis des années, développé des mécanismes de contournement pour éviter d'entrer sur l'île de Montréal avec sa voiture. Pleine de ressources, entourée d'un bon réseau d'amis et bien servie par le métro et les autobus à partir de la Rive-Sud où elle stationnait, Julie trouvait toujours une manière d'éviter cette peur irrationnelle qui brimait sa liberté de déplacement.

Je venais de suivre une formation pointue sur les traitements contre l'anxiété. J'ai eu l'idée d'en tester les techniques avec elle, en lui expliquant que la peur grandissait dans la confusion. Aussi, j'ai eu envie d'en savoir plus sur **l'histoire qu'elle se racontait dans sa tête** à ce sujet. Je lui ai donc demandé : « Julie, quel est le pire qui puisse t'arriver si tu avais à conduire dans les rues de Montréal ? Et si le pire scénario catastrophique arrivait, pourrais-tu arriver à lui faire face ? » C'était impayable, car elle commençait pratiquement à se sentir mal juste à m'en parler...

Comme c'est une femme très lucide et dotée d'une grande conscience de soi, son scénario était très clair et les mots pour le décrire lui venaient aisément : « Le pire serait d'être à une intersection et de ne pas être certaine de savoir où tourner. Alors, les conducteurs autour de moi se mettraient à klaxonner avec agressivité et j'aurais peur de paniquer et de figer là, sans savoir où aller. »

Étant donné que nous étions dans ma voiture, devant un feu rouge, dans la voie de gauche, sur une rue Saint-Denis plutôt achalandée, j'ai eu l'idée qu'on regarde la peur droit dans les yeux et qu'on fasse l'expérience du scénario catastrophique. Je lui ai dit : « O. K., Ju. On vient de demander à nos étudiants de la Poly de s'imposer deux **défis socialement risqués** cette semaine. Alors nous aussi, on va se prescrire notre propre médecine... On va **tester ton pire scénario** ensemble. O. K. ? On fait semblant qu'on est rendues à ta fameuse intersection et là, justement, on ne sait plus où tourner. »

Alors, j'enclenche le frein à main et je croise les bras pour signifier mon intention de simuler que nous serons figées là. De plus, j'ai bien pris soin de ne pas activer les clignotants afin de provoquer les coups de klaxon les plus agressifs de la part des conducteurs stressés.

Julie me répond : « Isabelle, niaise pas. Avance. C'est vert. » Je ne bouge pas et je lui réponds : « Regarde l'heure, on reste ici jusqu'à 17 h 17 (quelques minutes plus tard). » Ce qu'elle redoutait s'est produit, on a commencé à entendre des klaxons intimidants fuser de partout. Comme elle devenait nerveuse, je l'ai taquinée en disant : « Au pire, verrouille les portières... Je serais bien surprise que quelqu'un vienne nous tabasser au lieu de simplement nous contourner, mais soyons prudentes, protégeons-nous. » Des gens nous faisaient des signes comme quoi nous n'avions pas de tête, d'autres maintenaient le klaxon enfoncé lorsqu'ils nous dépassaient.

Pour désamorcer l'anxiété grandissante de Julie et provoquer une « déconnexion neuronale » en plein cœur de l'émotion de Julie, j'ai sorti un CD de Bob Marley et j'ai fait jouer *Could You Be Loved* en proposant à ma passagère de bouger la tête au rythme de la musique reggae et de chanter avec moi. **Jamais Julie n'aurait pensé vivre ces deux types d'expérience simultanément, au même moment** : un klaxon agressif compulsif, et fredonner du Bob Marley en bougeant la tête. D'un point de vue neurologique, cette bizarrerie a contribué à ajouter un chemin neurologique totalement nouveau dans son système nerveux.

Sur le plan psychosocial, la scène était fascinante à observer. Ça valait de l'or de voir les visages des conducteurs passer de l'impatience à un regard des plus perplexes, une fois qu'ils nous voyaient bouger la tête comme deux rastas décontractées. On pouvait lire un gros point d'interrogation dans leurs yeux. On nous criait des jurons, le visage rougi par la frustration. Plusieurs cependant nous ont souri. Et certains nous ont montré le pouce en l'air en signe d'approbation. C'est alors que le stress de Julie s'est transformé en fou rire dont on se souviendra longtemps, car depuis le début de notre « expérience limbique », l'énergie qui se bâtissait en Julie à mesure que sa nervosité grandissait a éclaté et s'est libérée en fou rire. On avait traversé le pire et rien de grave ne nous était arrivé. Nous venions de vivre une expérience insolite, hilarante, et Julie n'écoute plus Bob Marley de la même façon.

C'est souvent en poussant à l'extrême le pire des scénarios qu'on se rend compte qu'il n'est pas aussi fatal que notre esprit angoissé a bien voulu nous le faire croire ! Ce qu'on a le plus peur de faire, c'est souvent exactement ce qu'on doit faire pour sortir de l'emprise de la peur.

6.6 Se dissocier de l'histoire qu'on se raconte

Plusieurs de nos pensées et croyances sont-elles contre-indiquées, voire néfastes, si on désire une vie pleine de courage et de liberté ? Cessons de nous laisser hypnotiser par les conversations anxiogènes qui se déroulent dans notre tête et trouvons des manières de nous dissocier de ce bavardage.

Mais comment cesser d'accorder à notre « rhétorique anxieuse » une importance qu'elle n'a pas en réalité, quand le problème vient justement de la forte conviction de la personne angoissée que sa peur est réelle ? Celle-ci a même oublié que son esprit lui adresse un discours intérieur parmi d'autres possibles.

Comment « **dissocier** » la personne de ses croyances obsédantes pour qu'elle les voie comme **des entités existant à l'extérieur** d'elle ? Afin de provoquer cette mise à distance de nos pensées, les adeptes de la méditation nous enseignent à les « regarder passer », nous expliquant qu'elles sont des phénomènes mentaux transitoires.

En effet, « penser quelque chose » se distingue nettement de « s'apercevoir qu'on est en train de penser quelque chose ». On souhaite une distanciation avec les pensées du genre : « aucune organisation ne souhaite embaucher une personne de 50 ans qui décide de quitter un emploi insatisfaisant » et « je suis en train de penser qu'aucune organisation ne voudrait d'une personne de 50 ans dans ses murs ». Vous voyez la différence entre les deux formulations ?

Donc, au lieu d'énoncer certaines pensées ou croyances comme de grandes vérités, entamons nos phrases selon ce modèle : « **L'histoire que je me raconte** par rapport à mon niveau d'employabilité à 50 ans, c'est... » ; « **L'histoire que je me raconte**, c'est que mon nouveau patron ne m'aime pas la face et qu'il veut ma peau... » ; « **L'histoire que je me raconte**, c'est que je vais passer pour un lâche si je refuse l'ajout d'un nouveau dossier, car je suis déjà surchargé ». Cela crée un espace de liberté au lieu d'étouffer d'entrée de jeu toute possibilité, au risque de tuer dans l'œuf les élans courageux.

Dans le même ordre d'idées, toute astuce nous permettant de **prendre nos distances** face à des croyances limitatives ou déstabilisantes est à considérer. Consignons nos pensées obsédantes et demandons à un ami fiable d'en évaluer la validité, pour ensuite nous aider à leur trouver un nom. Ensuite, on trouve toutes sortes de façons loufoques de se moquer[71] des mêmes croyances en les récitant comme le ferait un robot, avec un accent italien ou allemand, en les chantant comme Dalida, comme Pavarotti le ferait, sur l'air de *Frère Jacques*, etc. Vous voyez l'idée ?

Nous voulons **ridiculiser nos croyances limitatives** au point d'impressionner notre inconscient se voyant aller dans un registre si exubérant et saugrenu qu'il ne se reconnaîtra pas. Cette mise à distance forcerait une nouvelle connexion neuronale associant l'idée problématique et anxiogène à de l'humour, émotion aux antipodes de l'anxiété. En d'autres termes, dès que nous avons la capacité de ridiculiser nos croyances négatives c'est aussi dire que graduellement nous nous en affranchissons. Nous sommes alors moins leur esclave et nous gagnons en liberté intérieure.

6.6.1 Quelques-uns de mes 1000 démons

Nul besoin de peurs aussi flagrantes que la crainte des avions, des ascenseurs ou des serpents. Les peurs presque normales, mais structurelles quant à notre perception de la vie, sont nettement plus insidieuses. Ce sont nos croyances limitatives.

En fait, nous vivons tous à différents degrés sous le joug des pensées automatiques, d'un **scénario du monde**[72] qui parvient à « rouler le logiciel » de notre **perception de la réalité**. Certains, dominés par des croyances de méfiance, perçoivent des abus partout. D'autres craignent, à tout bout de champ, d'être abandonnés par les êtres chers au point de se mouler à leurs attentes pour éviter le rejet appréhendé. Les individus obsédés par leur phobie de l'échec se sentent inférieurs aux circonstances et à leurs pairs en permanence. Avec de telles présuppositions quasi systématiques, ce n'est rien de bon pour stimuler la confiance et se donner le goût d'affronter des risques.

Pour ma part, **j'étouffe** souvent **mon courage** par un scénario mental où je subis l'invasion de mes exigences élevées, qui **me paralysent**. Je souffre d'anxiété de performance. La voix de mon ego me marmonne constamment des idées du genre : *Isabelle, c'était pas mal, mais tu aurais pu faire mieux*; *voyons* *donc, tu n'es pas encore assez prête : prépare-toi mieux sinon tu vas décevoir des gens*; *là, tu relaxes au cinéma, alors que tu devrais plutôt améliorer ce projet.* Une impression de fond que mes réalisations ne suffisent jamais me tire souvent vers le bas.

En fait, l'ambition démesurée de mes projets m'envoie pour ainsi dire en bas d'une immense montagne à gravir. Je vois la tâche tellement grosse que je suis **essoufflée avant de commencer à monter**. Par conséquent, je remets au lendemain mon initiative de m'y attaquer. Scénario type : je **procrastine dans l'attente perpétuelle des conditions parfaites avant de me lancer**.

Par contre, quand je m'impose un **test de lucidité** (une bonne confrontation avec la réalité) et que je compare ma vision du monde avec celle de collègues que j'admire, je constate que je prends le jeu trop au sérieux et que j'exige de moi plus que le client en demande. Cette pression intérieure qui m'habite sans raison entrave mes élans de courage et m'entraîne à renoncer à mes projets stimulants. Puisque j'arrive rarement à me convaincre qu'une tâche est terminée (lire : accomplie à ma satisfaction), j'investis beaucoup trop de temps dans chaque initiative personnelle et je n'arrive pas à réaliser la moitié des idées d'initiatives qui me viennent en tête.

Le plus difficile, c'est de m'attraper en train de penser selon ce schéma, car **mes critères excessifs me paraissent tout à fait raisonnables à moi**. Si je n'y prends pas garde, je bascule vite dans cette pression intérieure dont je suis l'esclave et je tente constamment de parfaire mes projets. Je dois donc me rappeler **qu'il ne faut pas que je me fie à ma perception des choses**. J'ai besoin de tester ma perception à l'aide des personnes à qui j'accorde ma confiance. Elles semblent convenir que je pourrais facilement baisser mes critères du quart. Aussi, elles me font du bien lorsqu'elles me rappellent que dans la vie, ce n'est pas tout ou rien, mais que je peux obtenir 70 % de mes critères de satisfaction sans penser que j'ai échoué.

On comprendra que la rédaction de cet ouvrage a été un véritable combat intérieur. Une lutte impitoyable entre ma petite voix qui criait *ce n'est pas encore assez prêt* et ma sincère intention de partager avec mes lecteurs des notions qui m'ont été utiles et qui, je l'espère, ils gagneraient à découvrir. Alors, pour **m'aider à me dissocier de ces exigences élevées** et à rester vigilante et lucide, j'ai collé des petites notes partout dans mon agenda et dans ma maison.

Des rappels à ma conscience :

- *Un livre imparfait qu'on publie, c'est mieux qu'un livre parfait qui demeure dans mon ordinateur.*
- *Isabelle, vas-tu laisser la voix des critères démesurés te dominer ?*
- *C'est juste une « attaque » de perfectionnisme ; écris, et ça va passer.*
- *Je vis une crise de « boulimie d'informations ». Arrête de lire, puis écris !*
- *Je lutte encore contre « l'ego » qui tente de s'emparer de moi.*

Ce modèle fait tellement partie de ma vie que souvent je suis à la merci de son jeu. Par contre, **si j'arrive à voir le perfectionnisme comme l'ennemi, que je me fâche contre lui** et me révolte contre la procrastination qu'il tente de m'imposer, c'est plus facile d'activer mon énergie de guerrière afin d'engager un duel contre les exigences élevées de mon ego. Et je me dis intérieurement : « Ouais. Eh bien, ça va faire, le niaisage… *Watch me*, on va bien voir qui va gagner. » Énergisée par cette impression de liberté, je prends alors mon courage à deux mains, je passe à l'action et j'écris, même si je trouve inconfortable de ne pas encore avoir réussi à lire tout ce qui a été écrit sur la planète à propos du courage…

6.7 Faire diversion à l'anxiété

Avez-vous déjà lu ou entendu qu'un cerveau inoccupé tend à devenir préoccupé ? Cela découle d'un principe bien connu en psychologie, le **biais négatif** (ou le penchant négatif). Il décrit la prédisposition des humains à accorder plus facilement leur attention aux données négatives de leur vie.

En d'autres termes, nous vivons les expériences désagréables plus intensément dans notre esprit et notre corps, et nous retenons davantage les souvenirs négatifs et malheureux que les positifs. On se souvient plus longtemps d'une insulte que d'un compliment, d'un vol que d'un cadeau.

Étant donné cette prédisposition biologique naturelle, sans stimulation précise, un esprit oisif tend à remplir le vide par des ruminations pas nécessairement constructives. Cette tendance s'intensifiera si nous avons un tempérament anxieux, telle une « option par défaut » favorable aux pensées anxiogènes, nous amenant à imaginer toutes sortes de scénarios catastrophiques sans danger réel imminent. Donnons donc à notre esprit un autre dossier important à gérer pour pallier ce « biais » neurologique.

Dressons plutôt une **liste de diversions mentales**, un plan de match qui contiennent une multitude d'**options de rechange pour occuper notre cerveau** lorsque l'anxiété veut monopoliser nos pensées. Si nous laissons l'anxiété prendre son élan, avec le cortisol et la noradrénaline qui commencent à limiter nos facultés cognitives, il ne sera plus temps de penser à des stratégies. Il est crucial de les avoir planifiées en amont…

Prenons la peur de l'avion. La personne atteinte demeure à l'affût du moindre bruit laissant supposer qu'une des ailes est en train de s'arracher ou que les moteurs ne tournent pas rond. Et lorsque les turbulences s'en mêlent, on pourrait se mettre à scruter le visage des agents de bord ou des passagers avec vigilance, guettant les réactions de peur et d'insécurité.

Solution ? On monte à bord avec son portable et on visionne un film qu'on avait hâte d'écouter. Mettez le volume au maximum et plongez dans l'histoire des personnages. Votre attention disponible sera investie ailleurs (sur votre film s'il est captivant) et votre focus ainsi orienté changera nécessairement l'activation du circuit neurologique de l'anxiété pour se brancher sur le suspense.

Voici un autre cas. Une de mes amies a eu un gros accident de voiture il y a un an. Depuis lors, la seule idée de conduire lorsque les conditions de route ne sont pas parfaites (pluie, neige, embouteillage, noirceur) la plonge rapidement dans un état d'anxiété. Elle m'expliquait l'autre jour comment elle réussit à tromper son esprit pour détourner son attention lorsqu'il veut déclencher l'alerte par défaut.

« Quand je sais que je dois conduire et que j'angoisse, je prépare toutes sortes de trucs pour sortir de mon hypervigilance sur la route. La **vigilance** est certes une **bonne chose**, mais l'**hypervigilance draine toute mon énergie**. Si bien qu'il n'est pas rare que j'arrive à mon lieu de destination avec la profonde envie d'aller dormir, même s'il est 7 h du matin !

« J'ai donc développé une stratégie pour **changer mon attention de place** lorsque je conduis, pour que mon esprit cesse d'appréhender le danger. J'apporte des crudités à manger pour m'occuper durant le trajet. Je me donne la mission de trouver LA meilleure chanson à la radio en zappant manuellement entre les stations. J'écoute une chanson en me concentrant sur les paroles pour bien les comprendre. Je chante avec entrain pour faire croire à mon cerveau qu'il est heureux de conduire. Je fais des exercices de respiration en prenant soin de respirer du bas-ventre. Je compte les secondes durant lesquelles j'inspire, j'expire et je retiens mon souffle ; ça occupe mon esprit. Je porte attention aux commerces sur ma route. J'essaie de deviner ce qu'ils y vendent. Bref, je fais l'impossible pour ne pas être trop consciente des dangers potentiels sur la route. Jusqu'à présent, c'est la meilleure façon que j'ai trouvée **pour arriver à destination avec la batterie encore pleine.** »

Il faut parfois arrêter de trop penser et de tout analyser, car *l'analyse paralyse*. Excitez positivement vos neurones lorsque vous sentez qu'ils veulent dérailler dans l'anxiété. Faites une méditation de cinq minutes, allez marcher, mettez une musique entraînante, dansez dans votre salon, allez jogger ou, comme moi, allez visionner des extraits de film sur YouTube ou des vidéos de fous rires incontrôlables qui vous mèneront à un état de détente en quelques secondes. Développez votre propre menu à la carte d'options contre l'anxiété.

6.8 S'imaginer un futur sans problème

« J'ai affronté plusieurs grandes difficultés,
mais la plupart ne se sont jamais concrétisées. »

— Mark Twain

Susan Jeffers explique par expérience que « 90 % de nos craintes se révèlent sans fondement. La plupart des catastrophes qu'on prévoyait ne surviennent heureusement jamais. On a peur de tout alors que les choses se passent bien la plupart du temps. En réalité, on ne tombe sur un vrai problème que dans 10 % des cas, et encore ! Pourquoi ne pas admettre alors que le côté positif des choses est plus réaliste que l'inverse ? Pourquoi vous morfondre dans l'inquiétude alors que vous n'avez aucune raison de le faire[73] ? »

Alors, comment convaincre notre esprit de mettre de côté ses scénarios catastrophiques pour laisser place à la possibilité que les choses se passent pour le mieux, alors que nous sommes sous le joug de la peur ?

J'ai découvert une technique fort intéressante lors d'une formation avec le psychothérapeute Bill O'Hanlon[74], que j'admire pour sa capacité de relater des histoires d'espoir qui l'ont touché et qui m'inspirent profondément. Plus particulièrement, je me souviens de la fois où il nous avait raconté avoir participé à une conférence de Viktor Frankl à Anaheim en Californie devant 7 000 participants...

Frankl, un psychiatre juif qui a survécu aux camps de concentration nazis, racontait la fascinante histoire de sa vie en expliquant aux gens la psychologie des survivants et les sévices affreux qu'il a dû subir dans les camps. Il racontait à quel point il a souvent frôlé la mort tellement les abus psychologiques et physiques étaient durs à supporter.

Durant sa présentation, Frankl a parlé d'un moment particulier qui restera longtemps gravé en lui :

> *Nous étions en Pologne, plusieurs prisonniers à marcher à travers un champ, en plein hiver. Malgré le froid mordant, nous n'avions que de légers vêtements sur le dos. Il y avait des trous dans mes souliers et je ne portais même pas de bas. Affaibli par la malnutrition et les mauvais traitements, j'étais malade, fiévreux et je me suis mis à tousser. À un point tel que je suis tombé à genoux, ne pouvant plus avancer. C'est à ce moment qu'un garde nazi est arrivé à côté de moi et s'est mis à me crier*

de continuer d'avancer. Je toussais tellement que je ne pouvais même pas lui répondre. Il a donc commencé à me frapper avec un bâton en me disant qu'il allait me laisser crever là comme un chien si je ne me relevais pas. J'étais tellement à bout de forces et épuisé que je me suis dit que mon heure était arrivée. Il m'était impossible de me relever.

Je me retrouvais cloué au sol, impuissant, quand tout à coup je me suis imaginé à Vienne, après la guerre, en train de donner une conférence où je partageais mes observations sur la psychologie des survivants dans les camps de la mort devant 200 personnes qui m'écoutaient, captivées. Je me voyais en train de leur expliquer le contenu d'un manuscrit que les gardes m'avaient dérobé, sur les stratégies des prisonniers qui s'en sortaient mieux que les autres psychologiquement et émotionnellement. Des outils utiles sur lesquels j'ai réfléchi durant ma captivité. J'imaginais avec précision les visages captivés et le silence qu'ils m'offraient, car c'était une conférence fort profitable que je donnais de tout cœur.

Dans mon esprit, je n'étais plus à moitié mort dans un champ glacé en Pologne, mais sur scène en train de donner une conférence. Et je me suis vu en train de raconter à mon auditoire imaginaire ce moment dans le champ où j'étais tombé à genoux, à force de tousser, incapable de me relever alors qu'un nazi me frappait de son bâton, en train de me dire que j'allais mourir. Quand tout à coup, je me suis entendu dire que j'avais puisé une force intérieure qui m'a permis de me relever et de commencer à marcher, péniblement au début, mais avec de plus en plus de détermination par la suite.

C'est lorsque Viktor Frankl était en train de s'imaginer cette scène très particulière que son corps s'est bel et bien ragaillardi, qu'il a pu se relever dans la neige en Pologne et qu'il a trouvé une nouvelle force pour continuer. Ce jour-là, il a continué d'imaginer sa conférence et les informations qu'il tenait absolument à partager pendant toute la durée de ses travaux forcés. Revenu au camp, il s'est endormi en imaginant l'ovation qu'il recevrait à la fin de sa présentation.

Bill a terminé cette histoire en nous mentionnant que bien des années plus tard et des kilomètres plus loin, tel qu'il se l'était imaginé, le courageux psychiatre a reçu en 1990, en Californie, une ovation de la part de 7 000 personnes émues, touchées et enrichies par l'histoire de sa vie.

Ce que le Dr Frankl a réussi à faire pour arriver à activer le courage de continuer, c'est d'imaginer un futur où le problème était résolu. **D'extraire la force et l'énergie puisées à même cette sensation de soulagement et d'espoir imaginée.** Énergisé par ces émotions, il a pu travailler à rebours vers le présent et déterminer l'action concrète à mener afin de matérialiser ses pensées.

Quand on traverse une difficulté, on ne voit que ça et on s'imagine que le problème durera toujours. C'est faux, la majorité des difficultés que nous avons surmontées sont bel et bien **derrière nous** maintenant. N'est-ce pas? Pensons-y! Les peines d'amour de l'adolescence, l'anxiété des examens à l'école, le premier emploi, etc.

Bien entendu, nos défis quotidiens n'ont rien à voir avec le sort de cet homme dans les camps nazis. Mais en ce qui me concerne, cette technique m'aide à franchir les obstacles qui se dressent sur ma route. Par exemple, lorsque je vis des **épreuves dans mon couple** et que je me demande si cette fois nous réussirons à passer au travers, je m'imagine avec mon partenaire de vie lorsque nous serons vieux. Je nous vois comme deux grands-parents heureux assis sur le balcon en train de s'émerveiller à la vue de nos petits-enfants dont la joie de vivre sera débordante. Je nous imagine à discuter de notre grand bonheur, puisque nous sommes **fiers d'avoir traversé ces petites tempêtes** au nom de la belle famille unie que nous avons aujourd'hui. Et je m'entends lui dire à quel point je n'aurais pu m'imaginer vieillir avec un autre que lui à mes côtés.

En toute honnêteté, c'est étonnant à quel point ce **bref recul sur la situation** peut nous amener dans un état d'ouverture si précieux, à l'heure de relever les défis cruciaux. Si tel est le cas, prenons donc la décision consciente de diriger notre attention où nous désirons aller, dans le futur, plutôt que de rester emprisonnés par notre anxiété et nos ruminations sur ce qui fait mal au présent. Car notre pensée influence et guide nos actions. Donnons-lui donc un petit coup de main pour qu'elle parte dans la bonne direction !

Pour redonner espoir en l'avenir, des psychologues suggèrent un exercice particulier aux clients en panne dans la vie : ceux qui ont le nez tellement collé sur l'arbre, autrement dit sur l'épreuve qu'ils traversent, qu'ils ne voient plus la forêt et perdent le sens de la perspective vis-à-vis de leur vie. Ils leur demandent de **s'écrire à eux-mêmes une lettre en provenance du futur**, de la dater de 5 ou 10 ans plus tard et de se donner des conseils à partir de ce lieu d'une plus grande sagesse où l'épreuve n'existe plus.

N'avons-nous pas une meilleure vue d'ensemble de l'existence avec l'âge ? En ce moment de notre vie, quel conseil donnerions-nous à l'adolescent en peine d'amour que nous étions il y a 15 à 25 ans ? Ou dans la cinquantaine, alors que vous avez trouvé l'âme sœur, que diriez-vous à la personne désespérée et abattue que vous étiez peut-être lors de votre divorce, il y a 10 ans ? Car un divorce mal vécu par un être souffrant d'une grande dépendance affective est à ce point douloureux qu'il pourrait perdre courage et même sérieusement songer au suicide. Si on arrive à l'aider à se conseiller de façon rétrospective sur ses anciennes séparations, même si chaque perte lui fut profondément douloureuse, il doit bien s'apercevoir que chaque douleur n'aura pas duré toute sa vie. Ça peut l'aider à **compter sur le passage du temps**.

Inspirons-nous de cet écart dans notre vision de la réalité, entre avant et maintenant, pour nous projeter dans cinq ans afin de pouvoir nous écrire des lettres du futur **dans la sagesse du recul** afin de surmonter les difficultés actuelles.

6.9 Ajouter un soupçon de magie dans la partie !

Robert Biswas-Diener explique, dans son ouvrage *The Courage Quotient*[75], que le recours au pouvoir des talismans est susceptible de calmer l'inquiétude et de stimuler le courage de faire face aux difficultés. Communément appelés « porte-bonheur » ou amulette, les talismans sont des objets symboliques auxquels on confère le pouvoir magique de nous apporter de la chance ou de la protection. Selon les recherches, il s'agirait d'une **saine supercherie psychologique** visant à augmenter la confiance en soi et le sentiment d'efficacité personnelle devant un défi.

Sans être à vos côtés, j'imagine que si vous faites partie de la catégorie des « très rationnels », le scepticisme s'est affiché sur votre visage à la lecture de ces lignes. Si tel est le cas, je vous invite à faire ce petit test maison proposé par Biswas-Diener afin de voir si vous êtes réellement dépourvu de toute propension à attribuer des pouvoirs et des attributs « imaginaires » à des objets inanimés.

Ainsi, seriez-vous partant pour…

- dormir dans le lit d'une chambre d'hôtel où un meurtrier a dormi la veille ?
- manger du fudge au gruau qui a la couleur et la forme d'un excrément de chien ?
- boire du jus de pommes dans une bassine pour prélèvement urinaire propre ?
- porter un chandail qui a appartenu à Hitler ?

Plusieurs personnes, même celles qui se disent très cartésiennes, répondront par la négative à l'une ou plusieurs de ces questions. Cela s'explique, d'après les psychologues, par un phénomène de **contagion**. On a l'impression que la méchanceté du meurtrier a contaminé le lit et que le chandail porte la haine d'Adolf. Dans notre tête, le jus de pommes devient dégoûtant parce qu'il a la couleur jaune et qu'il est présenté dans un contenant habituellement réservé à l'urine. Vous voyez l'idée ?

Les humains ont cette aptitude de croire en des phénomènes non prouvés par les lois de la physique : c'est la pensée magique de la contagion. Tout objet pourrait contenir le « pouvoir » ou l'attribut qu'on a décidé de lui allouer. Maintenant, entendons-nous, je ne suis pas en train de vous dire que des miracles se produisent grâce aux talismans et aux amulettes. Je doute qu'à eux seuls ils puissent vous donner le courage de faire un changement de carrière alors que ça fait des années que vous n'osez pas le faire ! Seulement, notre chercheur affirme que les talismans peuvent agir comme une petite **vitamine pour le cerveau**.

De fait, les recherches démontrent que la croyance aux pouvoirs spéciaux d'un talisman augmente l'assurance et par conséquent nous rendrait plus efficaces pour affronter les défis. La confiance que l'on investit dans ces objets précieux augmente notre quotient de courage, car ils servent de **pare-feu** entre l'objet de notre anxiété et nous.

Biswas-Diener cite les résultats probants d'études impliquant des jeux de puzzle et de mémoire. Ces recherches[76] ont démontré que les participants en possession d'un porte-bonheur offraient un bien meilleur rendement que ceux qui n'en avaient pas. Dans le même ordre d'idées, des golfeurs à qui l'on a donné une balle « chanceuse » ont mieux réussi que leurs collègues jouant avec une balle « normale ».

Ces talismans peuvent emprunter plusieurs formes, être des objets tangibles ou non. En fait, l'objet a très peu d'importance. C'est surtout **la croyance en ses pouvoirs** qui importe. Pensons au numéro 7 chanceux (le fameux *lucky seven*), à un cadeau reçu immédiatement après une grande aventure, au fait de toucher du bois pour la chance, à la barbe des séries au hockey, à la photo de défunts à qui l'on demande de l'aide lorsqu'on en a besoin, aux croix symboliques, aux pattes de lapin, aux lampions religieux que l'on fait brûler pour obtenir de l'aide pour surmonter une épreuve.

En ce qui me concerne, je choisis d'attribuer un pouvoir de chance à tous les **cents noirs**[77] que je trouve sur ma route. Chaque fois, je me convaincs que c'est une chance qui m'apparaît et qu'il m'est possible de transférer à un projet. Je donne à chacun d'eux une mission spéciale associée à un projet en cours ou à un événement que je souhaite dans ma vie. De même, je suis attirée par la mythologie égyptienne et lorsque j'ai laissé mon emploi pour démarrer mon entreprise, je me suis procuré de petites **boucles d'oreille représentant l'ankh égyptien**, symbole de la vie qui, à l'époque, aidait les gens à se souvenir de l'importance de rester connectés à leur âme. Depuis, chaque fois que j'ai besoin d'augmenter ma confiance, de me réassocier à ma mission profonde et à mon code d'honneur, je porte ces boucles d'oreille plutôt que d'autres. Elles agissent comme une petite vitamine pour me donner de l'élan et m'aident à ruser contre le stress de certaines situations.

Je ne peux passer sous silence cette anecdote loufoque que j'ai vécue avec une ancienne collègue de travail ! À cette époque, nous avions un client particulièrement condescendant et colérique qui nous déstabilisait un peu à chacune de nos rencontres. À un moment donné, ma collègue qui était intriguée par l'ésotérisme, avait lu quelque part qu'on pouvait se prémunir de « mauvaises ondes » provenant de ce type d'attaques en se plaçant simplement un « **bouclier** » fait de papier d'aluminium sur le plexus solaire. Semblait-il que cette astuce permettait de ne pas laisser la méchanceté de l'autre entrer en soi et nous affecter…

Toujours est-il qu'avant de prendre le taxi pour se diriger à sa rencontre, nous avons passé cinq minutes à essayer de lui installer son bouclier antimissile en aluminium dans son soutien-gorge. Quand elle est finalement arrivée chez le client, elle seule entendait le crépitement de l'aluminium sous ses vêtements. Elle nous a raconté à son retour que chaque fois qu'il lui lançait une petite phrase assassine de son cru, elle portait attention au son de l'aluminium et qu'elle devait se retenir pour ne pas éclater de rire. Elle s'imaginait en train de nous raconter cette drôle d'aventure à son retour au bureau et elle a réussi, tout au long de la rencontre, à maintenir un état d'absolu détachement vis-à-vis de la méchanceté du client.

L'histoire ne dit pas si c'est l'humour autour de la mise en scène du papier d'aluminium ou si c'était sa réelle croyance quant au pouvoir de protection qu'elle lui avait accordé qui a fonctionné, mais cela lui a permis de passer à travers l'épreuve sans ressentir aucun stress ni aucune animosité. Et nous en rions encore aujourd'hui lorsque nous y repensons…

En somme, on peut choisir d'y croire ou non, mais comme le dit Biswas-Diener : « plutôt que de vous cogner la tête sur le mur en essayant de prouver à quel point vous êtes rationnel, il est plus facile d'accepter que les gens sont simplement programmés pour avoir des petites fantaisies, des croyances un peu absurdes qui, somme toute, sont relativement inoffensives et qui peuvent nous servir d'alliés lorsqu'on fait face à l'anxiété et à la détresse[78] ». Munissons-nous de telles vitamines pour notre cerveau en trouvant un **objet symbolique lequel on investira de propriétés courageuses**. C'est une saine supercherie psychologique qui ne fait pas de tort à personne et qui a le pouvoir subjectif de diminuer un peu l'anxiété en ajoutant de la fantaisie, plus d'assurance et de confiance en la vie.

6.10 Un outil supplémentaire : EMDR

Si jamais vous aviez été victime d'un choc post-traumatique, il se peut que vous ne réussissiez pas à maîtriser votre angoisse de façon rationnelle pour basculer dans le courage, même avec tous ces trucs et astuces. En fait, si vous avez ressenti à un moment ou un autre de votre vie une **peur de très haute intensité** devant laquelle vous vous êtes senti totalement **impuissant** et **incapable d'agir**, il se peut qu'une petite cicatrice se soit créée dans votre cerveau et que des comportements irrationnels ou des peurs inconscientes soient hors de votre maîtrise, malgré toute votre bonne volonté.

Si c'est le cas, vous devez savoir qu'il existe un outil intéressant et étonnamment efficace qui porte le nom d'EMDR (*Eye Movement Desensitization and Reprocessing* ou désensibilisation et reprogrammation par des mouvements oculaires), aussi désignée sous l'appellation IMO (intégration par le mouvement oculaire).

L'EMDR, qui est encore à l'étude, a été fondée par la psychologue américaine Francine Shapiro, auteure du livre *Des yeux pour guérir* et récipiendaire en 2002 du prix Sigmund Freud pour sa découverte. Aujourd'hui utilisée par plus de 60 000 praticiens dans 80 différents pays[79], cette méthode consiste **à dissocier l'émotion du souvenir traumatique** par des **mouvements oculaires**.

En fait, les événements très douloureux (comme la perte d'un enfant, une agression, un viol, de la torture, un cruel abandon alors qu'on se sentait vulnérable, etc.) laissent des marques profondes dans notre cerveau. Ces traumatismes devant lesquels nous avons souffert d'un terrible sentiment d'impuissance ou qui remettent « *en question notre sentiment de sécurité dans un monde que nous croyions connaître*[80] » laissent des **traces indélébiles** en nous qui s'effacent difficilement. C'est comme si le système nerveux était désorganisé et qu'il n'arrivait pas à digérer l'événement de façon normale, car il est **trop submergé** par les émotions, les pensées et l'activation physiologique qui lui sont associées.

Comme l'explique Servan-Schreiber, une fois l'événement atroce passé, les gens ***savent*** qu'ils ne sont plus en danger, mais ils ne le ***ressentent* pas**. Le cerveau cognitif comprend que le souvenir cruel est maintenant derrière lui, mais le cerveau émotionnel (limbique), lui, reste **accroché** et **coincé dans les mémoires douloureuses du passé**. Puisque le trauma n'a pas été convenablement digéré, le simple fait de revoir ou de revivre un aspect commun au souvenir peut être suffisant pour évoquer ce dernier dans son entièreté et ainsi déclencher une alerte interne généralisée. C'est pourquoi on parle d'une **désorganisation temporaire du système nerveux**.

En quoi consiste l'EMDR? Expliqué brièvement, pendant que le patient évoque le souvenir douloureux avec toutes ses composantes (visuelle, émotionnelle, cognitive, et les sensations du corps), le thérapeute lui demande « *de suivre les mouvements rapides de sa main pour induire des mouvements oculaires rapides comparables à ceux qui ont lieu spontanément pendant les rêves (la phase du sommeil dite « REMSLEEP en anglais, pour « rapide eye mouvement sleep*)[81]. » Après l'intervention, les spécialistes autant que les patients sont surpris par l'efficacité des résultats.

Nous n'avons pas encore toutes les explications à savoir comment le cerveau réagit à cette intervention ni pourquoi elle donne des résultats aussi surprenants. Mais on croit que la technique de l'EMDR agirait un peu comme un **mécanisme de digestion de l'information**, comme un « **reset** » neurologique de l'esprit.

Chose certaine, cette méthode est en pleine expansion et voit s'ajouter de nouvelles perspectives de jour en jour. Si vous croyez que vous pourriez profiter des bienfaits de l'EMDR, je vous invite à trouver un psychologue certifié[82] à cette approche.

- ❖ **Se préparer** est la clé : Information, exposition et action !
- ❖ **Sortons de la confusion** et poussons notre scénario catastrophe à l'extrême : Est-ce aussi pire que notre esprit veut nous le faire croire ?
- ❖ Identifions nos 1000 démons et faisons en sorte que nos pieds continuent d'avancer : Évitons l'évitement.
- ❖ Cessons d'incarner nos peurs imaginaires : **dissocions-nous** de nos rhétoriques anxieuses.

- Un esprit inoccupé devient préoccupé : prévoyons une **liste de diversions** contre l'anxiété.
- Projetons-nous dans **un futur** où la difficulté sera résolue afin de nous conseiller nous-même sur l'attitude à adopter au présent.
- Pourquoi ne pas se munir de **talismans** et de porte-bonheur comme vitamines pour donner de l'élan à des croyances porteuses de courage ?
- Et si le défi est trop grand, n'hésitons pas à nous reporter à un professionnel de la santé spécialisé en **EMDR**.

Chapitre 7

Le courage d'être soi

7.1 L'intégrité

« L'intégrité engendre la crédibilité. »

—Wayne Cheng

Dans le domaine des relations humaines, on ne peut pas parler de courage sans parler d'intégrité, ou du courage d'être soi. Dans une société comme la nôtre, où le paraître l'emporte trop souvent sur « l'être », et où nos énergies servent à conserver nos acquis, il devient de plus en plus difficile de rester authentique et de faire preuve d'intégrité. Regardons d'un peu plus près en quoi cela consiste.

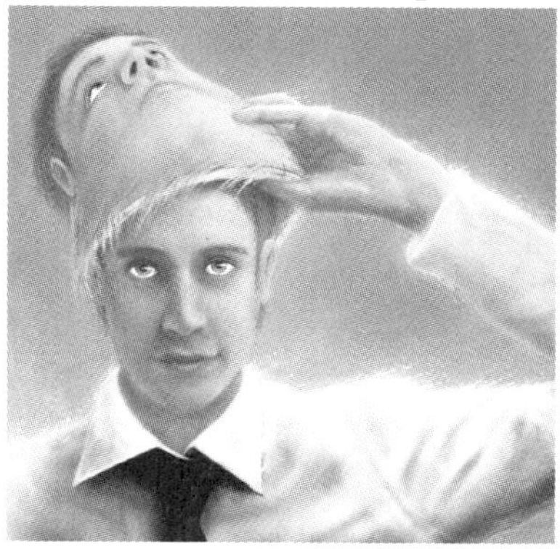

Le mot « intégrité », du latin *integritas*, signifie **« entier »**. En psychologie positive[83], on associe l'intégrité à d'autres forces de même nature, comme l'honnêteté, l'authenticité et la sincérité. On dit d'une personne qui incarne cette vertu qu'elle est « vraie » et

« entière ». Lorsqu'on observe la vie d'une personne intègre, on ne se retrouve pas en présence de trahisons, de conflits d'intérêts, de mensonges, de dissimulations ou de manipulations.

Certains principes clés guident les actes des gens intègres et entiers. Ils se disent que :

- c'est plus important d'être fidèle à soi-même que d'être populaire ;
- c'est préférable de ne pas porter de masque et d'afficher notre vrai visage au monde ;
- tout est plus simple quand les gens sont directs et disent les vraies affaires au lieu de jouer les girouettes et de dire aux autres ce qu'ils souhaitent entendre ;
- il est plus valorisant et satisfaisant d'agir en fonction de nos valeurs et de notre code d'honneur que de chercher à magouiller pour nos intérêts personnels ou pour s'attirer les bonnes grâces des gens influents ;
- j'aurais honte de mentir pour obtenir quelque chose de quelqu'un ;
- je n'aime pas la compagnie des gens faux qui prétendent être ce qu'ils ne sont pas ;
- c'est important pour moi d'être ouvert et honnête à propos de mes sentiments.

En règle générale et sur le plan philosophique, connaissez-vous beaucoup de personnes qui, à la lecture de ces lignes, vous diraient être en désaccord avec ces énoncés ? Ce serait étonnant, car nous sommes tous en faveur de la vérité, l'authenticité et l'intégrité. Ce sont les bases nous permettant de vivre dans un monde cohérent et de compter sur une certaine stabilité.

Mais posons la question autrement. Connaissez-vous beaucoup d'individus qui ont le courage d'agir en étant guidés par ces valeurs ? N'est-ce pas qu'il y a tout un écart entre l'idée et la chose ? Ça prend du courage pour assumer les exigences inhérentes à l'intégrité, car il y a un prix à payer pour l'application de ces principes dans la réalité. C'est facile d'être intègre et honnête quand on n'a rien à perdre. C'est facile de dénoncer une fraude quand il n'y a pas de risque de perdre son emploi en le faisant. C'est également facile de révéler en privé des comportements non éthiques, quand on n'a pas à défendre notre opinion en public ou devant les principaux intéressés.

Dans le confort du foyer et à l'abri des regards, tout le monde prêche l'intégrité, mais s'il y a un prix à payer, malheureusement, **la peur de perdre** rend un grand nombre de gens très prévisibles…

Connaissez-vous des **caméléons**, des **experts en dissimulation** ? Ou des gens qui ne donneront jamais leur opinion sur un sujet controversé tant que le reste du groupe ne se sera pas commis, afin d'adapter leur discours aux commentaires obtenus pour bien paraître et ne pas déplaire à personne ? Avez-vous déjà rencontré des individus indignes de confiance, incapables de dire la vérité si cela devait entraîner la désapprobation d'une figure d'autorité ?

Un soir, après une conférence, je discutais de courage de gestion avec deux vice-présidents quand André, l'un deux, m'a dit avec un petit sourire paternaliste :

« C'est mignon, tu me sembles si idéaliste, Isabelle… En tout cas, moi, tous ceux que j'ai connus qui ont voulu ***jouer au héros*** et qui ont choisi de faire preuve de courage en nommant haut et fort des situations embarrassantes dans les organisations où je suis passé, ont finalement perdu au change et ils ont eu à en payer le prix.

— Oui, mais c'est honorable et grand de vivre sa vie en fonction de ses valeurs plutôt qu'en fonction de ses intérêts personnels, ai-je répliqué.

— Oui mais, ma belle Isabelle, **ce n'est pas ton honneur qui va payer ton hypothèque**! »

Son commentaire *plein d'intégrité et de droiture* ne m'a pas arraché une petite larme d'inspiration (!) J'ai beau comprendre le raisonnement derrière la réflexion d'André, je sais bien que si la majorité des gens avait pensé et agi en fonction de ces principes, personne ne serait monté au front au cours de l'histoire afin de se dresser contre l'esclavage, d'obtenir le droit de vote pour les femmes ou de dénoncer la corruption dans nos institutions…

En effet, les gens qui **se dissimulent** et **se servent du système**, au lieu de s'efforcer de l'améliorer, ne laissent jamais leurs traces où ils passent, ni dans l'histoire ni dans leur organisation. Ils ne nous servent pas de modèles à suivre pour faire progresser des situations sociales ni pour bâtir des fondations solides pour un éventuel mieux-vivre ensemble.

Lorsqu'on se retrouve devant des gens qui se protègent ou qui cherchent à se servir en premier, jusqu'à un certain point, la logique derrière leur comportement calculateur nous paraît compréhensible. Ces derniers peuvent même rationaliser leurs actions en se disant stratégiques (et certaines fois, ça l'est). Sauf que lorsque la non-intégrité devient une constante, leur manière d'être, une façon de tirer son épingle du jeu, les observateurs externes témoins de leur manège tendent à les considérer comme de **lâches calculateurs**. Cela mine la crédibilité et ne mérite pas le respect. Encore moins l'admiration.

7.2 Être prêt à en payer le prix

« Le contraire du courage dans notre société n'est pas la lâcheté, c'est la conformité. »
— Rollo May

Parlant d'intégrité et d'admiration, une personne qui a mérité tout mon respect lorsque je l'ai découverte récemment sur les réseaux sociaux, c'est August Landmesser. Tapez son nom dans Internet. Vous tomberez sur la photo d'un homme qui, au milieu de la foule lors de l'inauguration d'un bateau à Hambourg en 1936, est le seul qui ait **refusé de lever son bras** pour faire le **salut nazi**. Cet individu intègre avait déjà eu du trouble avec les autorités nazies. L'histoire dit que les nazis l'auraient condamné à deux ans de travaux forcés pour avoir marié une femme juive avec qui il a eu deux enfants.

Par coïncidence, l'une de ses filles a reconnu son père lorsqu'un journal allemand a publié cette photo en 1991. Pouvez-vous **imaginer la fierté qu'a dû ressentir cette jeune femme** devant cette image qui brille d'éloquence et illustre la droiture d'âme de son père ? Il m'apparaît évident que Landmesser n'était pas le seul Allemand à s'opposer à l'idéologie nazie, mais sur cette photo, il est **le seul à avoir pris position** et à avoir **refusé de se soumettre** à un salut qui symbolisait des valeurs auxquelles il était opposé.

La vie en société doit beaucoup de ses progrès au courage moral de tels récalcitrants qui, malgré les risques et le prix à payer, se sont entêtés et ont refusé d'obéir à des dirigeants immoraux qui avaient pourtant autorité et pouvoir au point de soumettre les foules à leurs normes. On sait que « ce n'est pas un signe de bonne santé que d'être bien adapté à une société profondément malade », comme le disait Jiddu Krishnamurti. Aussi faut-il savoir prendre une saine distance face à nos **mécanismes d'adaptation** dans un groupe, car il arrive que le courage ne cohabite pas bien avec la conformité.

J'ai une admiration sans bornes pour les vrais **esprits libres et indomptables**, ces gens sur qui ni les menaces ni la **pression de la conformité** n'ont d'emprise. Dès qu'on appartient à un groupe, sans qu'on s'en rende compte, la culture et les normes communes exercent une influence contraignante afin que nous nous alignions sur les comportements des autres, sous peine de ne plus être désirés et d'être écartés des débats, voire expulsés.

Avec les gens désireux d'avoir l'air décents et civilisés, la pression sociale pour se conformer peut opérer subtilement et sournoisement. Tandis qu'en présence d'extrémistes, cette contrainte de se mouler à leurs normes procédera ouvertement, sinon agressivement. Le fanatisme religieux a le pouvoir de mettre en place des mécanismes d'une redoutable efficacité en ce qui a trait à la régulation des mœurs et coutumes chez leurs croyants.

Pensons au concept d'excommunication chez les catholiques, ainsi qu'aux crimes d'honneur et à la répudiation chez les musulmans. Socialement parlant, l'individu qui risque l'exclusion et l'ostracisme s'il refuse d'obtempérer aux normes, est incité à se plier aux règles comportementales établies par les dirigeants religieux… Aussi, acquérir un esprit critique devant ces types de pression, pour ensuite leur opposer une résistance manifeste, exige énormément de courage et de liberté intérieure.

Qu'on le veuille ou non, partout, la pression sociale afin que nous nous conformions aux valeurs et principes de la majorité opère continuellement, quoique de façon insidieuse, sans qu'on en prenne trop conscience. Par exemple, dans un milieu de travail où toute une équipe en veut au patron, une simple prise de position, en vue de le défendre contre les médisances qui vont trop loin, peut refroidir nos relations avec le groupe. C'est difficile de maintenir nos convictions en opposition à celles des autres, surtout si l'on **désire s'intégrer** à un groupe et qu'on **recherche à tout prix l'approbation**. Soutenir une opinion contraire à celle de la majorité est un grand test pour notre intégrité.

Or, c'est ma quête. J'aspire de tout cœur au courage de devenir ce genre d'esprit libre qui préférera souvent l'intégrité à la facilité. En même temps, j'avoue que si j'anticipe une réaction hostile de mon environnement lors d'une prise de position impopulaire, c'est encore difficile pour moi d'y arriver. Surtout si ça fait longtemps que je n'ai pas pris le temps de revenir m'imprégner à même mon code d'honneur.

7.3 Retour vers le futur

Pour nous donner un élan d'intégrité à l'égard des situations litigieuses, où appuyer « la chose juste » nous apparaît un devoir, quoique difficile et risqué, il serait pertinent de **s'imaginer nos enfants en train de regarder la vidéo de nos gestes passés**. Un genre de projection dans le futur pour nous aider à prendre, au présent, la décision qui nous rendra éventuellement fiers.

« Dans des temps de tromperie généralisée,
le seul fait de dire la vérité
est un acte révolutionnaire. »

— George Orwell

De façon générale, on peut se demander en visionnant le film de notre vie : nos enfants se sentiraient-ils honorés de nous avoir eus comme parents (comme la fille d'August Landmesser a dû l'être) ? Ou les membres de notre famille auraient-ils honte de nous apercevoir en train de céder à la cupidité, à la petitesse, à trop de facilité ? En observant certains témoignages sur la corruption à la Commission Charbonneau où l'excuse de fond de plusieurs témoins pour justifier leur participation à la fraude était « oui, mais c'était comme ça : tout le monde le faisait », j'ai éprouvé beaucoup de compassion pour les enfants de ces individus qui ont fait de faibles choix par avidité. Je me suis imaginé à quel point ce pouvait être déshonorant de voir son père (ou un proche de la famille) à la télé en train d'expliquer comment, pour s'enrichir, il procédait pour voler les contribuables. Au risque de me répéter : c'est à l'avance qu'il faut décider du genre de personne que nous souhaiterons avoir été au moment du bilan final de notre vie.

7.4 Se prescrire le symptôme contre lequel on se bat

Au quotidien, notre relation avec l'intégrité ne nous semble pas toujours aussi tranchée et évidente que lorsque nous avons affaire à des clans, de la fraude ou du fanatisme. Souvent, dans le but de minimiser les risques de mal paraître ou dans l'espoir de gagner des points dans l'estime de notre entourage, il nous arrive à tous de porter des masques pour améliorer la perception de soi. On a tous des moments où nous subissons la pression de l'évaluation des gens.

Aussi, pour muscler notre courage vis-à-vis des situations socialement stressantes tout en restant le plus possible fidèle à soi-même, je vous présente un outil que les psychologues utilisent pour aider leurs clients qui souffrent d'angoisse d'anticipation. Nous verrons plus loin la grande utilité de la technique pour muscler le courage d'être soi en face des autres. Pour le moment, regardons brièvement en quoi consiste cette technique.

Pour lutter contre les peurs et les obsessions, dans l'approche dite de thérapie systémique, il existe une technique d'intervention paradoxale, qui se nomme « **prescrire le symptôme**[84] ». Lorsqu'on s'autoprescrit le mal contre lequel on se bat, on vise à transformer un phénomène dérangeant qui nous semble incontrôlable en un comportement volontaire sur lequel on a plus de contrôle. En termes plus simples, on s'inflige volontairement le mal dont on se plaint afin de contourner sa propre résistance passive qui, à elle seule, constitue le problème. Un type d'anxiété qui engendre ce qu'on appréhende, on appelle cela l'**angoisse d'anticipation**.

L'exemple le plus probant de cette technique est son emploi, par les sexologues en consultation, avec des couples dont l'homme, après quelques difficultés érectiles, se met à angoisser. Il souffre d'une telle anxiété de performance qu'il n'arrive plus à avoir d'érection du tout. Il porte toute son attention sur la qualité de son éventuelle érection, plutôt que sur l'objet de son excitation. Il se coupe ainsi du carburant qui alimenterait son désir.

Le sexologue avisé, avant même de considérer la médication, isolera la variable d'« **hyper intention** », en prescrivant le symptôme au couple. Autrement dit, il lui prescrira une interdiction de pénétration lors de leurs rapprochements, pour trois mois. Il insiste pour recommander toutes les autres formes de jeux sensuels, mais le couple doit s'engager formellement, pour le trimestre, à éviter toute pénétration. Dans la majorité des cas, **puisque l'homme n'attend plus désespérément son érection, l'anxiété créée par la pression qu'il s'imposait diminue**, et, lorsque le problème n'est pas lié à un enjeu de santé, il a la surprise de constater que sans stress (anxiété de performance), il est physiquement capable de maintenir son érection sans difficulté. Et si le couple respecte la consigne des fameux trois mois d'abstinence, le monsieur se rend compte qu'il n'a vraiment aucun problème et la vie peut suivre son cours, pour la plus grande satisfaction des deux amoureux.

Il en va de même avec certaines formes d'insomnie. Notamment chez les gens qui anticipent une grosse journée de travail le lendemain et qui tiennent mordicus à être au sommet de leur forme. Ils veulent à ce point s'endormir que leur trop grande volonté crée l'anxiété qui les privera de sommeil. **La peur de l'insomnie crée une hyper intention de dormir qui finit par tenir éveillé**. Les psychologues de l'approche systémique recommandent alors de rester éveillé. Telle une interdiction de s'endormir pendant la prochaine heure, accompagnée d'une tâche endormante comme la lecture du dictionnaire. Parions que cela pourrait aider à provoquer le sommeil !

7.4.1 « La pire chose qu'on pourrait dire à mon sujet, c'est... »

Voici le principe de base de l'hyper intention : « Tout comme la peur provoque exactement ce dont on a peur, le désir excessif rend impossible à obtenir ce qu'on désire à tout prix[85]. » Mais comment la technique de prescrire le symptôme peut-elle se transférer lorsqu'il est question d'augmenter notre niveau de courage dans les situations socialement embarrassantes ?

Un jour, un coach m'a dit : « Isabelle, quand tu es prête à tout perdre, souvent, c'est à ce moment que tu gagnes tout ! » Peut-être avait-il ce principe en tête lorsqu'il m'a donné ce conseil. Quant à vous, où se retrouve votre hyper intention relationnelle ? Que voudriez-vous que l'on ne pense surtout pas de vous ?

Concrètement, comment finiriez-vous la phrase suivante : **« La pire chose qu'on pourrait dire à mon sujet, c'est... » ?** Il est libérateur, voire salutaire, d'identifier nos prisons mentales, de les clarifier en mots afin de prendre conscience des zones de résistance de notre ego. On y a accès avec la petite voix dans notre tête qui nous crie : *Voici l'endroit où je ne veux pas aller* ou *voici* *le risque que je ne prendrai pas.* Ce faisant, notre voix intérieure nous indique avec exactitude les zones névralgiques. C'est dans celles-ci que se trouvent les chaînes de notre esprit dont on peut se libérer par le courage de l'authenticité, en décidant d'intensifier notre fidélité à nous-même.

En 2006, j'ai donné mon premier cours à l'Université du Québec à Montréal à une période de ma vie où je me prenais terriblement au sérieux. J'ai toujours eu des exigences très élevées et mon mot d'ordre était « compétence ». Durant mes études, j'avais jugé de façon plutôt dure et sévère le corps professoral sur la base de mes rigoureux critères avec la lame tranchante de mon couperet qui, dans ma tête, tombait sur eux : compétents ou incompétents.

Donc, mon tour venu, pas besoin de vous dire que je tenais obstinément à avoir l'air compétent d'une experte crédible. À cette époque, disons métaphoriquement que j'aurais donné ma vie pour ne jamais avoir l'air incompétente et pour que mes étudiants ne se rendent pas compte que je n'avais pas 20 ans d'expérience dans le domaine… Comme j'avais à peine 31 ans et qu'on me confondait avec les autres étudiants, j'éprouvais un certain complexe : le syndrome de l'imposteur. Ajouté à l'anxiété de performance dont j'ai toujours souffert, vous imaginez l'angoisse qui en résultait !

Dans ma tête, absolument rien de pire n'aurait pu m'arriver que la perte de ma crédibilité professionnelle devant un groupe entier. J'en faisais presque une obsession. Je prenais cinq jours à préparer mes trois heures de contenu hebdomadaires ; malgré cela, je souffrais d'insomnie à l'idée de ne pas avoir assez de matière pour remplir le temps de cours. Je lisais aussi absolument tout sur les divers sujets que j'abordais en classe. Si un étudiant posait une question, j'étais armée jusqu'aux dents pour lui répondre à grands coups de recherches et de thèses universitaires sur le sujet !

Enfin, le moment charnière est arrivé alors que je présentais le pouvoir de la notion de recadrage en gestion de conflits. Je ne maîtrisais pas très bien ce concept, mais puisque tous les livres de référence en vantaient les mérites, j'ai invoqué quantité d'arguments pour vendre l'idée à mes étudiants. Stimulés par ma présentation enthousiaste du concept, ils ont cherché à mieux comprendre et m'ont demandé d'autres exemples. Mais je n'avais aucune autre notion à enseigner à ce sujet! À vrai dire, je n'avais jamais rien lu à ce propos avant la semaine précédant mon cours…

Je me rappelle m'être dit: *Isabelle, ou bien tu te mets à parler longuement pour noyer le poisson, à l'image des politiciens, et au bout d'un quart d'heure personne ne se souviendra plus de la question initiale. Ou tu choisis d'être honnête et authentique, et tu leur avoues bêtement que malgré ton air absolument convaincu de ce que tu avances, tu n'en connais pas davantage sur cette question.*

Déchirée par ces sentiments contradictoires, j'ai finalement choisi de faire preuve de courage afin de me libérer de cette prison mentale d'hyper intention de compétence qui me tenait à la gorge. Je me suis donc prescrit volontairement le symptôme en provoquant la situation que j'appréhendais tant. Je leur ai avoué que malgré mon air persuasif, j'étais incompétente en la matière; en plus, j'admis que pour sauver la face, il m'était venu en tête l'idée d'une supercherie visant à les flouer en esquivant la question par des élucubrations interminables auxquelles ils n'auraient vu que du feu…

En bref, au lieu de jouer en mode défensif, je suis montée aux barricades en pleine ouverture en leur avouant le tout. Je les revois, les yeux fixés sur moi, avant qu'ils ne s'esclaffent en groupe. Et moi, rouge de honte, j'ai bien été obligée de constater que j'ai survécu au *pire scénario qui puisse m'arriver*. J'en ai tiré une très belle leçon, car aussi futile qu'elle le semble, cette anecdote à l'UQÀM fut l'une des expériences les plus significatives de ma vie professionnelle. Elle a marqué la fin de ma période « Isabelle se prend au sérieux ».

Sans compter que l'élément le plus révélateur de cette histoire, c'est qu'à la fin de la session, à la lecture des évaluations d'étudiants, au moins une dizaine d'entre eux indiquaient : « C'est l'enseignante la plus authentique que j'ai eue », « vraie », « sincère », « généreuse », « on parle des vraies affaires avec elle », « ce cours-là m'a transformé », etc.

C'était plutôt inusité de plonger et exposer ma vulnérabilité, mais cet acte d'authenticité s'est révélé l'élément clé **qui a créé le lien de confiance** grâce auquel s'est établie une profonde connexion avec plusieurs de mes étudiants. Aussi, j'ai pris conscience qu'à l'avenir, si j'avais le courage d'être authentique à 100 % dans les situations délicates, je pourrais toujours recourir à cette ressource naturelle pour faire face aux situations les plus socialement embarrassantes. Je vous dirais même que cette authenticité est devenue mon premier réflexe lorsque je conscientise que je commence à me sentir mal à l'aise dans certaines situations.

Précisons que l'authenticité, c'est une **pratique**, une **série de choix**[86] qu'on fait chaque jour, lorsqu'on décide de se montrer tel qu'on est vraiment. Et la discipline qu'on s'impose peut varier en intensité. On peut être très authentiques certains jours et peu d'autres jours. Pour moi, c'est une quête. J'aime comparer l'atteinte de l'authenticité à l'étoile Polaire : on n'arrivera jamais assez près pour la toucher de nos mains, mais on sait si on avance dans sa direction, si on a choisi un petit détour, ou si on s'en va en sens opposé…

7.5 Le courage d'exposer sa vulnérabilité

« Les hommes se distinguent par ce qu'ils montrent et se ressemblent par ce qu'ils cachent. »

— Paul Valéry

La quête d'intégrité et d'authenticité accompagne une vulnérabilité assumée. Je considère qu'il faut beaucoup de courage et de maturité à une personne pour assumer et exposer sa vulnérabilité au grand jour.

Pendant mon baccalauréat, un professeur semblait préférer nous démontrer l'étendue de son érudition (en se gargarisant de termes indécodables), plutôt que de nous transmettre une matière qui aurait pu nous être utile ou, à tout le moins, compréhensible. À un moment, ma camarade de cohorte Dominique a osé lever sa main et dire : « Je ne sais pas si je suis la seule, mais je suis totalement perdue. Je ne comprends rien. On dirait que vous parlez chinois. » En réponse à cela, le professeur a sondé le reste du groupe et 85 % des étudiants ont levé la main pour indiquer qu'eux aussi n'y comprenaient rien.

Je repense souvent à Dominique. J'admire son cran et surtout **sa liberté intérieure**. Elle risquait d'être la seule à n'y rien comprendre et d'attirer le ridicule sur elle, devant le groupe. Au contraire, grâce à son courage d'assumer son incompréhension devant tous, une centaine de personnes, dont moi, avons pu bénéficier de son intervention, sans avoir couru le risque social d'exposer notre vulnérabilité devant nos pairs.

On ose si peu aller dans cette zone, sans doute à cause de la connotation négative associée à la vulnérabilité. Pour contrecarrer cette tendance, dans *Daring Greatly*[87], la chercheuse Brené

Brown tente de **défaire le mythe** qui associe la **vulnérabilité** à la **faiblesse**. Elle affirme qu'au contraire, la capacité de se retrouver devant l'incertitude en s'ouvrant aux autres et en dévoilant nos sentiments, en se laissant voir tel que l'on est, sans masque ni artifice, est peut-être la mesure la plus précise de notre courage.

Si l'on y réfléchit un peu, quels types d'expériences nous font sentir vulnérables? Considérons l'ensemble des scénarios ci-dessous et demandons-nous si ces expériences ressemblent à de la faiblesse :

- aimer profondément quelqu'un qui pourrait ne pas nous aimer en retour; oser aborder une personne qui nous plaît et courir le risque d'essuyer un refus et de se sentir rejeté;
- passer une journée avec une amie qui vient de perdre son enfant;
- admettre qu'on a besoin d'aide;
- se lancer à l'eau et démarrer sa propre entreprise, sans trop savoir ce que l'avenir nous réserve;
- accepter un nouveau poste sans être certain de notre compétence;
- imposer des limites à un client payant, mais trop exigeant;
- avouer à des amis qu'en réalité notre père est en prison;
- se dévêtir devant un nouvel amant après avoir subi une ablation des seins.

Brown nous fait remarquer la présence d'un curieux paradoxe lorsqu'il est question de vulnérabilité. N'est-il pas vrai qu'on souhaite voir la vérité pure et l'ouverture chez les autres, mais qu'en même temps, on craint de se laisser aller à autant de transparence? C'est comme si on se disait : *voir ta vulnérabilité m'enrichit et je me sens proche de toi, mais je ne veux pas être vulnérable.* Ta vulnérabilité va de pair avec ton courage, mais la mienne atteste mon imperfection. Autant ta vulnérabilité me touche, autant la mienne me dégoûte[88].

7.5.1 Élargir nos points d'appui

Dans le même sens, un coach m'a proposé une analogie entre le karaté et la vie : « La **gêne** et la **honte** te font **rapetisser**, Isabelle. Elles te font restreindre tes points d'appui, comme si au moment d'engager le combat tu te retrouvais debout, sur une seule jambe. En total déséquilibre, tu risquerais de perdre ton ballant et de tomber à la moindre poussée. Par contre, si devant l'embarras, tu choisis d'**élargir tes points d'appui** et de prendre de l'espace en te rapprochant de ce que tu es, de tes racines, de ce qui te connecte à la vie, comme en tenant le pari de l'authenticité maximale, automatiquement tu baisseras ton centre de gravité et tu seras beaucoup plus reliée à la terre et centrée pour faire face à la situation avec équilibre et maîtrise. » Ce conseil salutaire a ensuite orienté plusieurs de mes décisions.

Je pense entre autres à une anecdote cocasse où j'ai utilisé la sagesse de mon coach. À mes débuts, ma carrière de conférencière m'amenait souvent à partager des repas gastronomiques avec des étrangers haut placés dans la société. Or, je m'y connaissais peu en art de la table, en étiquette, et il m'est arrivé de me sentir inférieure à cause de cette lacune. De fait, j'étais inculte devant certains aliments que je ne reconnaissais pas, et j'ignorais avec quel ustensile bizarre ou laquelle des quatre fourchettes je devais les manger. Mon truc de néophyte de l'époque visait à modéliser, sans trop que ça paraisse, mes voisins de table pour réussir à avoir l'air aussi distingué qu'eux... Jusqu'au jour où j'en ai eu assez de m'imposer cette mascarade.

En repensant à l'analogie du karaté et à l'idée d'élargir mes points d'appui en osant plus d'authenticité et en exposant ma vulnérabilité, je me suis dit : *au lieu de cacher ton jeu, Isabelle, ouvre-le au grand jour en marquant le rythme, et en prenant les devants.* Alors, depuis des années, en pareille situation, je demande à mes voisins de table de parfaire mon éducation en me décrivant ce qui vient de nous être servi et comment ça devrait se manger, car je n'y connais rien. Quelle surprise de constater que peu de convives savent me répondre ! Après **m'être démasquée** devant eux, je n'ai plus à feindre un raffinement que je ne possède pas et je me sens moi-même.

Ceci dit, le bénéfice secondaire vient du fait que **cet aveu d'inculture** et **d'ignorance** a très souvent su **créer une ouverture** et un **lien** entre nous à la table. En effet, cet espace de rapprochement nous fournissait un thème de conversation commun cocasse, où l'on se mettait à relater les moments où nous avions été le plus mal à l'aise dans des situations sociales guindées. Au final, le repas se terminait sur une note de connivence, de complicité, entre des gens qui étaient de parfaits inconnus l'heure d'avant.

Aujourd'hui, je ne comprends même pas comment j'ai pu avoir honte de ce manque de culture, et m'être sentie inférieure et complexée au point de faire semblant d'être une autre devant des gens qu'on me présentait comme des invités prestigieux, alors que ces derniers n'en connaissaient pas plus que moi sur les règles de l'étiquette à table. Mais c'est fou le pouvoir qu'on accorde au jugement des gens ! On se met même à jouer des rôles pour qu'ils nous considèrent parmi les leurs et ne nous rejettent pas.

7.5.2 Se libérer de la honte

Un autre sentiment accompagne souvent la vulnérabilité et l'authenticité : la honte. On dit que la honte est une expérience secrète. Pour survivre, elle compte sur le silence et la solitude. Dans ses ouvrages *Daring Greatly* et *The Gifts of Imperfection*,

Brown précise que pour être prisonnière de la honte, une personne doit se croire seule à posséder une caractéristique qu'elle juge inacceptable aux yeux des autres. Pour éviter de baisser dans l'estime des gens, l'individu honteux fera l'impossible pour **cacher** cet aspect inavouable de sa personne puisque ce serait, dans sa perception des choses, trop risqué d'en parler.

Néanmoins, lorsqu'on comprend mieux où se trouve la serrure du phénomène qui nous oppresse, on a une meilleure idée du type de clé que ça prend pour s'en libérer. Aussi, si **la honte a besoin du secret, du silence pour continuer d'exister**, l'astuce consiste à trouver une personne digne de confiance avec qui on décidera d'aller révéler le mal qui nous ronge. « Si je vous appelle et vous explique pourquoi j'ai honte à en mourir, et qu'en réponse, vous me démontrez de l'empathie ou, encore mieux, vous me confiez avoir déjà ressenti cette forme d'humiliation à tel ou tel moment, alors la honte ne peut plus survivre et cesse de vous dévorer de l'intérieur[89]. »

On déploie une énergie monstre à éviter les sujets de conversation qui constitueraient justement la porte de notre liberté. Et selon la spécialiste, moins on est capable de parler d'un sujet, plus la honte nous tient à la gorge et dirige notre vie.

Lorsque j'enseignais à l'université à des groupes d'adultes, je disposais de 15 semaines pour créer une culture de transparence et d'authenticité. En plus des notions académiques que je voulais leur transmettre, je désirais par-dessus tout créer une dynamique de groupe basée sur les vraies affaires. Comme on ressent une forme de **dissonance intérieure** lorsqu'on tente de **se travestir pour correspondre aux attentes** des gens, je voulais leur faire tester l'aspect hautement libérateur de laisser tomber les masques et d'être accepté tel qu'on est. Aussi, je me servais d'anecdotes et d'études de cas, en m'appuyant sur des exemples personnels où je me prenais en flagrant délit de vouloir bien paraître. Je le faisais aussi en partageant mes interventions manquées, mes raisonnements défaillants, etc. Lorsque je recevais mes évaluations du groupe, je constatais qu'ils avaient davantage appris par des anecdotes d'interventions manquées que par le contenu académique formel. Ils disaient se sentir proches de moi et ils n'avaient plus l'impression d'être les seuls à vivre ces doutes, ces insécurités, et à avoir honte de quelques-unes de leurs réactions.

Dans certains groupes en particulier, dont je me souviendrai toute ma vie, le climat d'authenticité était tel, qu'on avait l'impression d'entrer en classe ensemble, comme à la maison, pour trois heures. Aussi ai-je eu l'idée de leur proposer l'exercice d'une forme de *« bungee relationnel »*, en leur demandant qui aurait le courage de révéler des épisodes dont il avait honte et qu'il aurait désiré garder cachés afin de ne pas baisser dans l'estime de ses pairs.

Voici certaines révélations qui ont émergé de ces exercices au fil des ans :

- « J'ai honte que vous sachiez que mon conjoint a 27 ans de plus que moi » ;
- « J'ai honte que vous sachiez que mes deux parents ont toujours été bénéficiaires de l'aide sociale » ;
- « J'ai honte que vous sachiez que j'ai déjà fait de la prison » ;
- « J'ai honte que vous sachiez que j'ai eu trois chirurgies esthétiques » ;
- « J'ai honte que vous sachiez que j'ai déjà eu une aventure extraconjugale » ;
- « J'ai honte que vous sachiez que je me suis déjà injecté des drogues dures dans ma jeunesse » ;
- « J'ai honte que vous sachiez que je suis homosexuel ; personne ne le sait dans ma vie professionnelle » ;

- « J'ai honte que vous sachiez que j'ai 30 ans et que je dors avec un toutou » ;
- « J'ai honte que vous sachiez que j'ai été incapable d'arrêter de fumer pendant que j'étais enceinte » ;
- « J'ai honte que vous sachiez que ma mère s'est prostituée pour nous faire vivre, mon frère, ma sœur et moi » ;
- « J'ai honte que vous sachiez que je bois du gin, en cachette, dès le matin à mon réveil ».

Je me souviendrai toujours de l'ambiance de profond respect qui s'installait lorsque plusieurs décidaient de se lancer à l'eau et de tester l'exercice en milieu protégé. Une grande connexion devenait palpable dans la salle, des moments d'intimité presque sacrés.

En présence d'un groupe de personnes matures et aimantes qui s'assument, il y a peu de choses qu'on ne pourrait pas accepter et accueillir de l'autre. Si, dans un climat de respect et d'authenticité, un être humain a le courage de se mettre à nu et d'exposer ses tiraillements et ses luttes intérieures, et qu'après coup, il sent qu'il a encore de la valeur aux yeux des gens, cela le libère d'un poids et il se sent accepté entièrement pour qui il est ; et cela augmente son estime personnelle et sa capacité de faire preuve de courage en relation.

Reste qu'il faut savoir évaluer les gens auprès de qui on tente cet exercice. Il suffisait, dans une salle de 40 à 50 personnes, de deux ou trois individus fermés, moqueurs ou qui jugent pour que la dynamique de groupe n'atteigne même pas 25 % de la profondeur savourée dans d'autres groupes. Ce ne serait pas stratégique non plus d'exposer nos vulnérabilités devant des gens qui ne sont pas dignes d'entendre ce qui nous habite vraiment. Ce n'est pas tout le monde qui est assez aimant, mature et solide pour être capable de nous transformer par une écoute généreuse. De mon côté, dès que je ressens de la honte pour certaines de mes décisions ou actions, je me dirige vers les personnes qui siègent au conseil d'administration de ma conscience pour leur parler de ce qui me trouble et pour me libérer du poids d'un comportement gênant que je n'ai plus envie de porter seule.

7.5.3 Le CA de ma conscience

« Je ne peux pas vous donner la recette de la réussite,
mais je peux vous donner la recette de l'échec :
essayer de faire plaisir à tout le monde tout le temps. »

— Herbert Bayard Swope

Même si on le désirait très fort, c'est impossible de plaire à tout le monde. Ceux qui quémandent l'approbation et qui supplient leur entourage de les aimer se mettent en position de faiblesse, à la merci de la moindre critique, car ils dépendent de l'humeur des gens.

Ultimement, le but n'est pas que tout le monde nous aime, mais que les personnes importantes nous apprécient et nous appuient. Je vous propose donc d'identifier **les personnes clés** de votre vie, **celles dont l'opinion compte** et qui pourraient faire partie de votre « **noyau dur de solidarité** ». Pour parvenir à se solidifier intérieurement, la qualité des individus dépasse largement la quantité. Il arrive qu'à deux personnes seulement, on se sente assez fortes pour constituer une armée.

Quelles personnes pourraient se qualifier pour siéger au conseil d'administration de notre conscience ? Qui autour de nous a un bon jugement ? Des individus qui malgré nos erreurs et nos prises de position impopulaires sauraient se tenir debout pour nous ! Des êtres solides et aimants à qui nous pourrions nous confier et ressentir que, malgré nos erreurs, nous avons encore plein de valeur à leurs yeux. Des gens avec qui nous pouvons échanger des idées pour bâtir nos certitudes avant de nous lancer dans une décision délicate susceptible d'attirer ou d'attiser l'hostilité de certaines personnes.

Dans un groupe, la pression de la conformité est si insidieuse et puissante que si on ne pense pas comme tout le monde, on peut se mettre à douter de soi-même. On peut aussi se demander si on agit avec équité, et encore manquer de courage d'intégrité, ce qui requiert souvent de prendre position à l'encontre de tous les autres. **Dans les moments où l'on se sent isolé, savoir qu'ailleurs dans notre vie, un noyau dur de personnes nous appuie**, cela nous renforce et muscle notre courage d'être vrai.

Pour faciliter notre discernement à l'égard des sujets complexes, dirigeons-nous vers les gens qui ont le courage de nous dire les vraies affaires, pas nécessairement vers ceux qui ont tendance à nous flatter dans le sens du poil. Qui allez-vous voir quand vous voulez obtenir un vrai *feedback* ? Celui qui risque d'être difficile à entendre ? C'est vers ces personnes que je vous conseille de vous tourner, au besoin.

7.6 Le danger avec la gentillesse

Et vous ? Concernant votre attitude envers votre entourage immédiat, croyez-vous que vous pourriez accéder au CA d'un de vos proches ? Êtes-vous accueillant et empathique, vrai et sincère ? En ce qui me concerne, en toute honnêteté, durant les 20 premières années de ma vie, je n'aurais pas vraiment pu postuler le rôle de conseillère critique avisée auprès de mes amis, car j'étais trop **limitée par la gentillesse**.

Depuis que je suis toute petite, j'ai intégré une valeur primordiale à la culture de ma famille : il faut être gentille avec les gens. Grâce à cette éducation, je sais être généreuse, souriante, sympathique et charmante ; je vais au-devant des besoins des gens et je sais comment réussir à me faire apprécier par mon entourage. Ces atouts me sont utiles dans 80 % de mes scénarios de vie.

En revanche, le problème avec le principe de gentillesse de ma famille, c'est qu'il impliquait en parallèle une règle capitale : il ne faut **pas faire de peine** à quelqu'un ; il faut **éviter de blesser** les gens. Cette norme était fondamentale et ma grand-mère chérie, qui a pris soin de moi à mes cinq premières années de développement, me disait souvent : « Isabelle, si tu fais de la peine à ta mère, les morts vont t'apparaître. » (Si ma grand-mère était plus que merveilleuse, en même temps, elle avait aussi ses petits soucis…). J'étais entourée de gentils dans mon genre. Cela n'aide pas tellement à prendre ses distances par rapport à sa culture. Il y avait une majorité gentille « confortable », avec qui on se sentait à l'aise, et les autres, les bêtes, qui à nos yeux manquaient de cœur et se souciaient peu de blesser leurs prochains avec des commentaires trop directs.

J'ai vite pris conscience heureusement que lorsque la gentillesse est notre unique option, qu'elle s'enclenche par défaut, et qu'on ne se donne pas la peine d'envisager d'autres façons de faire, que l'excès de cette qualité devient vite un défaut : de la **complaisance**. L'image caricaturale, c'est le type bonasse qui fait preuve d'indulgence excessive envers autrui, toujours disposé à se conformer aux goûts et aux sentiments de l'autre pour lui être agréable, en vue de le flatter, dans le but de lui plaire ou simplement d'éviter d'être mal vu.

Bref, vous pouvez imaginer que mon rapport à l'authenticité était trouble en partant, car avec ce **syndrome de la bonne fille gentille** qu'on m'avait inculqué dès le départ, j'avais beaucoup de difficulté à dire ce que je ressentais vraiment. Je suivais la règle de ne pas blesser, décevoir ou rendre mal à l'aise qui que ce soit. C'était moins coûteux sur le plan émotionnel de **ravaler** et de **laisser passer**. Car comme nous le fait remarquer Thomas d'Ansembourg[90], il est souvent plus facile, à court terme, d'être gentil que d'être vrai ? Comme moi, avez-vous déjà fait semblant d'être en accord avec une idée pour être accepté dans un groupe ? Ou pour éviter de mal paraître ? Ou de peur de perdre des appuis ? C'est loin d'être toujours facile !

J'ai 41 ans et après toutes les formations, tous les camps d'entraînement, toutes les dynamiques de groupes auxquels j'ai participé, j'ai tout un recul maintenant. Comme d'autres, j'ai pris conscience en vieillissant que la **vraie bonté n'est pas forcément gentille**. Vous en doutez ? Faisons un petit jeu-questionnaire ensemble.

Si je devais vous donner un *feedback* difficile et délicat, tel que de vous annoncer un aspect de votre personnalité dérangeant et blessant pour des personnes de votre groupe, dites-moi comment vous aimeriez que je vous le dise :

a) que je garde cela pour moi, car vous préférez ne pas le savoir ;
b) que je vous donne des indices subtils afin que vous en deviniez le sens ;
c) que je prenne le temps de vous parler de vos vacances, de vos enfants, de votre famille, que je tourne autour du pot pour finalement annoncer 50 % du problème à une minute de la fin de la rencontre ; ou
d) que je vous le dise directement et sans artifice ?

Dans tous les auditoires que j'ai testés, 99 % des gens choisissent l'option *d*. Tous affirment rapidement et sans hésitation qu'ils préféreraient recevoir la critique directement et sans détour. Cependant, quand je leur demande, honnêtement, de commenter leur manière d'offrir les *rétroactions* délicates, très peu admettent employer la méthode directe et sans détour.

Ce phénomène psychologique bien connu en gestion de conflit se nomme **l'illusion de la force asymétrique**, qui nous « incite à exagérer à la fois la fragilité des autres et sa propre force. La crainte, en exprimant ce que l'on pense et ce que l'on ressent, de blesser l'autre et de le démolir est souvent servie comme raison pour justifier l'évitement dans les situations conflictuelles. De manière asymétrique, ces mêmes personnes affirment sans sourciller qu'elles-mêmes préfèrent connaître l'impact de leur comportement sur autrui, même si cela, disent-elles, peut être parfois difficile à entendre[91] ».

N'est-ce pas un bel exemple de paradoxe ? De même, présupposer que l'autre est trop faible pour entendre un commentaire critique, n'est-ce pas un peu arrogant ? Ensuite, prétendre ne pas vouloir le blesser est souvent une excuse trop facile pour cacher l'**inconfort** que notre message provoquerait, puisque c'est désagréable d'être porteur de mauvaises nouvelles.

Tout bien réfléchi, une **gentillesse-complaisance** automatique est plus **égoïste** qu'altruiste, car la peur la génère (peur de perdre des appuis, peur du rejet ou peur de l'inconfort). Nous ne sommes pas en présence d'une bonté portée par un véritable élan du cœur ou par le goût de contribuer au bien-être de l'autre, nous sommes peut-être devant une mascarade qui cache souvent, au fond, une profonde **indifférence** vis-à-vis de l'autre, un **désinvestissement**, un **manque de générosité** ou un **manque de courage** à tolérer les instants inconfortables. En résumé, un formateur m'a déjà avisée : « Méfiez-vous des gens qui ne sont pas assez forts ; de ceux qui, pour être certains de ne pas faire de vagues, vous laisseront vous noyer. »

7.7 Le courage de dire et d'entendre les vraies affaires

J'ai beau avoir trop souvent choisi la tranquillité d'esprit qui venait avec la gentillesse, maintenant je travaille dur pour ne plus céder à cette facilité. Je ne voudrais pas abandonner des gens à leur sort pour être sûre de ne pas faire de vagues. Je souhaite le plus souvent possible d'avoir le courage de faire face à l'inconfort causé par l'impression de faire de la peine à quelqu'un, si je crois que mes observations pourraient éventuellement l'aider, malgré la difficulté de les entendre. Comme j'aime profondément les gens, je veux que mon franc-parler et ma transparence soient aussi clairs et substantiels que mon affection peut être palpable.

Bien entendu, depuis que je valorise l'énoncé des **vraies affaires**, les gens dont j'apprécie le plus la présence sont assez solides pour me dire la **vérité claire** et **sans détour**. Je me méfie de ceux qui utilisent « la langue de bois » ou qui tournent autour du pot. J'aime qu'un oui soit un vrai oui, et un non, un vrai non. Je préfère de loin ceux qui me disent « désolé, je n'ai pas envie d'aller chez toi ce soir, j'ai besoin de me reposer » à ceux qui inventent des excuses bidon. Dans la même veine, je trouve insécurisant d'observer des gens monter des bateaux pour se tirer d'affaire au lieu d'avouer simplement qu'ils n'ont pas tenu promesse.

Lorsqu'on sonde l'opinion d'une personne qui nous révèle sans détour « je ne suis pas attirée par toi », « votre demande de subvention ne mérite pas de financement » ou « je n'aime pas ta coupe de cheveux », même si c'est désagréable à entendre sur le coup, ça a l'avantage d'être clair, **on sait à quoi s'en tenir**. Cela nous évite d'avoir à deviner la signification derrière des indices nébuleux qui nous garderaient en attente. On sent qu'on peut faire confiance à sa capacité de dire la vérité. En réalité, le fait d'être direct ne crée pas toujours des ambiances chaleureuses et enveloppantes, mais cela engendre du respect, de la clarté, de la crédibilité et des relations vraies.

« Des bâtons et des pierres peuvent me casser les os, mais les mots ne me blesseront jamais. »
— *The Christian Recorder*, mars 1862

Par contre, si on veut mériter le privilège d'entendre les commentaires directs, il faut que notre entourage sente qu'on a la « couenne solide » et qu'on est assez fort pour **encaisser les critiques délicates**. Admettez que c'est difficile de faire le cadeau d'un *feedback* clair et d'avoir envie de contribuer au développement des gens à l'épiderme fragile.

Ceux qui sont **vexés en permanence** nous semblent si faibles qu'on dirait qu'une seule parole risquerait de fracasser leur estime de soi et qu'ils en resteraient marqués à vie. Bien sûr, ils n'entraînent pas leur entourage au franc-parler, puisqu'ils tiennent les gens en otage avec leur **susceptibilité**. On préférera éviter de leur parler si, trop souvent, on a à payer le prix de s'engouffrer dans la spirale de la vexation et d'avoir l'impression de ramer à contre-courant pour contribuer à améliorer les choses entre nous et eux.

Je nous souhaite aux gens que je rencontre et à moi qu'**on se renforce** continuellement sur ce plan et qu'on soit **capables d'en prendre** et **d'en laisser passer**. Les paroles ne sont que des mots. Les avis ne sont que des opinions. Prendre tout trop à cœur, s'indigner facilement ou être « prêt à se vexer pour la moindre offense ne reflète pas une conscience supérieure, mais plutôt la décision d'être un pleurnicheur[92] ». Avoir la sensibilité chargée à bloc ou être à fleur de peau, prêt à tenir des griefs émotionnels pour l'emploi imprudent du mauvais mot ou de la moindre remarque trop crue, cela ne suscite aucune admiration et atteste de peu de courage.

Dans un monde en constante mutation, où tout est incertain, **l'intégrité de certaines personnes** reste peut-être **la seule certitude** sur laquelle on puisse compter. Les gens qui ont assez d'estime de soi pour s'assumer et afficher leur vrai visage offrent des fondations solides sur lesquelles on peut construire. Avec ce type de personnes, on a l'heure juste, car elles disent les choses telles qu'elles sont.

Donc, les personnes les plus dignes de confiance sont capables de dire la vérité, même difficile à dire et à accepter. Malgré toutes nos précautions et notre bonne volonté d'épargner l'estime de l'autre à qui on accorde un écho non favorable, cela peut demander de prendre notre courage à deux mains…

« Les **grenades diplomatiques** n'existent pas. En transmettant un message litigieux, vous lancez une grenade. Que vous l'enrobiez de sucre, que vous la jetiez doucement ou violemment, elle provoquera des dégâts. […] Choisir de ne pas faire passer un message difficile, c'est garder la grenade dégoupillée entre vos mains[93]. »

D'un point de vue relationnel, je l'ai dit et je le répète, c'est extrêmement inconfortable d'être le porteur de mauvaises nouvelles. C'est désagréable, mais avec la sincère intention de prendre soin du développement de l'autre ou d'améliorer la relation avec une personne, c'est un mal nécessaire et profondément utile, car chacun « sait que pour soigner une plaie, il faut la nettoyer, c'est-à-dire regarder bien en face ce qui fait mal, entrer dedans, passer et repasser à l'intérieur, puis seulement laisser s'aérer, reposer, cicatriser. **Ça fait mal, mais ça ne fait pas de tort**[94] ».

Bref, pour se convaincre de confronter les gens directement, même si c'est difficile à faire, il est bon de se dire qu'investir dans un inconfort initial est moins coûteux que l'éventuel prix à payer pour la méfiance et la confiance brisée.

7.8 Payer maintenant ou payer en double plus tard

« La réussite d'une personne dans la vie se mesure en général au nombre de conversations délicates ou désagréables qu'elle est prête à avoir. Prenez la décision de faire chaque jour ce que vous redoutez. »

— Tim Ferris

Mieux vaut tuer le monstre pendant qu'il est encore petit dans le but d'éviter que des situations dégénèrent. C'est-à-dire qu'on gagne à aborder rapidement toute situation pendant que le niveau d'émotion est modéré ou qu'il est encore possible de sauver la face de l'autre. C'est lâche et mesquin de laisser une personne s'ensevelir dans des comportements inadéquats trop longtemps, car on remet continuellement au lendemain la conversation difficile. Tout le monde gagne à mettre les choses au clair en partant, encore plus lorsque certains sujets nous semblent délicats à aborder, comme les conversations liées à de l'incompétence, à l'argent, à l'ingérence indue de la belle-famille ou à la sexualité.

Pour illustrer ce principe, prenons le douloureux exemple d'Andréanne, qui ressent une insatisfaction sexuelle avec son conjoint. Depuis le début de leur relation, elle **évite de discuter de sexualité** avec Christian. Elle est **mal à l'aise** avec ce sujet de conversation, qu'elle considère comme **trop délicat** : elle a peur de blesser son ego masculin en lui suggérant des gestes différents pour lui procurer du plaisir. Elle se dit qu'il devrait le deviner et qu'avec le temps, cela devrait s'améliorer. Aussi, Andréanne préfère-t-elle continuer de **simuler l'orgasme** comme elle s'y applique depuis le début de leur relation.

Malheureusement, six années d'insatisfaction sexuelle se sont écoulées et les rapprochements intimes l'intéressent de moins en moins. Même si elle l'aime de tout son cœur, sexuellement, elle se refuse à lui et Christian en souffre. Un sexologue a fait réaliser à Andréanne que pour une vie sexuelle épanouie, elle n'aura pas le choix : il lui faudra avouer à son mari qu'elle feint l'orgasme depuis le début, avant de le guider vers de nouveaux modes de stimulation.

Pouvez-vous concevoir à quel point le monstre est rendu gros maintenant ? Si c'était difficile d'aborder ce sujet au départ, imaginez quel courage cela prendra à Andréanne pour révéler les vraies affaires et avouer à Christian qu'elle fait semblant depuis le début ! Et songez au choc du pauvre Christian, blessé et humilié par cette nouvelle qui lui parvient six ans trop tard. Le manque de courage d'Andréanne passe volontiers pour une « trahison », voire de la lâcheté ; comme si elle l'avait laissé se noyer, pour ne pas faire de vagues. *Ce à quoi l'on fait face s'efface, alors que ce qu'on fuit nous poursuit… et nous alourdit !* Quelques années plus tard, Andréanne a annoncé à Christian qu'elle le quittait. Malgré son amour pour lui, elle se sentait incapable de continuer cette vie de couple étant donné qu'elle en était venue à le tromper maintenant avec un collègue de travail.

En termes financiers, le courage d'intégrité est un investissement à court terme, qui rapportera à long terme. On paye maintenant pour éviter de payer plus tard avec l'ajout des intérêts composés.

7.9 Normaliser l'inconfort

« Vint un temps où le risque de rester à l'étroit dans un bourgeon était plus douloureux que le risque d'éclore. »

— Anaïs Nin

En conclusion, je suis d'accord avec les arguments de Brené Brown : **sur le coup, l'authenticité est rarement l'option prudente**. En effet, c'est plutôt risqué de choisir la fidélité à soi-même avant la popularité. Reste que les conséquences de ce genre de risque sont identifiables, on sait à quoi on fait face et on peut apprendre à le gérer.

Le piège le plus dangereux, qui s'installe doucement, nous enserre sournoisement et dure longtemps, est, par excès de précautions, de **se mouler continuellement aux attentes des autres**, se travestir et choisir de vivre la vie que les autres ont en tête pour nous, au lieu d'embrasser notre propre vérité. Il y a une différence entre « vivre » et « exister ». Vivre requiert l'intensité du courage, tandis que pour exister, il suffit de suivre la vague sans se douter des conséquences, si jamais on est entraîné au large par le courant. Lorsque, sans trop s'en apercevoir, on est rendu trop loin de soi-même, on se sent vide et isolé.

À cet égard, vous êtes-vous déjà attrapé vous-même en flagrant délit de **remplir le vide** (ou d'atténuer le malaise) en vous rabattant compulsivement sur quelques verres de vin trop nécessaires ? Sur de la nourriture très sucrée ou très salée qui a du goût afin de détourner votre attention ailleurs que sur le nébuleux mal-être qui vous habite ? En zappant frénétiquement à la recherche d'une émission de télé qui changera votre mal de place ? Éprouvez-vous de la difficulté à vous libérer d'une dépendance à la cigarette, à l'alcool ou aux médicaments, des alliés indispensables dans la gestion de votre état intérieur ?

À la longue, le **marchandage de notre authenticité** pour de la **sécurité affective** et du **confort relationnel** nous expose à d'autres dangers : ressentiment, anxiété, dépression, troubles alimentaires et dépendance incontrôlée[95]. Quand nous n'osons pas déployer nos ailes et exprimer qui nous sommes, le vide intérieur nous guette. Le réflexe qui suit consiste à tenter de combler le creux en engourdissant et en étourdissant le vague malaise en nous.

Enfin, l'idée n'est pas de devenir à l'aise avec ce qui est difficile à faire, mais de **développer le réflexe de plonger tête**

première dans l'inconfort, au point de s'interroger devant trop de confort. « Ce qui fait mal ne fait pas forcément de tort. » Je nous souhaite de développer la capacité de soutenir des périodes d'inconfort et **d'être capables d'endurer les émotions désagréables sans nous engourdir**. Les gens vrais et entiers ne fuient pas les émotions négatives. Ils reconnaissent que la vie comporte des désappointements et, au lieu de contourner les problèmes, ils y font face tête première. Ils tireront parti de la culpabilité pour se motiver à changer les comportements dont ils ont honte. Et ils sont aussi capables d'utiliser la colère de façon efficace pour se tenir debout.

Plus nous nous pratiquerons **à tolérer** ces états inconfortables **à froid**, sans béquilles ni supports artificiels, plus notre force intérieure et notre courage se muscleront.

- ❖ Méfions-nous du trop grand **besoin d'approbation** et de la **peur de perdre**. Ils nous entraînent à dire aux autres ce qu'ils veulent entendre plutôt que d'être fidèles à nous-même.
- ❖ Devant les causes justes, aurons-nous le courage de **payer le prix** pour défendre ce qui nous tient à cœur ?
- ❖ Soyons vigilants devant le **jeu insidieux de la conformité**, car elle nous ravit la possibilité d'être un **esprit libre et indomptable**.
- ❖ Pour donner de l'élan à notre sens de l'éthique, **imaginons nos enfants** en train de regarder la **vidéo de nos gestes passés**…
- ❖ L'hyper intention de bien paraître est une prison de l'esprit. Prescrivons-nous le symptôme qu'on voudrait éviter. En tentant l'expérience volontaire de ce qu'on appréhende le plus, on teste sa capacité de jouer en ouverture pour nous libérer de ces chaînes.
- ❖ Nous avons besoin de courage pour exposer notre **vulnérabilité**

afin d'en savourer la récompense : des moments magiques de **connexion** vraie avec les gens. Une pure **authenticité** nous unit âme à âme.

- Souvenons-nous qu'on se distingue par ce qu'on montre, mais qu'on se ressemble par ce qu'on cache. Ne portons pas seul le poids de nos **hontes**.
- Qui pourrait siéger au CA de votre conscience ? Créons un **noyau dur de solidarité** constitué de personnes fiables chez qui on peut se réfugier pour se solidifier dans nos périodes de turbulences.
- **Être direct** ne crée pas toujours des ambiances chaleureuses et enveloppantes, mais cela engendre du respect, de la clarté, de la crédibilité et des relations vraies.
- **Entraînons** notre **entourage** au **franc-parler** en évitant de nous vexer trop facilement. Renforçons notre épiderme. Nul ne souhaite éloigner et tenir les gens en otage par un excès de susceptibilité qui nous empêcherait l'accès aux vraies affaires.
- Attaquons-nous aux conversations courageuses **rapidement** pendant que le monstre est encore petit. Ayons la générosité de **ne pas laisser** les situations dégénérer ni laisser l'autre **s'enliser** dans des comportements inadéquats trop longtemps. Mieux vaut payer le prix de l'inconfort maintenant que de faire payer tout le monde en double plus tard.
- Évaluons le risque associé à marchander notre authenticité pour de la sécurité relationnelle. Conditionnons-nous à traverser de saines périodes d'inconfort **à froid**.

CHAPITRE 8

S'armer pour faire face à la malice

8.1 Décharge de puissance et de vigueur

En entreprenant mes recherches dans le but de produire ce livre, je visais à découvrir plus précisément *comment une personne peut activer l'énergie du courage quand cela lui semble impossible.* J'ai donc participé à plusieurs formations « expérientielles » sur le sujet, dont certaines particulièrement intenses ! Je songe à un *boot camp* d'une semaine dans les montagnes où nous ne dormions que quatre heures par nuit dans une tente dégoulinante d'humidité, où nous n'avions accès qu'à trois minutes de douche par jour et où nous devions nous mesurer à nous-même et réussir à dompter notre peur au quotidien, à écraser notre fatigue et à dominer notre douleur afin de passer à l'action, peu importent les conditions.

Comme je suis venue au monde dans la ouate, élevée par de bons parents généreux et entourée de bons amis, au Québec, un endroit sécuritaire où nous jouissons du confort et de la prospérité, je n'ai jamais eu à livrer de vraies batailles réclamant une mégadose de courage. Il était donc crucial de **me mettre à l'épreuve** si je voulais comprendre le phénomène du courage.

À ce camp, voici le genre d'expériences auxquelles nous étions exposés : grimper au sommet d'un poteau de téléphone et plonger dans le vide (attachés par le dos), marcher sur un fil métallique entre deux arbres à une hauteur de 15 mètres, escalader une montagne avec un sac à dos plein de briques pendant 5 heures, marcher pieds nus sur des braises ardentes sur une distance de 9 mètres, et nous baigner dans un étang vert glauque pratiquement glacé. Bref, on nous a mis au défi et on a testé notre courage de toutes les manières possibles.

Ces épreuves m'ont démontré ma grande capacité de me sentir en sécurité, même au cœur des défis. J'ai constaté que je ne suis pas facilement apeurée ; les défis me procurent de l'adrénaline et me font me sentir vivante. J'étais plutôt fière de mon audace et de ma bravoure. Par contre, j'étais drôlement moins fière de prendre conscience de ma tendance à perdre mon pouvoir devant la fatigue et le manque de confort. L'humidité et mon niveau de fatigue extrême m'ont presque fait perdre mes moyens… Même qu'à un moment donné, je me suis surprise à penser que j'aurais traversé, pieds nus, la braise orangée à la place de tous ceux qui hésitaient pour en finir enfin avec l'activité, dans l'unique but d'aller dormir… Bref, l'endurance et le cœur au ventre, ce ne sont pas des acquis dans ma neurologie. Je dois muscler ces circuits neurologiques pour me renforcer.

8.2 Pour qui ? Pourquoi ?

« Avec un pourquoi suffisamment fort,
on peut supporter n'importe quel comment. »

— Friedrich Nietzsche

Le point culminant de ce camp survint au dernier jour, à l'occasion d'une épreuve qui m'a renversée. Ce fut une révélation surprenante, tangible et concrète. Subir l'attaque d'un prédateur et ressentir le danger pour sa vie nous amène dans un état qui requiert un énorme déploiement de courage. Ce jour-là, nous devions nous entraîner à l'autodéfense. On nous enseignait les coups de base : où et comment frapper. C'était excessivement épuisant. Il ne me restait pas la moindre énergie. J'étais vidée. Lorsqu'il a vu que nous étions à bout de force, l'entraîneur nous a demandé : « **Pour qui te bats-tu ?** Écris les noms des personnes qui vont souffrir si tu n'as pas l'énergie pour faire surgir la guerrière en toi dans ta vie. » C'était son astuce pour nous aider à utiliser l'amour comme levier pour avoir plus de cœur au ventre.

J'ai trouvé très judicieuse la simulation d'agressions où l'on doit protéger des proches pour ressentir l'expérience de **livrer bataille**, car c'est une métaphore porteuse de sens qu'on peut appliquer à l'ensemble de notre existence. De fait, il arrive que la vie devienne un combat qu'il ne vaut pas toujours la peine de mener pour soi seul. Quelquefois, survivre ne suffit pas pour persévérer dans l'effort de vivre ; il faut un autre motif pour nous insuffler le courage de continuer la vie lorsqu'elle se transforme en lutte.

Pendant que j'écrivais le nom des personnes que je voudrais protéger, je me suis souvenue de la survie légendaire du pilote Henri Guillaumet, dont l'avion s'est écrasé dans la cordillère des Andes le 13 juin 1930. Le pilote avait marché pendant des jours, droit devant lui, dans un froid glacial jusqu'à ce qu'il tombe, face première, dans la neige. Durant ce petit répit, Henri a pris conscience du fait que s'il ne se relevait pas immédiatement, il ne se relèverait jamais. Toutefois, épuisé et sans la moindre parcelle d'énergie, il n'en avait plus envie. Il préférait désormais l'idée d'une mort douce, d'un repos final. Dans sa tête, il avait fait ses adieux à sa femme et à ses enfants. Et dans son cœur, il avait ressenti une dernière fois son amour pour eux. « Puis une pensée l'avait brusquement saisi : si on ne retrouvait pas son corps, sa femme devrait attendre quatre ans avant de percevoir son assurance vie. Ouvrant les yeux, il avait alors vu un rocher émergeant de la neige 100 mètres plus loin. S'il se traînait jusqu'à lui, son corps serait un peu plus visible. Peut-être le découvrirait-on plus vite[96]. »

C'est uniquement **par amour pour les siens** qu'il a trouvé la force de se relever et de se remettre à marcher. Sauf qu'il était désormais **porté par cet amour** et il ne s'est plus arrêté. Il a continué de marcher pendant plus de 100 kilomètres dans la neige avant d'atteindre un village. Plus tard, Henri Guillaumet devait dire à son ami Antoine de Saint-Exupéry, venu le rechercher : « Ce que j'ai fait, je te le jure, jamais aucune bête ne l'aurait fait[97]. » En fait, il voulait dire que sa conscience des autres, son amour pour les siens et **sa volonté de les épargner** lui avaient donné la force de continuer. Sa survie ne suffisait pas à le motiver à avancer dans la douleur…

De retour à mon cahier, après l'évocation de cette histoire que j'avais lue, le maître ninja du *boot camp* vient me demander : « Au nom de qui te battras-tu, Isabelle ? » Je lui réponds : « Mes filles. » Il me conseille : « Alors, imagine qu'elles sont derrière toi et qu'elles ont besoin de ta protection. »

Je suis retournée me battre, m'y donnant avec la force et l'énergie encore disponibles, mais après plusieurs minutes d'efforts acharnés, je me suis sentie faiblir. Il est alors passé derrière moi et m'a dit : « Trop tard pour tes filles, Isabelle. T'es incapable de générer ta force ? Et tu te laisses aller à la fatigue ? Elles sont mortes, tes filles ! Tant pis. » Et il se dirige vers mon voisin. Sa remarque a eu l'effet d'une petite tape derrière la tête, laquelle m'a insufflé une autre dose d'adrénaline pour un moment, car j'ai eu accès à un peu plus d'énergie avant de finalement m'arrêter pour de bon, exténuée. J'étais brûlée, vidée, je n'avais plus la moindre parcelle d'énergie en moi. Et cette fois, je n'étais pas la seule dans cet état.

Devant le spectacle de cette léthargie de groupe, l'entraîneur annonce une pause en mentionnant : « De l'autre côté de ce petit boisé, vous trouverez des rafraîchissements et vous disposerez de 20 minutes pour vous reposer. » Eurêka ! À l'idée d'une pause, j'étais la première à courir à travers bois vers un site de repos et quelque chose à boire.

Tout à coup, un ninja surgit de derrière un buisson et me saute dans le dos en m'entraînant à tomber sur le dos par-dessus lui. L'effet de surprise m'a donné tout un coup de fouet, ça m'a saisie et je commence à me défendre contre son emprise, mais il ne me laisse aucune chance. À ce moment, je suis pleinement consciente de la mise en scène, car le prédateur est pourvu d'une armure et il porte un masque avec grillage. J'applique toutes les techniques apprises plus tôt, mais en vain. Je suis trop épuisée pour continuer de combattre. Et je me dis alors à moi-même : *Tu vois, Isabelle : dans un stationnement du Bronx, à New York, en ce moment, un agresseur pourrait te violer ou te tuer, car tu n'as plus d'énergie pour opposer la moindre résistance*. À moitié morte et amorphe, j'ai cédé, j'ai cessé de me battre en attendant qu'il desserre son emprise et me lâche.

Mais le fameux ninja n'avait pas dit son dernier mot, car il avait une autre expérience à me faire tester… Il m'a tiré les cheveux pour tourner mon visage vers le sien. Et ce fut assez douloureux que ça m'a fâchée. Je me disais : *N'exagère pas trop, mon gars, c'est juste une formation quand même…* Je suis aussitôt devenue de mauvaise humeur. Il s'est alors mis à crier contre moi de toutes ses forces au point de me postillonner dans le visage : « J'en aurai bientôt terminé avec toi. Je vais aller attaquer tes filles, les violer, les torturer et les tuer. »

L'intensité de ses cris et sa hargne, les images violentes qu'il projetait dans mon esprit, en plus du manque de sommeil et de la fatigue psychologique qui me rendaient plus vulnérable, tout cela a eu l'effet d'une bombe dans mon système nerveux central, d'une explosion dans ma neurologie, au moment où j'ai visualisé le scénario d'horreur d'un malfaiteur s'en prenant à mes enfants.

Deux fils électriques ont dû se toucher dans mon cerveau, car en dépit d'un état léthargique et d'une fatigue extrême, je me suis défaite de son emprise, j'ai **bondi comme une lionne** et je me suis mise à le frapper avec vigueur, sans ressentir de fatigue ou de douleur musculaire. Toute trace de faiblesse dans mon corps a été pulvérisée au profit d'une **énergie offensive** presque nucléaire.

Je vais me souvenir de cette expérience viscérale toute ma vie, comme si la colère et l'agressivité qu'il avait provoquées en menaçant mes enfants avaient fait bouillonner le sang dans mes veines. J'étais soudainement énergisée et inépuisable. Pour la première fois de ma vie, j'ai ressenti la puissance de la « force de vie » en moi. J'ai senti l'activation de l'instinct de survie et ses pulsions protectrices et courageuses. Réelle **décharge de vigueur** !

8.3 La colère : l'émotion du courage

« La colère est nécessaire ; on ne triomphe de rien sans elle, si elle ne remplit pas l'âme, si elle n'échauffe pas le cœur ; elle doit donc nous servir, non comme chef, mais comme soldat. »

— Aristote

Malgré sa mauvaise réputation, et bien que la **colère** ne soit pas associée à des états d'éveil spirituel, il est démontré que c'est bel et bien **l'émotion du courage**. Le psychologue Robert Biswas-Diener explique que dans la palette des sentiments humains, une seule émotion peut déclasser les effets paralysants de la peur

en nous, et c'est la colère. M'en remettant à cette expérience vécue dans mon *boot camp*, j'ajouterais que l'activation de la colère et de l'agressivité comme pulsions de vie, non seulement nous aide à **écraser la peur**, mais elle peut également **pulvériser** les effets affaiblissants de **la fatigue** et de **la douleur**, grâce à l'impression d'un déferlement de nitroglycérine, qui devient le carburant naturel circulant dans nos veines. En fait, ses manifestations physiques[98] sont extrêmes et faciles à reconnaître. La colère prépare le corps à se battre ou à intimider l'autre pour éviter le combat. Ce branchement sur les 220 volts de notre panneau électrique limbique fait donc bondir le guerrier en nous, alors qu'il n'y avait plus d'énergie disponible l'instant d'avant.

Il est délicat de traiter du bien-fondé de la colère et de l'agressivité sans la flexibilité d'un dialogue sur les particularités des multiples situations, où il serait ensuite possible d'ajouter des nuances et des parenthèses. Qui plus est, la connotation associée à la colère et à l'agressivité est si négative qu'il est judicieux d'établir des distinctions à leur sujet, car il ne serait pas exagéré de dire qu'elles sont les parias de la vie émotive. D'emblée, plusieurs les considèrent comme laides, dangereuses et à éviter.

En fait, on les méprise parce qu'on les comprend mal. Sur ce concept, plusieurs personnes sont confuses. Il ne faut pas confondre la colère et l'agressivité – des **énergies émotionnelles** (du carburant, en quelque sorte) qu'on peut apprendre à canaliser positivement – avec l'agression et la violence, deux **comportements** associés à des pertes de contrôle dangereuses et destructives. Manquant de distinctions (et donc de discernement) lorsqu'on traite ces notions, trop de gens évacuent le bébé avec l'eau du bain lorsqu'il est question d'agressivité en refusant toute forme de colère dans leur vie, bien que cela puisse être salutaire à certains moments clés, ou lorsque d'autres formes de communication ou d'action ont échoué.

8.4 Doit-on faire violence à la violence? Ma position

D'après mon expertise en intelligence émotionnelle et en psychologie de l'influence, en ce qui a trait à mes valeurs fondamentales, le mouvement de **communication non-violente**[99] amorcé par Marshall Rosenberg m'inspire grandement. Rosenberg, adepte de la communication consciente et bienveillante, prône une méthode visant à créer entre humains des relations basées sur l'empathie, la compassion, la coopération harmonieuse et le respect de soi et des autres. On y vise un langage et des interactions qui renforcent notre aptitude à **donner avec bienveillance** et à **inspirer aux autres le goût d'en faire autant**.

Le terme « non-violence » fait référence à l'approche du Mahātmā Gandhi basée sur le concept indien d'*ahimsa* signifiant le respect de la vie, la volonté de ne pas nuire à autrui et le recours à la force d'amour. Cette forme de communication consciente est, à mes yeux, de loin la plus noble et la plus humainement nourrissante à exercer dans 97 % de nos scénarios de vie. Par contre, pour avoir été consultante en gestion de conflit, j'ai bien été obligée de me rendre compte que la bienveillance pratiquée sans mesure dégénère en faiblesse.

Et comme ce livre porte sur le courage, ayons en tête des situations d'adversité déstabilisantes. Car même les plus grands défenseurs de la non-violence conviendront que des situations outrageantes provoquent des colères légitimes telles que l'inceste contre les jeunes enfants, les viols, la violence conjugale, la discrimination religieuse à l'encontre des femmes, la domination et le harcèlement.

8.4.1 Une saine agressivité comme force de vie

> « *Ce n'est pas la taille du chien dans la lutte, c'est la taille de la lutte dans le chien*[100]. »
>
> — Mark Twain

L'agressivité est une **force de vie**. Elle permet aux humains de faire les efforts nécessaires pour survivre, se nourrir, vaincre les obstacles et se protéger des dangers. Les expressions qui lui rendent hommage témoignent de l'intensité qu'elle procure à l'individu : « Il a une telle rage de vivre » ; « mordre dans la vie à pleines dents » ; « cette jeune femme a du mordant, elle fera son chemin dans la vie » ; « être dangereusement en forme » ; « avoir la fureur de vaincre » ; etc. **Éliminer l'agressivité** d'une personne, ce serait la rendre **fragile**, **impuissante** et **incapable** de se charger de sa protection et de la qualité de son existence ; en état de **soumission passive**. Il est crucial de commander une saine agressivité à l'intérieur de soi pour gagner en solidité comme personne.

Biswas-Diener[101] rapporte même que certains athlètes s'organisent pour se fâcher avant une prouesse sportive afin d'exploiter la puissance que cela produit dans le corps. Il mentionne aussi des recherches démontrant que les gens capables de colère ressentaient un plus grand contrôle sur les situations, tendaient à être convaincus que les résultats de leurs efforts seraient probants, étaient plus optimistes d'obtenir une récompense pour les risques encourus. Les gens en colère étaient aussi plus prédisposés à passer aux actes, à prendre des mesures, à défendre leurs droits et à ne pas se contenter de compromis qui les désavantageraient. De plus, il a été démontré que les gens en colère obtiennent davantage de remboursement et des réponses favorables à leurs demandes. Enfin, ce psychologue américain conclut que la colère peut être la solution la plus efficace dans certaines situations. Elle permet de **« ne pas nous laisser faire »**.

J'ai témoigné d'une scène éloquente, un jour, au garage, alors que j'attendais ma voiture. J'ai vu un homme se présenter au comptoir et demander les clés de son véhicule, qu'il avait laissé en réparation deux jours plus tôt. L'employé lui répond qu'il ne les a pas, donc que la voiture n'a pas encore été réparée. À quoi le client rétorque : « Pouvez-vous revérifier, SVP ? Je suis certain que mon auto est prête, car en la laissant, j'ai insisté sur l'importance de la date et l'heure où je passerais la récupérer ; j'en ai vraiment besoin pour aller rencontrer d'importants clients. »

Le commis convoque alors le chef du service pour éclaircir le malentendu. Ce dernier arrive et dit au client, sans même le regarder, qu'ils n'ont pas eu le temps de la réparer, mais que demain l'auto sera prête. L'homme répond avec fermeté : « Ce n'est pas du tout ce qui m'avait été promis ! Je quitte la ville dans une heure et j'ai absolument besoin de mon auto. » C'est alors que le patron du garage répond d'un **air nonchalant** et **sans même lever les yeux** vers le client : « Que voulez-vous, monsieur, **ça a l'air qu'on ne fait pas toujours ce qu'on veut dans la vie**. Revenez demain. »

Le visage du client a changé brusquement, il est devenu rouge comme une tomate et j'ai entendu son poing s'abattre sur le comptoir. Outré, ce dernier a monté la voix et a dit : « Pardon ! Qu'est-ce que vous venez de me dire là ? » À ce moment, l'insolent a certainement pu lire une mégadose de colère dans le visage de son client, ce n'était pas subtil : les yeux voulaient lui sortir de la face. Au même instant, l'attitude du garagiste a changé du tout au tout et il s'est excusé, presque en bégayant, avant d'ajouter que sa voiture serait prête dans les 45 prochaines minutes, je vous le garantis.

Dans ce cas-ci, la réaction empreinte de colère du client lésé a contribué à rétablir le rapport de pouvoir dans cette situation d'effronterie, puisque le garagiste a semblé beaucoup plus motivé à honorer sa parole et ses engagements une fois que la réaction du client ait commandé le respect.

La colère et l'agressivité sont **empreintes d'intensité**. Elles **font peur** et c'est pourquoi nos cultures et nos religions ont pris soin de réprimer ces pulsions naturelles en nous. Dans le catholicisme, la colère fait même partie des sept péchés capitaux. Bien sûr, la vie en société exige qu'on contrôle la rapacité des plus agressifs. Ceci étant dit, lorsqu'on apprend aux gens à réprimer leur colère, il est plus facile de les diriger en les amenant à tolérer tout ce qui leur arrive.

La force mobilisatrice derrière les grandes rébellions sociales a toujours été une colère prête à éclater quand les gens refusaient de tolérer plus longtemps des situations d'abus contre leurs valeurs qui dégénéraient. Pensons aux révolutions contre les abus de la monarchie, et aux contestations des abus contre les Noirs et contre les femmes. N'allez pas penser que les adeptes de la non-violence ne ressentaient pas de colère dans leur lutte contre le racisme et l'injustice. Si Gandhi, Martin Luther King Jr et Mandela ont lutté contre la violence et contribué à plus de paix et de justice en ce monde, ils ont été néanmoins **énergisés par beaucoup d'amour, mais aussi de colère**. Une colère saine et salutaire. Le tour de force de ces grands leaders a été d'inspirer à leur peuple le courage moral requis pour **maîtriser et contenir cette énergie colérique** afin qu'elle ne dégénère pas en comportements agressifs et violents.

Je tenais à effectuer cette mise en garde avant d'exploiter la colère comme « outil » de courage, parce que plusieurs l'associent de facto à un manque de sagesse, à un signe d'éducation déficiente, à une atteinte aux règles sociales ainsi qu'à une perte de maîtrise de soi[102]. Cependant, ce sont les excès de colère et les débordements impressionnants qui lui valent sa mauvaise réputation.

En fait, la colère a mauvaise réputation parce qu'elle provoque dans le corps tellement d'énergie qu'elle est **difficile à maîtriser** dans le feu de l'action. Dans *L'Intelligence émotionnelle 1*, Daniel Goleman mentionne que la colère[103] est le mouvement de l'âme le plus ardu à contrôler, car son effet en nous fait d'elle la plus séduisante des émotions négatives, étant donné qu'**elle produit de l'énergie**, voire une certaine « **euphorie** ». La colère se nourrit de colère et hausse rapidement le niveau d'excitation de l'organisme qui induit en nous une **illusion de puissance** et **d'invulnérabilité** susceptible de faciliter l'agression. Cela explique que, sous le coup d'une grande colère, nous risquions de nous sentir **plus courageux**, plus audacieux, allant jusqu'à commettre des **gestes regrettables**. Le cerveau logique étant débranché, on ne peut plus raisonner et il devient difficile d'avoir conscience des conséquences possibles de nos gestes ou paroles.

Lors d'une colère trop intense, il faut absolument **s'interdire d'agir** et de prendre une décision. D'où l'importance d'aborder les enjeux majeurs lorsque nous sommes à un niveau léger ou moyen d'irritation. En d'autres termes, si la colère peut parfois être utile, la personne qui agit sous son influence, de façon impulsive et déraisonnable, risque de perdre sa crédibilité en se rendant ridicule ou en déclenchant un engrenage de violence. Il vaut mieux se contrôler avant de se prononcer.

Or, ce n'est pas toujours facile d'évaluer si on a le **bon réglage** quant à la colère ni de savoir, devant une situation frustrante ou choquante, voire révoltante, si l'option « soumission » est préférable à l'« intimidation ». Pour les psychologues évolutionnistes[104], cette évaluation était capitale à la survie de l'espèce, car certains ont eu des vies plus brèves tandis que d'autres ont eu moins de descendants. En réalité, les mâles trop agressifs avaient une vie plus courte tandis que les mâles trop soumis ne trouvaient pas de partenaires sexuelles. Même aujourd'hui, **l'incapacité** pour un homme **de manifester de la colère** au moment requis peut passer pour de la **soumission**, ce qui n'est pas très sexy aux yeux des dames[105]. De fait, il arrive souvent que les bons gars finissent derniers.

Comme les chercheurs en psychologie associent la colère à l'émotion du courage et qu'elle suscite autant de confusion, il est important de faire le maximum de distinctions à son sujet pour l'analyser, la commander et la maîtriser. Voici donc ce que les experts sur le sujet en disent.

8.5 Une simple question de bon dosage

Les distinctions et les trucs qu'offrent Lelord et André aux individus qui gèrent « trop de colère » versus ceux qui n'en gèrent « pas assez » constituent un apport considérable pour bien saisir, d'une part, pourquoi l'opinion populaire perçoit si négativement cette émotion et, d'autre part, pourquoi les recherches affirment que c'est l'émotion du courage.

De façon générale, notre rapport à la colère peut être sain et efficace ou mal maîtrisé et problématique. Il y a deux manières de **mal gérer sa colère** :

1. L'explosion : de manière incontrôlée ou pour des motifs futiles. On parle des éclaboussures qu'on regrette, qui peuvent nous rendre ridicules ou qui génèrent des rancunes tenaces. « Trop de colère » peut nous permettre d'obtenir ce que l'on désire à court terme,

mais le prix à payer en conséquences néfastes dans nos relations est très élevé. L'explosion de colère laisse l'autre vaincu, blessé et meurtri. Cela donne rarement à celui qui subit la colère, le goût de se fondre en excuses sincères et de nous prendre dans ses bras. D'autant plus qu'on perd toute crédibilité si on se met en colère pour tout et pour rien, ce qui est indigne du noble samouraï, icône de la maîtrise de soi. Personne ne souhaite que sa colère transcende sa volonté.

2. L'inhibition (ou l'implosion) : « rentrer » sa colère en la dissimulant à l'autre et parfois à soi. L'accumulation d'importantes charges de colère ravalée peut être toxique pour notre métabolisme et néfaste pour nos relations humaines, car on passe pour un individu qu'on peut contrarier sans crainte de conséquences. Or, cette retenue excessive risque un jour de vous faire exploser de façon déraisonnable ou de créer des ennuis de santé.

8.5.1 Ceux qui explosent

À ceux qui explosent, Lelord et André conseillent de réfléchir souvent à leurs priorités et de déterminer ce qui compte vraiment dans le but de restreindre leurs causes d'énervement. Toutes les petites contrariétés ne sont pas d'égale importance. On propose aussi à ceux qui gèrent « trop de colère » d'observer la règle d'or : ne pas réagir sur-le-champ, s'interdire d'agir et laisser passer une nuit de réflexion ; aussi, laisser le temps à l'autre d'expliquer ses motivations et considérer son point de vue au lieu de penser qu'il le fait exprès. Limiter vos causes d'irritation aide à prévenir les trop grandes colères. Quand le corps est dans un état d'excitabilité, il est probable que la moindre broutille vous fasse éclater, car elle devient la goutte qui fait déborder le vase. La mise en application de ces trucs pour un individu colérique exige courage et force de volonté, afin de combattre les effets bouillonnants de la colère, qu'on sait capable de nous priver de la capacité de raisonnement de notre cortex.

8.5.2 Ceux qui implosent

> *« Ceux qui ne s'irritent pas pour les choses où il se doit sont regardés comme des niais, ainsi que ceux qui ne s'irritent pas de la façon dont il le faut, ni quand il faut, ni avec les personnes qu'il faut. »*
>
> — Aristote, *Éthique à Nicomaque* IV, 11

Il a fallu plus de deux ans à un de mes clients et son chasseur de têtes pour trouver la candidate idéale disposant d'une expertise très rare sur le marché. La scientifique recrutée était une autorité dans son domaine, ses parutions dans les grandes revues lui donnaient beaucoup de crédibilité. Mon client était ravi de la voir grossir ses rangs. Au bout d'une année, par contre, l'efficacité attendue n'était pas au rendez-vous à cause d'un manque de leadership dans ses relations de travail, il m'a convoquée pour une petite séance de coaching avec la nouvelle venue. Quand j'ai rencontré Johanne, j'ai rapidement vu où se trouvait la carence : elle était incapable de colère et **inapte à s'attirer le respect** des collègues. C'était presque une caricature de passivité en relations interpersonnelles. Brillante et compétente quant à l'expertise, elle n'avait aucune forme d'agressivité, ni autorité naturelle, ni ascendant.

La courtoisie et la politesse auxquelles elle tenait plus que tout la rendaient soumise et effacée devant l'adversité. **Pour elle, se mettre en colère**, c'était **vulgaire**, **déplacé** et **non professionnel**. Dès qu'un individu élevait la voix en sa présence, elle figeait ; elle évitait même les rencontres avec les hommes du chantier, qu'elle détestait et méprisait à cause de leur manque de classe, de leur impolitesse et de leurs jurons. Comme certains d'entre eux ne respectaient pas leurs engagements envers elle, cela compromettait les résultats de ses recherches. De retour à la maison, elle déchargeait sa hargne en maugréant et pestant contre eux devant son mari et ses amies. Sans parler des médicaments pour l'hypertension et les ulcères d'estomac qu'elle devait prendre.

De plus, dans son laboratoire, jusque tard en fin de soirée, il lui arrivait d'additionner les heures supplémentaires pour terminer, à leur place, les tâches des employés. C'était plus facile pour elle de **travailler en double** que de les confronter au sujet de leur irresponsabilité. Elle disait qu'elle ne voulait pas blesser ces gens dans leur amour-propre et qu'elle préférait choisir ses batailles.

Ce qu'elle refusait de s'avouer par de nombreuses justifications et excuses, c'est que son dédain pour la colère, sa **crainte de déplaire** et de provoquer une éventuelle animosité entre ses employés et elle lui glaçaient le sang. Elle n'avait pas le courage de faire face aux tensions relationnelles nécessaires, ni aux adaptations inhérentes aux jeux de pouvoir et aux rapports de forces en milieu de travail.

L'ensemble de ses problèmes relevait d'un dénominateur commun : sa peur irrationnelle de vivre des moments inconfortables et désagréables dans ses relations humaines. L'**évitement** est la pire des stratégies dans ces situations, car elle cristallise la peur et la fait grandir en nous.

Comme elle changeait d'emploi tous les deux ans, probablement à la recherche inconsciente d'un milieu relationnel aseptisé où elle pourrait éviter toute forme de confrontation musclée, il devenait capital et salutaire de l'aider à se réconcilier avec le carburant de la colère en elle; pour se faire pousser des griffes et se dire avec conviction : *Maintenant, ça suffit!*

Dans la vie, la capacité de tolérer un malaise pour **faire face** à la musique, et pour **mener des conversations courageuses**, est **une nécessité** bien plus qu'une option.

8.6 Souffrez-vous de passivité toxique ?

Et vous ? Vous êtes-vous légèrement reconnu dans l'histoire de Johanne ? Souffrez-vous de passivité toxique ? En d'autres termes :

- Des gens prennent-ils des libertés excessives envers vous, car ils ne craignent aucune réaction de votre part ?
- Vous laissez-vous marcher sur les pieds par des collègues plus ambitieux et agressifs que vous ?
- Vous arrive-t-il de ne pas réagir devant les remarques offensantes ?
- Vous demande-t-on de faire plus que votre part de travail, puisque vous n'êtes pas à l'aise de « dire non » ?
- Est-ce difficile d'exprimer votre mécontentement ?
- Avez-vous peur de perdre vos moyens si vous aviez à déclencher un conflit interpersonnel ?
- Est-ce qu'au lieu de vous mettre en colère, vous encaissez et vous contentez d'espacer les contacts avec les autres,

pensant les punir, alors qu'ils ne s'en aperçoivent même pas ?

- Ruminez-vous souvent et souffrez-vous de ressentiment ?

Si vous vous reconnaissez dans ces affirmations, **ajoutez une dose de colère contrôlée** dans votre boîte à outils. Dans *La Force des émotions*, les experts recommandent ceci[106] :

- Établissez vos priorités et tenez-y, au lieu de considérer que rien n'est important à ce point, pour ensuite prétexter choisir vos batailles, alors que vous n'en menez aucune la plupart du temps.
- Acceptez les risques de votre colère au lieu de redouter la moindre broutille. Dites-vous que votre crainte de provoquer des ruptures, de vous faire un ennemi, de subir le rejet et de vous retrouver seul, est souvent exagérée. Au contraire, « la réalité est généralement tout autre. La colère attire l'attention sur vous, et vous fait souvent paraître aux yeux des autres plus important qu'ils ne vous considéraient auparavant[107] ».
- Préparez et répétez vos colères. Il se peut que vous vous sentiez gêné de manifester votre furie, car vous ressentez une certaine incompétence à exprimer cette émotion. La colère est aussi un acte de communication. Vous pourriez demander à un ami de vous donner la réplique et d'utiliser ce jeu de rôle afin de vous pratiquer, de le répéter encore et encore, afin de vous sentir à l'aise dans ce rôle. Participez à des ateliers d'affirmation de soi.
- Devant un comportement offensant où vous avez dû manifester votre colère, acceptez la réconciliation, mais pas trop vite. L'intention n'est pas d'éjecter cette relation de votre vie à tout jamais, mais d'amener l'autre à vous

considérer avec plus de respect et d'attention. Alors, si vous voulez que votre colère ait un impact, il faut laisser le temps à l'autre de réfléchir aux raisons de votre colère avant d'accepter avec trop d'empressement ses excuses.

- Enfin, l'inaptitude à exprimer cette émotion ne veut pas dire qu'on ne la ressent pas. Si la colère demeure à l'intérieur de vous, elle est loin de disparaître, puisqu'elle n'est ni canalisée ni évacuée. Pire, elle peut continuer à vous agiter sous les formes du ressentiment ou de l'animosité, voire de la haine. Ce sera plus facile de tourner la page si vous avez « exprimé votre colère, car alors une certaine réciprocité aura été établie : l'autre vous a nui, mais vous l'avez sanctionné par votre colère. La relation peut repartir sur des bases plus saines[108] ».

8.7 Inverser les rapports de forces : qui veut la paix prépare la guerre !

« Personne ne peut vous donner la liberté. Personne ne peut vous donner l'égalité, la justice, ni quoi que ce soit d'autre. Si vous êtes un homme, vous les prenez. »

— Malcolm X

Si une situation ou un individu nous intimide, si quelqu'un est parvenu à prendre le dessus sur nous ou à nous déstabiliser, ou si nous sommes notre propre bourreau et nous nous vendons au rabais, à défaut de la confiance et de l'estime nécessaires pour se sentir grand ou à la hauteur de la personne devant nous, comment pouvons-nous **renverser la vapeur**, reprendre de la force et notre élan ?

Thème délicat, certes, mais j'ai rencontré tellement de personnes **non équipées pour faire face à la malice**, que je me

suis donné la mission de munir d'outils ces « forces du bien » afin qu'elles puissent arriver à se sentir « fortes », même parmi des brutes. Sachons que des gens irrespectueux savent trop bien comment tirer la couverture de leur côté et se servir en premier. Vous l'aurez compris, ce chapitre n'est pas destiné à promouvoir l'abus de pouvoir pour obtenir ce que l'on désire, mais à aider les trop gentils de ce monde à éviter les abus et à obtenir le respect.

Dans le film *Mission Cléopâtre* (2002) où figurent Astérix et Obélix, l'empereur Jules César tente de faire preuve de stratégie auprès de son commandant des armées lorsqu'il lui dit : « *Si vis pacem, para bellum.* » (Qui veut la paix prépare la guerre.) Savoir que l'autre est armé nous enlève l'envie de frapper le premier ! Il est stratégique de démontrer une assurance et une ascendance qui n'invitent pas à l'attaque. Nous verrons que les façons d'y arriver peuvent être douces et cocasses si on se décide à tirer la couverture de notre côté un petit peu, ou elles peuvent au contraire augmenter en intensité et aller jusqu'à une confrontation teintée de colère.

Connaissez-vous Timothy Ferriss ? Cet auteur rusé n'a pas froid aux yeux et il n'a aucun problème avec l'affirmation de soi. Il a écrit le succès de vente *La Semaine de 4 heures*. Pour avoir enseigné dans trois universités, j'ai été très amusée de découvrir l'astuce qu'il partage avec ses lecteurs afin de tirer son épingle du jeu auprès d'un enseignant… Il illustre comment on peut inverser les rapports de forces sans avoir de statut d'autorité.

Ferriss raconte qu'à l'université, **s'il obtenait une notre inférieure à A**, il **apportait pour deux à trois heures de**

questions au professeur! Ce faisant, son objectif était double : d'une part, il désirait savoir comment le professeur évaluait le travail (il voulait découvrir sa manière de penser, ses critères d'évaluation et ses préjugés), ce qui m'apparaît hautement stratégique. D'autre part, le professeur y réfléchirait à deux fois avant de lui donner autre chose qu'un A... (Oups... peut-être un peu manipulateur, mais certainement très efficace auprès des enseignants moins affirmatifs...) Dans ce sens, il précise : « **Apprenez à être difficile quand c'est important** [...] avoir la réputation de ne pas vous laisser faire vous aidera à recevoir un traitement de faveur sans avoir à quémander ou à vous battre à chaque fois[109]. »

Pour appuyer son raisonnement, Ferriss ajoute l'exemple du gros dur à l'école qui se retrouvait face à un petit gars **qui se débattait comme un diable pour défendre son droit**. Le petit ne gagnait pas nécessairement, mais après quelques échanges épuisants, le gros dur préférait ne plus s'en prendre à lui... C'était plus facile de s'en prendre aux autres plus passifs[110]. Plus les gens sentent que nous sommes capables d'être combatifs, car nous nous sentons armés (intérieurement et socialement), moins cela leur donne le goût d'attaquer.

8.8 Lui faire goûter à sa propre médecine

Passionnée des relations humaines, j'ai participé à plusieurs formations sur la communication. Chaque fois, on y relevait l'importance du dialogue, de tenir compte de l'autre, de s'affirmer dans le respect, la non-violence, etc. Partout on valorisait les stratégies d'apaisement et on nous présentait les stratégies de confrontation comme étant presque la pire des réponses aux offenses...

Plus porteuse et plus noble, l'approche de communication bienveillante est la meilleure réponse dans la très grande majorité des cas. Il reste qu'elle ne fonctionne pas à tout coup, ni avec tout le monde.

Avez-vous déjà croisé des individus ayant profondément assimilé qu'ils devaient intimider ou agresser les autres pour arriver à leurs fins ? Toute tentative de communication empathique avec eux demeure impossible, sous peine de **se faire abuser** ou manger la laine sur le dos.

Malgré tous les bienfaits que je peux reconnaître et accorder à la communication non-violente, permettez-moi de douter que pendant la Seconde Guerre mondiale, avec son niveau de conscience, Hitler a été attendri devant une délégation juive en train d'utiliser des stratégies d'apaisement, d'évitement ou de communication non-violente. Convenez-vous qu'il arrive, selon l'adage, que « la meilleure défense soit une bonne attaque » dans certaines situations ? Nuançons un peu cette vieille maxime...

8.8.1 L'impuissance de Justin

« Personne ne peut vous faire sentir inférieur sans votre consentement. »

— Eleanor Roosevelt

Au début de ma carrière, j'ai assisté à une scène troublante illustrant les épreuves de forces inégales entre deux collègues. Nadia, dans la mi-trentaine, avait un esprit vif et la parole tranchante. Elle remettait les gens à leur place avec des phrases assassines qui blessaient là où ça faisait mal. Peu empathique, mais agressive et compétitive, elle usait de sa grande perspicacité comme d'une arme des plus redoutables. Justin, à la mi-vingtaine, était nettement moins solide en estime et confiance en soi. Il était doux, généreux, empathique et détestait plus que tout la confrontation. Comme il devait collaborer avec Nadia sur des dossiers, il est rapidement devenu sa tête de Turc.

Il a testé, pendant trop longtemps, **ses deux seules stratégies** passives de gestion de conflit : la **soumission** et l'**évitement** (ses options par défaut). Puis, une journée où Nadia était allée trop loin dans son défoulement, Justin a réussi à rassembler son courage pour enfin la confronter, quant à leur manière de fonctionner ensemble. Malheureusement, il a procédé **avec hésitation**, **sans préparation mentale ni grande conviction**. Nadia lui a rapidement décoché un puissant uppercut à l'ego, en lui répondant à haute voix, dans le corridor devant l'équipe : « Voyons donc. As-tu vraiment envie de te pogner avec moi ? T'as pas encore réalisé que mon pénis est plus gros que le tien ? » Figé, humilié, Justin est resté bouche bée devant elle. Il n'a pas dit un mot ni fait de vagues et est retourné dans son bureau.

Dans les cours d'autodéfense, on compare ce type de déclencheur à une poussée. On appelle cela une « **poussée verbale** » qui vise à **faire perdre l'équilibre** de son interlocuteur afin de mieux réussir à le maîtriser, voire le dominer. La réaction recommandée, c'est de trouver une façon de respirer, de garder son calme, de fixer l'adversaire dans les yeux afin qu'il ne perçoive pas qu'on se sente menacé, et de retrouver son équilibre émotionnel en prenant ses distances avec ce qui vient de se passer pour se dire à soi-même : *Cette personne vient juste de m'insulter, elle essaie de me diminuer. Maintenant, quelle est la meilleure chose à faire ?*

Si on n'a aucune réponse à rétorquer sur-le-champ, on peut quitter les lieux, mais il faut prendre soin d'**annoncer sa sortie**, afin que cela **ne passe pas pour une fuite**. Par exemple : « Je préfère partir plutôt que de continuer à te voir cracher ton venin, mais sache que demain matin, on va prendre un moment pour discuter de ce qui vient de se produire. » Ensuite, l'idée, c'est d'**aller se renforcer** auprès d'un coach ou de notre noyau dur de solidarité pour revenir le lendemain, **mieux préparé**, donc moins démuni, pour faire face à la brute.

Dans la balance des relations de pouvoir, la soumission de Justin a permis à Nadia de se sentir encore plus puissante. Elle a eu encore moins de respect envers Justin, dont le « pouvoir » et l'estime de soi sont tombés en chute libre. Il n'a plus jamais tenté d'équilibrer leur rapport de forces, car il redoutait une nouvelle humiliation. Nadia n'a jamais subi les conséquences négatives de son comportement offensant, et la danse relationnelle d'intimidation est restée identique. Pour reprendre l'analogie de César dans *Astérix*, avant de se lancer dans une attaque hésitante et inoffensive auprès de Nadia, Justin aurait dû (symboliquement) se doter de munitions et mieux se préparer à la guerre.

La triste histoire de Justin m'amène à vous parler de la stratégie **coopération-réciprocité-pardon (CRP)** du psychologue et biomathématicien Anatol Rapoport. Ce dernier a été professeur aux études sur la paix, à l'Université de Toronto, puis cofondateur de Science for Peace dont il a assumé la présidence en 1984.

On peut résumer sa théorie en ces mots : « Au début, un individu a intérêt à proposer l'alliance, puis selon la règle de réciprocité, à donner à l'autre en fonction de ce qu'il reçoit. Si l'autre aide, il aide, **si l'autre agresse, il agresse, en échange de la même manière et avec la même intensité. Après il doit pardonner et proposer la coopération**[111]. »

C'est d'ailleurs ce qui manquait à Justin : il n'était pas capable d'agresser en retour, ni de la même manière, ni avec la même intensité. Ainsi que nous l'avons écrit dans ces pages, certaines personnes ne connaissent que le langage qu'ils utilisent eux-mêmes. Pour obtenir leur respect, il se peut qu'on doive **aller dans le même registre qu'eux momentanément**, pour rétablir les rapports de pouvoir, avant de se diriger ensuite vers notre vraie intention : le **pardon** et la **coopération**. Nul ne souhaite s'engouffrer dans un cycle d'attaques et de contre-attaques.

8.8.2 La combativité de l'infirmière

« Les filles sages vont au ciel… les autres où elles veulent.[112] »
— Ute Ehrhardt

Analysons maintenant un exemple contraire à celui de Justin. Je discutais avec deux infirmières après une conférence quand l'une d'entre elles m'a raconté l'anecdote suivante :

> *J'ai été transférée dans un nouveau département à l'hôpital où je dois travailler avec un chirurgien arrogant, condescendant et détestable qui représente bien l'expression « avoir le complexe de Dieu ». Le manque de respect et les remarques désobligeantes étaient courants et jamais personne ne relevait l'offense auprès de lui. Il coupait la parole des gens au beau milieu de leurs phrases, sans même daigner les regarder, et tout le monde semblait tolérer ce type de comportement. Passives et silencieuses, mes collègues avaient l'air de victimes sans défense devant lui. C'était triste de les voir accepter leur sort, résignées devant un tel manque de respect.*
>
> *Quant à moi, comme j'étais nouvelle, aucune mauvaise habitude ne s'était installée entre lui et moi. Dans ma famille, on a un dicton. Ma mère me dit tout le temps : « Kill the Monster while it's little », ce qui signifie de faire face à une situation dérangeante dès le départ, avant qu'elle ne dégénère et ne prenne des proportions démesurées. Aussi, devant de déplorables spectacles d'humiliation, j'ai eu la chance de me préparer psychologiquement à ce que j'allais répondre à ce chirurgien s'il s'avisait de me manquer de respect de la sorte à moi aussi.*
>
> *De fait, je n'ai pas constitué l'exception à la règle, car il m'a brusquement coupé la parole pendant que je parlais à un autre médecin le matin même. Plus tard, après m'avoir presque lancé des dossiers sans jamais me regarder, il s'est avisé de me*

dire devant les infirmières au poste : « Madame X, auriez-vous acheté votre diplôme sur Internet ? Ils ne vous enseignent pas à comprendre une procédure à l'école ? Comment puis-je arriver à bien faire mon travail avec vous dans de telles conditions ? »

Comme ma réplique était déjà prête, je lui ai répondu avec un ton calme, ferme et légèrement outré en le regardant droit dans les yeux : « Pardon ! Comment venez-vous de vous adresser à moi ? Vous n'allez pas bien, docteur X ? Sachez que personne dans ma vie ne s'adresse à moi ainsi. Et que ça ne commencera pas avec vous aujourd'hui. Si vous croyez normal que les gens de votre équipe se laissent humilier par vos remarques désobligeantes, je vous avise tout de suite que de mon côté, je ne serai d'aucune façon le « punching bag émotif » sur lequel vous vous permettrez d'évacuer votre tension. Et si vous avez l'intention de poursuivre votre relation avec moi avec un tel manque d'égard, je vous annonce que nous aurons de graves problèmes tous les deux dans le futur. Sachez que tous les chirurgiens ne fonctionnent pas de votre façon, comme vous semblez le présumer. Et je m'attends du professionnel que vous êtes, qu'au lieu de m'insulter, vous me formuliez des demandes claires afin que je puisse bien effectuer mon travail. Ceci étant dit, j'ai des patients qui m'attendent.

Puis, elle est partie, le laissant en plan et bouche bée devant le poste de travail.

Elle m'a dit : « Isabelle, tu aurais dû leur voir la face, la sienne et celle de nos collègues au poste. Bien entendu, il n'était pas du genre à me poursuivre pour s'excuser de sa faute, mais il ne m'a plus jamais insultée par la suite. Même qu'au contraire, j'ai senti que j'avais gagné du respect et de la crédibilité à ses yeux ! »

Cette anecdote montre bien comment on peut renverser les relations de pouvoir, même si à première vue nous sommes dans une position inférieure. En d'autres termes, c'est comme si la victime disait : « Ça suffit, je n'ai pas peur de toi, je suis en mesure de faire face moi aussi. » Par sa réaction, cette infirmière a démontré sa capacité de frapper et elle a coopéré avec le chirurgien par la suite, en étant un peu plus froide avec lui pendant un bout de temps avant de reprendre la bonne humeur qui la caractérise. En donnant à l'autre un aperçu de sa propre médecine, on se retrouve à lui dire : **« Moi aussi je suis capable d'aller dans ce type de registre. Et sache que si je ne le fais pas, c'est plus par choix que par faiblesse. »** À l'opposé, Justin démontrait clairement son incapacité de frapper en se réfugiant dans la soumission passive.

J'espère que vous avez compris que je ne vous propose pas de « devenir agressif » ou querelleur, encore moins de vous laisser aller à un mouvement de boursouflure de l'ego, à vous indigner de tout. Je vous propose seulement d'ajouter une saine agressivité et une capacité de manifester de la colère dans votre boîte à outils.

Mon ami Rémi Tremblay a déjà formulé une phrase qui a résonné en moi : « Ne change surtout pas. Élargis-toi. Ajoute-toi des options. » Dans ce sens, on pourrait dire à Justin : « Ne change surtout pas. À l'homme doux, généreux et empathique que tu es, ajoute une option : active en toi l'archétype du guerrier apte à commander le respect. »

8.9 Le courage de pardonner pour vrai

Vis-à-vis de votre opposant, une fois les rapports de forces équilibrés et une certaine réciprocité établie, ce sera plus facile de faire en sorte que la relation reparte à neuf. On a besoin ensuite de **miser sur la force de l'amour** pour **trouver le courage de pardonner**.

Pardonner pour vrai. Complètement. **Sans maintenir de viles rancunes** alimentées par un orgueil chétif et frêle. Lorsqu'on prend les choses trop à cœur et trop personnellement, cela démontre seulement la grande fragilité de notre ego.

Il est arrivé à tout le monde qu'un interlocuteur submergé par les émotions leur manque de respect en leur criant après et en les insultant. Bien sûr, c'est choquant et insultant, mais ce n'est pas la fin du monde pour autant. J'ai vu des rancunes durer des années dans des équipes de travail, à cause de propos blessants échangés lors d'un party de Noël trop arrosé. Au lieu d'avoir le courage de **reparler de la scène** avec la personne impliquée le lundi matin, en **complétant les non-dits** et en **clarifiant toutes les frustrations** pour **repartir à neuf**, bien des gens ont préféré rester indignés, vexés et blessés dans leur amour-propre. Deux années plus tard, ces victimes continuaient de revivre le scénario de l'offense subie en boucle dans leur tête. Est-ce que cela vous semble le fruit d'une réelle solidité émotionnelle et psychologique ? Lorsque nous vivons des scénarios fâcheux de ce genre, je nous souhaite de dire à notre ego d'en revenir, afin que nous soyons en mesure de faire preuve de compassion, de générosité, en ayant **le courage de tourner la page**.

Par contre, à l'égard d'une **trahison** de la part d'un proche, le pardon exige une **force d'âme** encore plus grande et admirable. C'est noble et grand de puiser la force de mettre fin à un enchaînement de rancunes et de désir de vengeance.

J'ai connu une dame qui s'est séparée de l'homme de sa vie après 20 ans de vie commune, car au moment où le couple traversait une crise, il a cédé aux avances insistantes de sa réceptionniste. Or, celle-ci n'avait d'yeux que pour lui depuis des années et il a finalement eu une aventure avec elle. Rongé par la culpabilité et la honte, il a avoué son infidélité à sa femme qui, malgré leurs longues conversations, une thérapie de couple, les remords, la souffrance de son mari et sa bonne volonté de réparer les torts, n'a pas été capable de traverser cette épreuve et de lui pardonner.

Ce qui est dommage, dans le cas de cette dame, c'est qu'elle écoute son ego lui crier qu'elle n'est pas une « cocue », et qu'au nom de l'orgueil, elle préfère rester séparée par pur esprit de vengeance, pour lui faire payer sa faute, car elle sait qu'il souffre loin d'elle. Cet homme n'a en rien le profil d'un coureur de jupons hypocrite et sans honneur. Il est intègre et aimant, mais il a faibli devant les yeux admiratifs de la réceptionniste qui flattait son ego. Bien sûr, son infidélité n'a **rien d'admirable** ; au contraire, c'est une erreur qui entraîne des conséquences. Mais ce type d'erreur est arrivé à de bonnes personnes dans le passé et cela se reproduira. On ne le souhaite pas, et en même temps, il n'y a pas mort d'homme non plus. À mon sens, une âme humaine peut élever son niveau de conscience au-delà des épreuves, des tiraillements de l'ego et être en mesure de pardonner.

C'est triste, car depuis les cinq dernières années, cette dame a eu beau rencontrer d'autres hommes, elle ne ressent rien pour eux. C'est son ancien mari qu'elle aime et elle est désespérément malheureuse sans lui. Dommage pour eux : les deux **payent le gros prix** pour la **fragilité de leur ego** et **pour avoir manqué de courage**, chacun à sa façon.

8.10 Une non-violence des forts

J'admire la grandeur d'âme et la maîtrise de soi d'une personne qui se sent capable d'activer une saine agressivité pour se défendre, mais qui, par principe, oriente ses choix selon la philosophie non-violente. Je considère que c'est une noble attitude. C'est une position de sagesse à laquelle mon âme aspire.

Par contre, le refus de faire face aux affronts par incapacité, ou pire, **se cacher derrière une rhétorique de non-violence**

comme échappatoire pour justifier l'inaptitude à se protéger, cela va à l'encontre du courage à mes yeux. Par ailleurs, ce serait ne rien comprendre au principe de non-violence gandhien, qui se situe aux antipodes de la lâcheté et de la passivité.

Le Mahatma Gandhi n'encourageait pas du tout la résignation passive : « Je n'hésite pas à dire que **là où le choix existe seulement entre la lâcheté et la violence, il faut se décider pour la solution violente**. [...] J'aimerais mieux que l'Inde défende son honneur par la force des armes plutôt que de la voir assister lâchement et sans se défendre à sa propre défaite. [...] Mais je n'en crois pas moins que la non-violence est infiniment supérieure à la violence et que la clémence est autrement plus noble que le châtiment. Le pardon est la parure du guerrier[113]. »

Malheureusement, l'amour, la compassion et la bienveillance ne doivent pas constituer nos seules options. Pas si l'on vit dans la réalité, en tout cas. Nous devons parfois faire face à la malice et l'option non-violente ne fonctionne pas avec les fanatiques assoiffés de domination. Ni avec un agresseur qui voudrait nous violer ou nous tuer. Ni même avec les intimidateurs qui nous méprisent indûment.

À ce sujet, Nelson Mandela précisait : « La résistance passive non-violente n'est efficace que si vos adversaires obéissent aux mêmes règles que vous[114]. » De fait, il se peut que l'individu qui ne sait pas vivre, nous respecte uniquement si nous lui démontrons que nous sommes aussi en mesure de le traiter comme il nous traite.

8.10.1 Réfréner le désir de vengeance

Même si elle lui est associée, la colère est une expérience très différente de la vengeance. Les manifestations de la colère en nous sont intenses, mais brèves et ponctuelles ; une fois cette énergie atténuée, on peut pardonner et coopérer à nouveau. Par contre, le courage auquel appelait Gandhi, c'était la force morale de réprimer le désir de vengeance, qui est dangereux, malsain et souvent sans fin. La non-violence, « c'est un **réfrènement conscient et délibéré du désir de vengeance** que l'on ressent. La vengeance est toujours supérieure à la soumission passive, impuissante, mais la vengeance est aussi faiblesse[115] ».

À terme, la vengeance incarne une **faiblesse morale**, car elle agit comme une **drogue** dans notre cerveau. Ne parle-t-on pas de **soif** ou de **désir** de vengeance ? À force de la consommer, elle ressemble à une substance qui provoque la dépendance ; s'en détacher exige une maîtrise des réactions instinctives. Ça prend du courage pour pardonner et mettre un terme à ce désir de punir.

Au Moyen-Orient, la haine et la soif de vengeance se transmettent même de génération en génération. On connaît des cultures qui cultivent et inculquent la haine dans le cœur des enfants dès leur plus jeune âge. Ce désir de punir l'autre dure longtemps et ne se calme pas facilement. À d'autres niveaux, on a vu des divorces dégénérer dans des dédales de haine et de vengeances qui ont duré des décennies. Pourquoi est-ce si difficile à maîtriser pour certaines personnes ?

En fait, la vengeance agit comme une drogue dans notre cerveau parce qu'elle **active les circuits de la récompense en libérant de la dopamine** (un neurotransmetteur qui procure un effet de plaisir).

« "La colère n'a rien d'agréable en tant que telle ; elle motive toutefois la vengeance qui, elle, stimule les circuits de la récompense", explique Tom Denson, chercheur en neuropsychologie à la University of New South Wales, à Sydney, en Australie. [...] "Dans une perspective évolutionniste, l'agression est un comportement risqué, mais payant : celui qui se fait voler sa nourriture a tout intérêt à réagir." Et **la vengeance en elle-même est "cérébralement savoureuse"**, comme l'ont démontré Ulrike Krämer et ses collègues de l'université Otto von Guericke, à Magdebourg, en Allemagne[116]. »

Donc, dans une perspective biochimique, le désir de vengeance limite notre libre arbitre. Dès qu'on se sent en position de force et en mesure de punir l'oppresseur, la vengeance peut être difficile à maîtriser et nous entraîner dans un engrenage de violence sans fin. C'est contre cela que se battait Gandhi en disant, de la loi du talion : « Œil pour œil rendra seulement le monde entier aveugle. »

8.10.2 Ne pas confondre clémence et impuissance

On peut préférer l'harmonie, mais il ne faut pas, à cause du dédain pour le principe de s'abaisser au niveau de la brute, refuser d'au moins s'entraîner au combat, car « la non-violence a pour condition préalable le pouvoir de frapper[117] », disait Gandhi qui a aussi illustré cette nuance par une analogie : « Mais **l'absence de violence ne signifie clémence que s'il y a possibilité de punir**. Elle se trouve au contraire **dénuée de toute signification dès lors qu'on n'a aucun moyen pour riposter**. L'idée ne nous viendrait pas que la souris est clémente parce qu'elle se laisse dévorer par le chat[118]. » Devant certaines situations ou certaines personnes, il faut d'abord avoir été entraîné aux différentes formes de combats en vue de se défendre astucieusement dans le feu de l'action.

Durant ma pratique en gestion de conflit, j'ai observé que les gens qui souffraient le plus des disputes étaient ceux qui faisaient l'impossible pour les éviter ; ceux qui remuaient ciel et terre pour être aimés, qui se conformaient au maximum aux attentes plutôt que de s'écouter et de suivre leur propre voie. Ces individus, afin de se garantir une forme de sécurité affective, étaient du genre à « **en faire trop** » et à **se surinvestir** dans leurs relations. C'est si vrai que souvent leur entourage ne semblait même plus apprécier leur **générosité disproportionnée** ; au contraire, les collègues donnaient l'impression de les traiter en quantité négligeable. Ces gens en besoin d'approbation étouffaient leurs émotions dans les conflits chroniques, se sentaient terriblement impuissants, n'étaient pas capables de faire face à la musique et n'avaient aucun pouvoir de riposte.

Durant mes interventions, parmi ces individus, j'ai fait la connaissance d'êtres humains d'une très grande valeur. Cela me brisait le cœur de les voir se vendre ainsi au rabais et se laisser manquer de respect. Souvent, des fois, j'aurais souhaité m'incarner dans leur peau pendant quelques semaines pour donner la réplique à leurs opposants, car comme le dit l'adage : ***On enseigne aux autres la façon de nous traiter***.

Je considère comme **un devoir** le développement d'une saine **estime de soi** et le **renforcement psychologique, moral et spirituel**. L'idéal que je souhaite, c'est une non-violence des forts et des indépendants, car malheureusement, malgré nos lois contre le harcèlement et l'intimidation, il est **impossible d'aseptiser des environnements humains contre la rapacité, l'avidité et la malice** afin que les individus passifs n'aient pas à souffrir de leur incapacité à se défendre.

Utilisons ces nuances pour muscler le guerrier honorable en nous, afin de faire face à notre vie, judicieusement armé de tout notre potentiel de force et de solidité. Pour avoir plus de courage, l'idée est de **se laisser pousser des griffes, pour ensuite avoir le choix de les garder rentrées**.

8.11 Muscler l'estime de soi

« C'est le temps que tu as perdu pour ta rose qui fait ta rose si importante. »

— Antoine de Saint-Exupéry, *Le Petit Prince*

Souffrir de passivité peut aussi aller de pair avec une **estime de soi défaillante**. Avons-nous l'impression que nous sommes des êtres humains qui ont de la valeur ? Nous sentons-nous dignes de respect et de considération ? On dit que la capacité de s'affirmer et l'estime de soi fonctionnent en boucle ; l'une nourrirait l'autre. Quand on est en pleine crise de honte et qu'on se sent le pire des perdants, il nous serait impensable d'entamer une conversation courageuse avec un client (ou un patron) abusif qui dépasse les limites de l'acceptable. Bref, sommes-nous fiers de ce que nous sommes devenus ?

Si je vous parle d'estime de soi dans un livre qui porte sur le courage, c'est qu'une faiblesse sous cet aspect peut nous faire perdre beaucoup de pouvoir. Surtout à nos yeux. **On se rapetisse soi-même**, un peu comme si on s'abandonnait, comme si on se plaçait en dessous dans les relations de pouvoir à cause du sentiment d'être, en quelque sorte, inadéquat ; et les autres peuvent le lire, car ça paraît dans notre comportement.

Si tel était votre cas, je vous propose de renverser la vapeur et d'attaquer le mal à la source. Si vous constatez, sur le plan professionnel, que votre estime de soi est à plat, voici quelques conseils pour la redorer !

8.12 Évaluer votre pouvoir de marchandage

« Les guerriers victorieux gagnent d'abord et vont ensuite en guerre, tandis que les guerriers défaits vont à la guerre puis cherchent à gagner. »

— Sun Tzu, *L'Art de la guerre*

Sommes-nous vraiment conscients de l'étendue de la valeur qu'on apporte à une organisation ou à une relation ? Une amie qui travaillait dans une boîte de recrutement commençait à se plaindre de son exploitation par son patron, car les revenus qu'elle générait par ses propres placements de personnel dépassaient plusieurs fois son salaire, à tel point que ça devenait exagéré.

Elle commençait à s'indigner que le propriétaire de l'entreprise ne lui offre pas d'augmentation de salaire ni de possibilité de bonus de performance. Je lui ai suggéré, au lieu d'attendre passivement une augmentation qui ne viendrait pas et de nourrir du ressentiment contre son supérieur hiérarchique, de prendre le taureau par les cornes afin de marquer le rythme pour sa rétribution.

Elle devait être stratégique et amorcer une analyse pointue de son pouvoir de marchandage en se mettant en marché. Je lui ai recommandé d'approcher des firmes semblables à la sienne, afin de voir si son profil était intéressant ailleurs, et, le cas échéant, de sonder les offres de la concurrence. Vu sa grande loyauté, elle se sentait mal à l'aise devant cette proposition, mais elle l'a fait quand même, car de toute façon elle aurait quitté sa boîte à cause de sa frustration salariale. Elle a compris qu'il lui fallait mesurer son pouvoir réel dans le marché.

À sa grande stupéfaction, elle a reçu rapidement deux offres d'emploi avec un salaire qui représentait près du double de sa rémunération. De plus, afin de gonfler son estime défaillante encore un peu plus, je lui ai posé la question suivante : « Si ton employeur devait te remplacer demain matin, que perdrait-il qu'un nouvel employé ne pourrait pas lui apporter avant une année au moins en poste ?

Elle m'a répondu qu'en plus de son efficacité à trouver de bons candidats (et donc à facturer), elle connaissait tout le monde de son industrie et son réseau était presque rendu tentaculaire, ce qui, pour un recruteur, est un atout monstre. Qui plus est, elle avait de solides relations cordiales et chaleureuses avec trois des plus importants clients de la boîte, qui tenaient à ce qu'elle se charge de leurs dossiers.

J'ai moi-même souligné que son charme et son sens de l'humour constituaient certainement des atouts dans son équipe de travail. Les gens de son environnement l'appréciaient beaucoup. Son domaine d'études était relié au profil type des candidats qu'elle recrutait. Elle connaissait très bien ce dont parlaient ses candidats et pouvait bien mesurer l'expertise de chacun et offrir une évaluation pleine de perspicacité. Étant là depuis le début, elle représentait la mémoire vive de l'organisation et disposait d'un grand savoir sur les modes de fonctionnement. Elle avait de l'intuition et de l'instinct. Sa culture et sa philosophie correspondaient à celles de la boîte. Elle a également pu remarquer que les employés l'ayant précédée avaient tous quitté l'entreprise après un ou deux mois. Cette analyse lui a donné une belle perspective de son pouvoir et a solidifié l'assurance de sa valeur et de son apport à l'organisation, augmentant son pouvoir de marchandage vis-à-vis de son employeur.

Bref, sa confiance et son estime de soi ont fait tout un bond en avant. Elle avait « joué petit » en attendant passivement l'offre d'augmentation de salaire, mais cet exercice lui a apporté la certitude qu'elle méritait franchement cette augmentation, qu'elle demanderait sans quémander. Lorsqu'elle en a parlé à son employeur, elle avait une telle conviction qu'il a dû adhérer à ses arguments, puisqu'elle a obtenu près du double de son salaire grâce à une bonification de performance.

8.12.1 Multiplions nos possibilités et cultivons une saine indépendance

« Si tu t'appliques à rendre ton esprit indépendant, tu n'en seras que moins vulnérable aux offenses extérieures. »

— Platon

Outre l'évaluation de votre pouvoir de marchandage, plusieurs actions permettent une hausse d'estime de soi par rapport à son identité professionnelle. D'abord, **multiplions nos options** et décuplons nos possibilités. Apprenons une autre langue pour ajouter une corde à notre arc. Obtenons un nouveau diplôme par correspondance. Contactons des recruteurs, des chasseurs de têtes. On se sent moins pris au piège d'un emploi dès que deux ou trois possibilités d'emploi nous attendent ailleurs. Alors, **maximisons notre employabilité** de toutes les manières envisageables.

De plus, faisons le choix de dépenser moins que nous ne générons de revenus et organisons-nous pour **avoir** au moins **en économies une année de réserve** afin de faire face aux éventualités du destin sans être mal pris. À ce titre, je m'inspire souvent de ce dicton circulant sur Internet : *Celui qui possède peu n'est pas pauvre. Seulement celui qui désire beaucoup. Car la vraie sécurité ne réside pas dans les biens qu'une personne possède, mais dans les choses dont elle peut se passer.*

De mon côté, je tiens mordicus à **vivre nettement en dessous de mes moyens**, car cela m'aide à ressentir une certaine légèreté face à l'argent. C'est plus difficile de prendre des décisions courageuses lorsqu'on se sent pris à la gorge financièrement. Il m'est arrivé de devoir renoncer à des clients payants, mais qui drainaient mon énergie, car trop désagréables. Avant d'y parvenir, je dois me rappeler mon code d'honneur : **ma quête n'est pas la richesse, mais la liberté**. En simplifiant notre style de vie, nous nous offrons la sécurité d'une indépendance d'esprit, car une personne est riche des biens dont elle peut se passer.

Aussi, pour renforcer notre estime à fond, pourquoi ne pas **investir dans** notre outil principal qui est **nous-même** ? Suivons des cours de développement personnel, vivons des *boot camps*, formons-nous en communication. Joignons-nous au Club Toastmasters pour affiner notre sens de la répartie. Découvrons-nous en profondeur en participant à des thérapies de groupe ou individuelles. Embauchons un coach afin qu'il nous stimule à nous dépasser et à maximiser notre confiance. Entraînons-nous et musclons notre corps afin de nous sentir solides et forts. Perdons les kilos en trop qui nous font sentir mal dans notre peau. Attaquons-nous à des défis difficiles qui font circuler l'adrénaline dans nos veines. Apprenons à plonger dans l'inconfort et à tolérer l'incertitude, car un être humain se développe toujours plus quand il n'est pas à l'aise. Bref, pour nous sentir forts et libres, **devenons ce que nous sommes censés devenir**.

8.13 Marquer le rythme

« L'homme raisonnable s'adapte au monde ; l'homme déraisonnable s'obstine à essayer d'adapter le monde à lui-même. Tout progrès dépend donc de l'homme déraisonnable. »

— George Bernard Shaw

Vous êtes du genre **trop raisonnable**, qui **craint de déranger** ? Risquez-vous à un peu plus d'opportunisme. Du moment que vous ne causez de torts à personne, prenez les devants et sautez sur les occasions vigoureusement. Vous ne deviendrez pas égoïste et irrespectueux pour autant. Pourquoi ne pas prendre la part du gâteau qui vous revient ?

Exercez-vous à marquer le rythme. Apprenez à **demander pardon au lieu de demander la permission**. Comme le suggère Ferris : « Ne laissez pas aux autres l'occasion de vous dire non. La plupart sont prompts à vous arrêter avant que vous n'ayez commencé, mais hésitants à se mettre en travers de votre route une fois que vous vous êtes lancé[119]. »

Isolée au Mexique pour l'écriture de ce livre, je m'étais imposé la consigne de ne parler à personne de la semaine et d'éviter la moindre goutte d'alcool afin d'être productive et d'avancer dans cet ouvrage. L'extravertie que je suis ne doit pas se faire d'amis sur les lieux où j'écris, car rester seule avec mon ordinateur constitue une grande épreuve d'endurance. Me connaissant, je dois éviter toute forme de distraction.

Dans l'avion qui me ramenait chez moi, après cette semaine d'exil et de solitude, je partageais l'espace avec un couple de grands-parents adorables et très intéressants. Malheureusement, nos agents de bord semblaient avoir eu une mauvaise journée. Ils étaient bêtes et manifestaient clairement que toute demande excédentaire les exaspérait, par des soupirs et en levant les yeux au ciel. Pire, avec son chariot, l'agent de bord a bousculé l'épaule de mon voisin à quelques reprises, sans même s'excuser. Je trouvais leur comportement très désagréable, mais ma cure de silence étant terminée, j'étais énergisée par la conversation avec mes voisins. On parlait de voyages, des pays qu'ils avaient visités. Et ils avaient particulièrement aimé l'Écosse et ses scotchs. Après plusieurs minutes à entendre parler de ce précieux nectar, me voilà envahie par un goût de scotch persistant et j'offre donc à mes voisins une tournée de scotch pour qu'ils m'enseignent les nuances à apprécier.

À 75 minutes de l'atterrissage, je me doutais bien que nos agents de bord excédés me diraient que leur bar était fermé ; aussi **me suis-je préparée à passer en mode offensif**. Lorsque l'agent de bord est arrivé à notre rangée, j'ai dit : « Bonsoir, monsieur, nous aimerions trois scotchs et ne me dites surtout pas que vous n'en avez plus ! Ça nous en prend ! Ces deux voisins me parlent de scotch depuis un bon moment et ils vont faire mon éducation par la dégustation qui s'en vient. » Comme je l'avais prévu, l'agent de bord me répond : « Désolé, madame, mais mon bar est fermé. » Je me dote alors de **mon plus grand charme** espiègle, **mais sans la moindre arrogance**, je **lui dis fermement** : « Vous n'êtes pas en train de nous dire que vous allez ouvrir votre bar juste pour nous ? »

C'est par ces mots que **j'ai marqué le rythme de cet échange. En prenant les devants, je contrais ses refus à l'avance** et j'indiquais ma ferme volonté : je n'étais pas prête à abandonner la partie ; tout cela **avec mon plus beau sourire, mais sans la moindre hésitation**. Si j'avais demandé la permission en admettant qu'il puisse refuser, nous n'aurions pas été servis. De cette façon, nous avons eu notre fameux scotch ; en poussant un peu, je l'avoue, mais cette forme d'opportunisme léger n'a causé de tort à personne. Le plus cocasse, c'est que l'agent est revenu 20 minutes plus tard, en souriant, pour nous « tenter », a-t-il dit, avec la possibilité d'un dernier service, et pour assouvir sa curiosité en me demandant ce que mes voisins m'avaient appris de nouveau au sujet du scotch.

8.14 L'audace est une option payante

« Toutes les actions comportent une part de risque.
La prudence ne consiste pas à éviter le danger [c'est impossible],
mais à calculer les risques et à agir avec détermination.
Commettez des erreurs par ambition, non par paresse.
Développez la force de faire les choses osées, pas la force de souffrir. »

— Nicolas Machiavel

Puisque *la nécessité est la mère de l'invention*, faites comme moi en 2013, lorsque j'ai annoncé la date d'un nouveau *boot camp* sur le courage[120] de 12 heures (www.activetoncourage.com). Vous verrez qu'**en annonçant publiquement une date butoir**, on trouve une manière de faire en sorte que les choses arrivent.

En tant que conférencière, j'ai un jour accepté d'offrir ma conférence dans une autre langue que la mienne. La motivation à étudier venait drôlement d'elle-même par la suite, car le stress crée de l'énergie… Comme je n'aime pas réellement m'astreindre à des moments d'isolement pour rédiger, et dans le but de « brûler les ponts » afin de ne pas revenir sur ma décision de produire ce livre, au début de 2013, j'avais annoncé à mes 27 000 abonnés de l'époque que j'étais en train d'écrire un livre sur le courage. Le fait de me commettre face à ces gens qui comptent pour moi a soutenu mon engagement et m'a permis d'exclure toute possibilité d'abandon, voire de retard de production. Pour une fois que mon ego m'a servi à quelque chose d'utile…

Peu importe l'ampleur de notre projet, dès que nous nous lançons à l'eau et nous engageons publiquement, nous pouvons compter sur l'énergie fournie par la date butoir pour nous stimuler à évoluer au-delà de notre rythme normal. **Utilisons cet ego à notre bénéfice** pour une fois et **prenons des gageures** avec nos proches comme quoi nous aurons le courage de relever tel ou tel défi. Parions que dans le but de **ne pas perdre la face**, nous serons capables de nous surprendre nous-mêmes.

Les défis et les situations déstabilisantes nous permettent de nous explorer dans de nouveaux contextes et, ainsi, de nous développer et de découvrir de nouvelles ressources qu'on ignorait. Faites très attention dès que votre vie devient trop confortable; c'est peut-être un indice que vous êtes en train de stagner dans la routine. Toute forme de **désintérêt** ou de **désinvestissement** pourrait indiquer qu'il est temps de **repousser les limites de votre zone de confort** ou de vous réinvestir avec ce qui compte pour vous, au lieu de rouler tranquillement sur la voie de service.

- Se battre au nom de l'**amour** ou d'un **idéal** est un puissant levier pour réveiller le guerrier qui sommeille en nous.
- L'**émotion du courage**, c'est la **colère**. Elle seule peut déclasser les effets paralysants de la peur.
- La colère et l'agressivité sont des **carburants**. Toutefois, en maîtrisons-nous l'énergie afin d'utiliser le bon dosage, au bon moment, avec discernement et humanité?
- *Trop de colère:* les explosions de colère sont **indignes d'un guerrier samouraï**, icône de la maîtrise de soi. Personne ne souhaite que sa colère surpasse en force sa volonté.
- *Pas assez de colère:* les gens **prennent des libertés excessives** envers ceux qui souffrent de passivité toxique. Nous enseignons aux autres la façon dont ils peuvent nous traiter.

- ❖ La bienveillance pratiquée sans mesure dégénère en faiblesse. Apprenons à **renverser les rapports de forces** en présence d'abus.
- ❖ Équipons-nous pour faire face à la malice et renforçons les forces du bien afin de **nous sentir forts** parmi les brutes.
- ❖ Recourons à la stratégie **coopération-réciprocité-pardon**.
- ❖ Misons sur la force de l'amour et ayons le courage de **pardonner** réellement en tournant définitivement la page.
- ❖ Ne laissons pas la fragilité de notre ego nourrir rancune et désir de vengeance.
- ❖ La **vengeance** est malsaine, c'est une **faiblesse morale**.
- ❖ On peut préférer l'harmonie, mais il ne faut pas refuser de **s'entraîner au combat**.
- ❖ C'est difficile de s'affirmer et de commander le respect avec une estime de soi défaillante. Dans ce cas, renversons la vapeur et **attaquons le mal à la source** : Évaluons notre pouvoir de marchandage, multiplions nos possibilités et cultivons une saine indépendance.
- ❖ **Marquons le rythme**, explorons-nous dans d'autres contextes inconfortables et ayons l'audace de nous commettre publiquement pour nous engager à relever nos défis.

Chapitre 9

Un esprit fort dans un corps fort : comment renforcer notre inconscient

Si je parle d'**autoprotection** dans un livre sur le courage, c'est qu'à mon sens, il n'y a peut-être pas de meilleur outil pour stimuler la combativité et activer l'énergie du guerrier. Le fait de « **passer par le corps** » offre l'avantage de forcer nos connexions neuronales et nous permet de nous brancher sur notre puissance intérieure. Cela aide à nous sentir plus forts, plus intenses, et nous conduit vers plus de courage.

Outre l'apprentissage de l'autodéfense, les **transferts** possibles avec les autres domaines et les autres relations de notre vie sont très riches. Rien de tel qu'analyser une **caricature d'agression** pour être en mesure d'en reconnaître les nuances dans des circonstances d'**abus plus subtils**, plus psychologiques. Pour les besoins de la cause, j'appellerai ces derniers les prédateurs, les agresseurs, les assaillants. Il vous reviendra d'imaginer des situations de vos vies et de faire les liens où vous n'aurez qu'à lire : les manipulateurs, les intimidateurs, les gens qui abusent de leur pouvoir. Les mêmes principes opèrent dans ces cas, à des degrés de sévérité différents.

Je recommande aux individus qui ont une faible estime de soi et qui souffrent de passivité toxique d'aller **renforcer leur inconscient** à l'aide de formations, ou de suivre des cours d'arts martiaux pour développer leurs circuits neurologiques de bravoure et de puissance. Ces entraînements sont efficaces pour faire circuler dans le corps beaucoup d'intensité et **commander la biochimie du courage** dans le cerveau, car nul doute qu'on habitue notre masse cérébrale à produire plus de testostérone et à diminuer la demande de cortisol, lorsqu'on passe d'un mode défensif à un mode proactif, voire offensif. C'est donc une manière indirecte de développer une droiture, une solidité psychologique inconsciente, qui se déversera, tels des **vases communicants**, dans les autres sphères de notre vie.

L'une des nombreuses formations offertes en matière d'autodéfense m'a particulièrement interpelée…

9.1 L'autoprotection : avoir en main son plein pouvoir

La première fois que j'ai entendu parler de Pleins Pouvoirs KidPower de Montréal[121], c'est lorsqu'une collègue enseignante de l'université m'a raconté qu'elle s'était réveillée au milieu de la nuit avec l'affreuse surprise de voir un inconnu presque nu, debout à côté de son lit, se jeter sur elle dès qu'elle a ouvert les yeux. Elle m'a dit s'être débattue violemment et avoir ressenti une telle colère qu'elle l'a chassé de son appartement en lui faisant débouler les marches jusqu'au rez-de-chaussée de son édifice. Cette femme est capable d'agressivité, elle mesure près d'un mètre 82 et elle n'a pas la réputation de se laisser marcher sur les pieds.

Même si son instinct lui a permis de bien réagir à cette intrusion et qu'elle a pu éviter un viol imminent, l'événement l'a profondément marquée. Elle ne se sentait désormais plus en sécurité. Elle avait ces pensées obsessionnelles : *S'il avait été plus costaud, plus agressif, s'il avait eu un revolver ou un couteau, comment aurais-je pu m'en sortir indemne ? Je n'aurais pas su quoi faire. Je n'ai aucun repère concret pour faire face à de la vraie violence.* À cause du stress post-traumatique qu'elle a subi, ma collègue s'est sentie **fragilisée et insécurisée**, jusqu'au tréfonds de son inconscient, comme si sa force et sa solidité lui avaient échappé. La cicatrice émotionnelle était si profonde qu'elle en est même venue à faire des **cauchemars répétitifs**. Elle rêvait même la nuit que des prédateurs la pourchassaient, qu'elle était sans défense et **n'arrivait pas à se protéger**.

Son psychologue et la Direction de l'indemnisation des victimes d'actes criminels (IVAC) l'ont orientée vers la formation Pleins Pouvoirs, où elle a suivi un entraînement à l'autoprotection de type plein contact (appelé en anglais, ***full-force, full-contact***). La suite de son histoire m'a particulièrement fascinée : après s'être entraînée à se battre contre un instructeur en armure simulant une agression, elle m'a dit qu'elle avait pris conscience de toute sa puissance. Le combat l'avait rebranchée sur sa force vive. Même **le scénario de ses rêves avait changé du tout au tout** ! Attaquée par un agresseur, **c'était elle qui gagnait la lutte**. Durant son sommeil, elle avait le dessus dans l'attaque. Wow ! Une formation d'à peine quelques semaines avait réussi à la faire renouer avec son sentiment de force et elle se sentait solide de nouveau, jusqu'aux racines de son inconscient, à l'intérieur même de la structure de ses rêves.

Il n'en fallait pas plus pour que, intriguée par la puissance de son expérience, j'investigue sur les bienfaits de cet organisme sans but lucratif. J'ai donc offert à mes filles de suivre les cours pour enfants. On leur enseigne des principes d'*empowerment*, d'autonomisation, en leur apprenant à agir pour leur sécurité en compagnie d'autres personnes, qu'elles soient bienveillantes, difficiles d'approche ou dangereuses.

Plus tard, pendant les années de recherches et d'expérimentation sur le courage qui ont précédé la rédaction de cet ouvrage-ci, j'ai eu l'idée d'aller suivre la version pour adultes dont ma collègue m'avait parlé auparavant. En plus de mon expérience dans les bois où j'ai subi des attaques de ninjas sortant de nulle part, cette formation a ajouté de nouvelles cordes à mon arc. Je suis ressortie de l'entraînement avec un sentiment de force et de puissance qui m'a littéralement fait vibrer. Cette approche expérientielle a laissé une empreinte dans toutes les cellules de mon corps. Plus précisément, dans ma **mémoire musculaire**.

Depuis, j'ai assisté à plusieurs autres types d'entraînement à l'autoprotection et j'ai lu les livres qui s'y rattachent. Et dans mon esprit, cela revient toujours au même principe : à la base, qu'il soit question **d'agression physique dans une ruelle** ou **d'agression psychologique en milieu de travail** ou dans sa famille, **notre intention est d'empêcher un autre individu de nous dominer, de nous faire sentir faible et petit**. On cherche à lui enlever sa capacité de s'imposer à nous sans notre consentement et de nous contrôler. Le but ultime étant de reprendre notre plein pouvoir et notre sentiment de liberté de nous-même.

9.2 Ne pas se promouvoir comme victime potentielle

Avec Pleins Pouvoirs, j'ai été troublée de constater que j'étais presque la seule participante du groupe à ne jamais avoir été victime d'acte criminel. C'était peut-être un hasard, mais la plupart (hommes, femmes et adolescents) avaient été sauvagement attaqués avant de s'inscrire au programme. Grâce à mes recherches sur le courage et la combativité, j'étais la seule à avoir choisi de suivre ce cours de façon proactive et non réactive. Une fois que j'ai eu la chance de pratiquer les techniques, j'ai vu l'importance de savoir comment réagir **avant** de faire face à un incident dangereux, **et non pas après l'incident**.

Je compare maintenant l'importance de connaître les rudiments de l'autoprotection à la **nécessité d'apprendre à nager**. Tout le monde devrait savoir ça. Se débrouiller pour flotter ou avancer dans l'eau, ce n'est pas sorcier en fin de compte, mais il a tout de même fallu l'apprendre. Et n'est-ce pas qu'avoir appris à nager avant que le bateau coule diminue nos craintes et les risques de paniquer ? En prime, on n'a plus à passer sa vie à se méfier des cours d'eau. Le fait de savoir à l'avance comment réagir augmente notre sentiment de compétence, donc de sécurité, et nous confère plus de courage. On pourrait même se sentir assez puissants pour aller secourir une autre personne en train de se noyer.

En ce qui concerne notre sécurité physique, nous sentons-nous libres et sûrs de traverser des stationnements tard la nuit ? Si oui, tant mieux, mais je connais plusieurs femmes qui éviteront de s'inscrire à des cours tard le soir parce qu'elles redoutent d'avoir à prendre le métro après 22 h. Certaines s'empêchent de jogger en soirée. D'autres ont de la difficulté à faire taire leur petite voix qui constamment les met en garde contre les dangers : « Fais attention où tu marches, où tu te gares, à ce que tu portes et à ce que tu dis. » La prudence est d'or. Reste qu'elle ne nous enseigne pas quoi faire si, malgré notre approche sécuritaire, le pire arrivait.

Un reportage récent présentait une étude de cas assez troublante. Un tueur en série des États-Unis aurait tué un nombre impressionnant de femmes. Alors que les autorités ont finalement réussi à l'arrêter, les spécialistes ont tenté de découvrir la logique interne de l'agresseur et son mode de fonctionnement. Ils lui ont demandé s'il était arrivé que des femmes échappent à son emprise. Le meurtrier a répondu de facto : « Oui, cinq femmes se sont échappées. » Les spécialistes lui ont demandé comment elles avaient fait. Ce dernier a répondu : « Elles se sont débattues... » Interloqué, le psychologue du FBI a demandé : « Et toutes les autres femmes que tu as tuées, elles ne s'étaient pas débattues, elles ? Non, elles étaient figées par la peur et elles m'ont offert une **soumission absolue** », a répondu le tueur.

Malheureusement, plusieurs personnes n'ont **aucun repère** pour réagir à une agression physique ; l'effet de surprise les déstabilise et **la peur les fige** sur place, leur cerveau étant devenu non fonctionnel. Dans les entraînements de type plein contact (et pleine force), on mise sur la **mémoire musculaire du corps en état de stress**, soit un apprentissage dit « dépendant de l'état physiologique », appelé ***state dependent learning*** en anglais. L'intention étant que les apprentissages se produisent à l'intérieur même des cellules de notre corps au moment où il est stressé par une mise en scène d'attaque. Au même titre qu'on apprend à conduire une voiture manuelle, notre corps a une mémoire qui nous permet de changer de vitesse sans avoir à y penser. On cherche à « faire entrer les gestes de frappe dans le corps », à développer les réflexes physiques automatiques d'autoprotection.

D'où l'importance de simuler une vraie agression avec un assaillant en armure. Contrairement aux différents arts martiaux pratiqués entre étudiants, ce type d'autoprotection exige qu'on s'entraîne à **frapper sans « retenir nos coups »**, à cogner avec tout ce qu'on a dans le ventre, à déployer 100 % de notre force et de notre intensité de frappe dans le but de blesser le prédateur.

Outre l'apprentissage de se protéger, l'intérêt profond de cet entraînement tient à ceci : savoir comment réagir nous procure une **assurance intérieure** qui se manifeste ensuite dans notre **non-verbal** et, à ce moment, on adopte une attitude confiante et calme grâce à laquelle notre démarche est l'élément clé qui **n'invite pas à l'attaque**.

En effet, les agresseurs ne choisissent pas leurs victimes par hasard ! Une victime potentielle adopte certains comportements types. À l'étape de la sélection, l'agresseur arrête son choix sur une **victime facile**.

Une étude[122] du Queen's Bench Study s'est avérée intéressante. Des spécialistes ont montré une vidéo d'individus marchant dans un endroit public à des détenus récidivistes incarcérés pour des crimes contre la personne. On leur a demandé de décrire ce qu'ils avaient observé du film et des gens qu'ils ont vus déambuler. Sans se consulter, ils avaient immédiatement porté leur attention sur les mêmes types de personnes : celles qui étaient inattentives (dans la lune), renfermées, timides ou qui démontraient de la crainte ou de l'anxiété. Ce n'est pas tellement surprenant. Par contre, j'ai été étonnée de lire que la taille, le sexe, la force physique et l'âge n'entraient pas en considération…

Ce qui a particulièrement attiré ma curiosité, c'est qu'une catégorie d'individus n'était même **pas remarquée** par les criminels : les marcheurs **calmes, attentifs et confiants**. Comme si les agresseurs n'avaient **pas d'antennes pour les détecter** ! Si en nous promenant de façon calme et confiante, nous n'attirons pas l'attention des prédateurs, nous serons exclus de leur processus de sélection. D'où l'importance de dégager assurance et courage.

Également, s'il faut se qualifier pour être détecté par des prédateurs dans la rue, à moindre échelle, dans nos organisations, au même titre, les manipulateurs s'en prennent rarement aux gens affirmatifs qui savent dire non et qui sont à l'aise pour établir leurs limites. Avez-vous aussi observé que des patrons narcissiques ne vont pas s'acharner sur leurs employés confiants et compétents, dont l'expertise est grandement recherchée ? Si notre estime de soi est forte et qu'on dégage confiance et indépendance, on est plus rarement la cible d'injustice ou de mauvais traitements.

Ainsi, qu'on le veuille ou non, **on communique avec l'inconscient d'un prédateur** (ou d'un intimidateur) **par notre non-verbal**. Notre corps affiche ce que nous ressentons à tel point que c'est impossible de ne pas communiquer. D'ailleurs, les animaux communiquent avec leur corps et les spécialistes des comportements animaux arrivent précisément à décoder leur langage corporel. De notre côté, pour arriver à « ne pas inviter l'attaque », il ne faut pas seulement le désirer, il faut s'entraîner à ressentir et à incarner l'assurance et l'affirmation dans tous les pores de notre peau.

9.2.1 Votre non-verbal indique-t-il que vous n'êtes pas une proie ?

Devenez observateurs du non-verbal des gens et **modélisez ceux qui vous inspirent le respect**. Demandez-vous si la personne semble confiante ou intimidée. Habite-t-elle l'espace ou essaie-t-elle de se faire la plus petite possible ? A-t-elle la tête droite ou la tête baissée ? Détourne-t-elle les yeux ? Ou garde-t-elle le contact visuel ? A- t-elle une posture bien droite ? Ou les épaules courbées ? Où sont ses mains ? Jambes écartées, croisées, stables ? L'allure de son pas : est-il ferme, hésitant, rapide ou lent ? Envoie-t-elle des signaux confus ? Par exemple, va-t-elle dire NON en souriant de gêne et d'embarras[123] ?

À titre d'exemple, j'ai envie de vous raconter une histoire qui m'est arrivée il y a plusieurs années. Pour avoir été portier dans les bars dans sa jeunesse, mon conjoint connaissait d'instinct les codes sociaux de la dynamique de pouvoir dans les relations humaines. Moi, j'ai passé mon enfance dans une petite ville de l'Estrie où on connaissait presque le nom de tous les habitants. En 1992, lorsque je me suis inscrite comme étudiante à l'UQÀM, je vivais au Centre-Sud de Montréal, l'un des pires quartiers de la métropole, où abondent prostituées, proxénètes, vendeurs de drogue, mendiants et drogués. Malgré cette nouvelle réalité à laquelle je me suis habituée, mon intégration se déroulait bien jusqu'à ce que des jeunes emménagent dans le HLM à côté de mon immeuble et qu'un nouveau gang de rue se forme et se rassemble sur le trottoir où je circulais pour me rendre à mes cours. J'avais peur de ces jeunes, ils m'intimidaient tellement que j'avais envie de faire des détours pour éviter de les croiser.

Mon conjoint m'a donc donné ce précieux conseil : « Isabelle, tu vis dans ce quartier et tu vas croiser ces jeunes souvent. C'est important que tu ne changes pas de circuit ni de trottoir, car ils vont percevoir ta peur et ils jouiront de leur supériorité sur toi.

« Il faut que tu trouves le courage de traverser le trottoir là où ils sont et de leur demander de te laisser passer. Fais ta requête calmement et avec respect. Pas avec défiance, ni avec un sourire servile. Quand t'es fort et que tu te sens à ta place, tu n'as pas à lécher les bottes de personne, ni à être démesurément sympathique. Le faire démontrerait que tu te sens « en dessous d'eux », à les supplier de te faire la faveur de te respecter. Demande-leur de s'écarter en étant ferme et calme comme si, d'évidence, tu t'attendais à leur collaboration. »

Et j'ai suivi son conseil. La première fois, en allant à mon cours, je suis passée devant eux et j'ai dit : « s'il vous plaît, pourriez-vous me laisser passer ? » Ce qu'ils ont fait, tout en me lançant des blagues déplacées. Au retour chez moi, je n'ai même pas eu à le demander, ils se sont éloignés d'eux-mêmes, sans commentaire désagréable ni rien de vulgaire. Et je n'ai jamais eu de troubles avec eux par la suite, comme si mon attitude leur avait démontré que je n'avais pas le profil d'une proie facile. Bon conseil, Martin !

9.2.2 Je te vois

Le regard est un précieux allié dans notre quête de solidité face à autrui. Si vous aviez à circuler, seul, dans un endroit inquiétant, assurez-vous que votre posture et votre attitude démontrent aux gens que vous êtes **conscient de leur présence**. Le mieux est d'offrir un **regard neutre** plutôt qu'un regard soutenu. Le message lancé par votre regard est alors « Je te vois », plutôt que « Je te mets au défi » ou « J'ai peur de toi ». Le truc offert à la formation Pleins Pouvoirs est de regarder l'autre dans son troisième œil pour être certain de ne pas offrir un regard provocant. Il est démontré qu'une **attention non verbale** est une **arme dissuasive**. Et si cela fonctionne chez les humains, c'est encore plus explicite avec les animaux.

À cet égard, je suis allée voir le film 3D *Le Grand Requin blanc* au cinéma IMAX avec ma famille. On voyait des plongeurs nager en toute confiance avec ces énormes prédateurs ! Les courageux spécialistes expliquaient qu'une personne peut nager avec ces requins en toute sécurité sans se faire attaquer, à condition de leur démontrer qu'elle les regarde, en bougeant les yeux ou en maintenant un contact visuel constant. Ainsi, on lui indique qu'on n'est pas une proie, puisqu'on n'agit pas comme une proie potentielle. Par contre, si le plongeur devient distrait, regarde ailleurs trop longtemps ou a le requin dans son angle mort, ce dernier risque de l'attaquer sans attendre.

Une autre anecdote cocasse appuie ce fait. Dans le parc national des Sundarbans, entre l'Inde et le Bangladesh, les tigres du Bengale attaquaient un grand nombre de villageois qui travaillaient dans les bois et les champs. Les spécialistes en comportement animalier ont donc recommandé à ces villageois de **porter des masques avec des yeux** derrière leur tête pour déjouer les tigres qui, autrement, les attaquaient par-derrière, en embuscade, en leur sautant dans le dos. Les yeux sur le masque simulaient le « Je te vois » et empêchaient les tigres d'attaquer les villageois, qui pouvaient ensuite travailler en sécurité. N'est-ce pas qu'il fallait le savoir ? Et que la technique est d'une grande simplicité ?

Au quotidien à la maison ou sur le lieu du travail, nous pourrions établir un parallèle avec cela. Il est important de **ne pas fermer les yeux** sur ce qui heurte nos valeurs et de **ne pas passer sous silence** les gestes inadéquats. Martin Luther King J^{r} disait : « À la fin, nous ne nous souviendrons pas des mots de nos ennemis, mais des silences de nos amis. »

Pour aider les gens à sortir de l'emprise de la confusion et permettre d'équilibrer les rapports de forces, il peut être salutaire de signaler nettement **qu'on voit clair** et qu'on a une certaine lucidité par rapport à des enjeux insidieux qu'on tend à garder cachés. En gestion de conflit, on parle de l'éléphant au milieu de la pièce, dans le sens où tous savent qu'il est là, mais personne n'ose en parler, comme si on ne le voyait pas. Le fait d'**aborder les non-dits** et de mettre des mots sur des malaises, non seulement nous aide à **crever les abcès** et à mettre la situation au grand jour, mais on peut ensuite **repartir sur de nouvelles bases**. Autrement dit, il peut être stratégique d'avoir le courage de rendre visible ce qui tend à se confiner dans l'invisible.

9.2.3 Contrôler la distance

Dans une aire de stationnement, tard la nuit, si un agresseur potentiel s'approche, la première étape consiste à lui faire sentir qu'on est conscient de sa présence. Après, nous devons prendre la situation en main **en contrôlant la distance** entre nous et lui. Il ne faut pas qu'il s'approche à moins de deux mètres et demi de vous. Le cas échéant, déplacez-vous, car en deçà de cette distance, il pourrait s'élancer par surprise et vous attraper.

Il en est de même pour les manipulateurs et les agresseurs. Plus nous limitons leur accès à notre intimité et à nos renseignements personnels, moins ils peuvent utiliser ces connaissances pour avoir de l'emprise sur nous. Eux aussi doivent être tenus à distance!

9.2.4 Le « mur d'intention »

Maintenant, en situation d'attaque, si vous êtes contre un mur,

dans l'impossibilité de reculer, prenez le contrôle de la situation en posant une limite ferme. Adoptez un langage corporel centré et fort. Mettez-vous en « position prête » en créant un **« mur d'intention »** avec **vos mains en position de blocage** et en donnant un **ordre ferme et calme** : « Arrête, recule, va-t'en ! »

Le ton et la force de la voix doivent démontrer que vous êtes catégorique et en grande maîtrise de vous-même. C'est capital. Il ne faut pas crier comme une personne hystérique, cela reviendrait à lui démontrer notre faiblesse et notre peur. Et les prédateurs se délectent de la peur qu'ils sont capables de créer, puisque cela leur donne un sentiment de puissance. Alors, on utilise sa voix pour donner un ordre ferme, mais pas agressif. On ne veut pas non plus le provoquer, ni l'engager dans un duel où il devrait sauver la face en attaquant. D'ailleurs, l'animatrice de Pleins Pouvoirs nous a donné le truc suivant : testez le ton de votre voix avec des chiens. Si notre voix est aiguë, le chien devient fou, mais si notre voix est grave et ferme, il se fige et obéit. Intéressant, non ?

Même chose pour les situations courantes d'abus dans nos vies. Notre voix est le vecteur par lequel nous transmettons l'état émotionnel qui nous habite au moment de nous prononcer. Si elle est tremblante alors que nous tentons de dénoncer un abus, nous risquons de nous affaiblir devant une personne qui ne demande qu'à nous écraser. Sans être agressif ni provocateur, un ton de voix ferme et affirmatif reste la meilleure option pour être entendu de la manière dont nous devons l'être.

9.2.5 La puissance du *kiai*

Durant le cours, on simule un combat avec un instructeur en armure et si, après avoir créé un mur d'intention avec nos mains et donné un ordre ferme et calme, l'agresseur continue d'avancer vers nous, c'est qu'il est rendu trop près. Il faut se résoudre à frapper de toute notre force sur certaines cibles fragiles de son corps, par surprise, en criant un puissant « **NON !** » rempli de conviction. Le but étant de stresser l'agresseur, de le faire sursauter assez pour le faire hésiter, pour le dissuader de passer à l'attaque. C'est aussi un moyen d'alerter les gens autour. De plus, il est prouvé que **le cri ajoute de la puissance au coup**. Précisons qu'on ne veut pas d'un « non » qui vient de la gorge (hurlement de peur, ou *screaming*), mais d'un non projeté avec puissance, qui doit surgir du bas du ventre et faire vibrer tout le corps (hurlement de confiance, ou *yelling*).

Tout comme le fameux **kiai** qui, dans les arts martiaux, désigne **le cri de combat** qui accompagne l'application d'une technique, ce cri condense ou concentre toutes nos énergies en un point précis, celui de notre frappe. Avec le kiai, le son que l'on crie importe peu, c'est plus un « ressenti » d'énergie accumulée prête à exploser hors du corps, qui compte. Ce qui importe, c'est d'où il vient : le kiai doit provenir du bas du ventre (du hara) et être rejeté par la bouche en contractant les abdominaux, de manière à faire résonner l'ensemble de notre corps.

Ce cri permet de contrôler l'expiration et l'explosion. C'est aussi une stratégie pour perturber la concentration de l'adversaire et l'intimider, à l'instar de la fameuse danse du Haka des All Blacks, l'équipe de rugby de Nouvelle-Zélande, avant ses parties. D'ailleurs, si vous n'avez jamais vu cette équipe effectuer son rituel, je vous invite à aller y jeter un œil sur YouTube. C'est pour le moins impressionnant.

Savez-vous qu'au tennis féminin, les entraîneurs suggèrent aux joueuses de crier au moment de frapper la balle ? Selon Dennis O'Connell, professeur de physiothérapie à l'université d'Hardin-Simmons à Abilene (Texas), une joueuse augmente la vitesse de son service de plus de 6,4 km/h lorsqu'elle crie au moment de frapper. Le cri permet de libérer dans le corps plus de testostérone, d'adrénaline et de noradrénaline, procurant ainsi plus de puissance au coup.

Si l'on revient aux observations liées à l'autoprotection, plusieurs agressions se déroulent dans un **silence** presque absolu, ce qui empêche les passants de s'en mêler et de porter secours. Figés par la peur, on est saisis et, souvent, cela nous rend **muets**. Pour en développer le réflexe, on doit s'exercer à crier « non ! » en même temps qu'on frappe. Le plus déplorable, c'est que dans toutes les formations que j'ai suivies sur l'autoprotection, un trop grand pourcentage de participants n'arrivait presque pas à crier non, alors que c'était un exercice de groupe ! Cela semblait vraiment stressant et difficile pour eux. J'observais leur gêne, leur embarras et leur inhibition me faisait de la peine. C'était trop intense pour eux. Même que l'entraîneur devait insister pour leur arracher de la bouche de petits « non » timides, polis, délicats. Je n'en revenais pas ! J'aurais voulu qu'ils s'exercent à crier avec moi pendant cinq heures pour gagner en vigueur.

9.3 La prison de l'embarras

« La sécurité et l'estime de soi passent avant l'embarras, le dérangement ou l'offense de quiconque. »

— Principe de base de KidPower

Dans un tout autre ordre d'idées, les gens courtois, bien élevés, polis et civilisés perdent leurs moyens devant ceux qui ne respectent pas les règles sociales que la civilisation nous a fait intégrer. Dernièrement, j'ai observé une de mes amies devenir vraiment mal à l'aise à la table en compagnie de gens avec qui nous prenions un verre après une conférence. Son attitude était devenue à ce point étrange que j'ai pensé qu'elle avait un malaise physique. Elle m'a rassurée. Partageant sa chambre d'hôtel, je savais qu'elle s'était risquée à porter des pantalons blancs en plein dans sa période de règles abondantes (menstruations). J'ai alors pensé que c'était cela : elle était gênée de se lever de table, car elle croyait avoir taché ses pantalons ! Lorsque je lui ai offert ma longue veste, croyant avoir deviné son problème, elle m'a dit : « Non, laisse tomber, Isabelle, c'est correct. Cesse de me poser des questions, je te parlerai plus tard. »

Sachez par ailleurs que cette femme est confiante, capable de s'affirmer et qu'elle a une bonne estime d'elle-même. Savez-vous d'où lui venait son trouble ? L'homme que nous venions tout juste de rencontrer, assis à côté d'elle à notre table, a eu le front de commencer à lui caresser les cuisses sous la table, sans qu'elle lui ait démontré la moindre marque d'intérêt. Mon amie était donc mal à l'aise, car ce geste l'a prise au dépourvu et elle ne savait pas trop comment réagir pour qu'il arrête son manège sans causer un malaise à la table ! Cette femme, au cœur grand comme le monde, est pleine d'empathie ; elle ne voulait pas en parler tout haut **pour éviter à cet homme d'être embarrassé devant nous**. Et pleine de délicatesse envers nous, **elle désirait nous épargner un moment d'inconfort** à la table.

Je me suis dit que si une femme comme elle s'efforçait de protéger, voire de sauver la face d'un gars qui avait eu le culot d'oser ce geste déplacé et surgi de nulle part, qu'en serait-il des personnes à faible estime de soi, qui se sentent de trop, et qui ont de la difficulté à se battre pour ce qu'elles méritent dans la vie ?

Cette histoire m'a fait penser à une autre anecdote de même nature, mais plus lourde de conséquences, lue dans *Beauty Bites Beast*[124], où Ellen Snortland raconte la mésaventure de deux adolescentes au bord de la route, dans leur voiture qui n'avançait plus. Un camion s'était arrêté, vraisemblablement pour les aider, et elles ont pensé que c'était un camion de remorquage. Elles sont sorties de leur voiture et sont allées se réfugier dans le camion, quand celle des deux qui avait été entraînée à l'autoprotection, a soudainement senti dans ses tripes un fort sentiment de peur. Elle a pris le bras de son amie pour la convaincre de sortir de là, mais cette dernière l'a ignorée et a insisté pour rester dans le camion.

L'adolescente entraînée à l'autoprotection **a écouté son instinct sans se préoccuper de ce qu'aurait l'air son geste méfiant** aux yeux du chauffeur. Elle a éprouvé de la peur, a écouté son instinct et est sortie. L'autre est restée et malheureusement, comme son amie l'avait pressenti, le camionneur l'a battue et violée. La victime avoua plus tard qu'elle n'avait **pas voulu blesser l'amour-propre de cet homme en agissant de façon soupçonneuse**... Le moins qu'on puisse dire, c'est que cette délicatesse lui aura coûté cher.

Plusieurs personnes souffrent de « **compulsion de gentillesse** » (*niceness compulsion*). Cela se corrige par des **jeux de rôles** avec un ami. On peut se préparer à l'aide de phrases types : « La prochaine fois que cela se produira, je vais dire... » C'est étonnant comme la réponse devient accessible à notre inconscient lorsqu'on l'a répétée et pratiquée avec quelqu'un. Exercez-vous à **imposer des limites claires**, à **faire des demandes fermes** sans être démesurément délicat et courtois. Si on est mal à l'aise devant certains comportements, dans le but de protéger notre sécurité, on a le droit d'être directif, voire rude lorsque la situation l'exige. C'est ce que les simulations permettent. Je vous souhaite d'avoir le courage d'écouter vos instincts et surtout d'être libre à l'égard des apparences, malgré l'embarras que cela pourrait causer.

9.4 Mais comment se résoudre à la violence ?

Si, malgré nos tentatives d'affirmation de soi et nos efforts pour le contrecarrer, l'agresseur ne s'est toujours pas résolu à abandonner le combat, il y va de notre sécurité d'employer des stratégies plus agressives, comme se résoudre à frapper avec une pure intention de le blesser. Les études démontrent que **toute forme de résistance ferme, verbale ou physique, suffit pour mettre fin à la plupart des agressions**.

Une dame, dont toutes les sœurs avaient subi l'inceste d'un père immoral, m'a dit avoir été la seule, grâce à son agressivité, à s'épargner les sévices sexuels. Elle se mettait au lit avec une fourchette sous l'oreiller. À deux reprises, quand son père s'était glissé dans son lit, elle avait élevé la voix en tentant de le piquer avec sa fourchette. Désireux que son crime se déroule en catimini et ne voulant pas créer d'esclandre, ce père l'a finalement laissée tranquille, et s'est réorienté vers la chambre de ses filles plus passives. Cette dame m'a confié qu'il ne l'avait jamais touchée. Les **prédateurs préfèrent des victimes paralysées par la peur** ; ils n'ont **pas envie de jeter leur dévolu sur des personnes énergisées par la colère**.

Avez-vous idée des recommandations traditionnelles émises dans le passé en cas de viol ? « Ne te défends pas de façon agressive, cela le rendrait furieux et il te blesserait davantage ! » C'est faux, à la lumière des recherches récentes[125]. En effet, devant une tentative de viol, les femmes qui ont utilisé une résistance verbale non-violente, comme pleurer ou supplier l'assaillant, ont été violées dans 96 % des cas. Celles qui ont crié puissamment ont subi un viol dans 44 à 50 % des cas.

La stratégie **la plus efficace** consiste à offrir une **résistance physique très agressive**. Le taux de complétude du viol est tombé de 45 à 14 % lorsqu'au moment de l'agression, l'assaillant recevait de violents coups. Donc, contrairement aux mauvais conseils de passivité pour éviter aux femmes de plus graves blessures, on a découvert par des données probantes que le combat n'impliquait pas un risque de blessure additionnelle ; au contraire, cela procurait entre 55 et 86 % des chances d'éviter un viol complet.

Si des gens passifs ont de la difficulté à crier « NON ! » à pleins poumons, si des personnes affirmatives sont trop courtoises et décentes pour éviter de causer de l'embarras à des effrontés qui abusent, **imaginez combien c'est difficile pour un individu sain et civilisé de se convaincre d'utiliser la violence pour blesser un agresseur potentiel**. C'est tellement dur, qu'il a été démontré que les gens bien élevés, confrontés à ce choix absolu, vont accepter leur rôle de victime en refusant de frapper ou en hésitant tellement, qu'ils seront blessés en premier[126]. J'aimerais que nous retenions de ces distinctions que parfois, à trop vouloir être décent, éthique et bienséant, on risque d'y perdre sa vie, au sens propre comme au figuré...

9.5 Basculer d'une énergie défensive à une énergie offensive

Les experts en autoprotection s'entendent pour dire que la violence est un outil simple et accessible à tous les humains, mais que seuls les prédateurs sont prêts à l'utiliser efficacement. Professeur et entraîneur d'autoprotection de plusieurs célébrités américaines, Tim Larkin décrit les principes de son approche dans *Survive the Unthinkable*. D'emblée, il insiste pour que ses étudiants changent leur manière de penser en passant de la défensive à une attitude proactive et offensive.

Selon Larkin, les réflexes défensifs[127] diminuent notre pouvoir, puisqu'ils nous entraînent à hésiter (que va-t-il me faire ?), à perdre notre *focus* (attendre d'être blessé pour contre-attaquer...) et, ultimement, à être un pas en arrière de l'attaquant (O.K., il m'a frappé ; maintenant, je peux frapper à mon tour). Jouer défensif, c'est se positionner en dessous dans les épreuves de force ou les conflits de pouvoirs. On recommande plutôt de **marquer le rythme** et de **prendre les devants**.

Selon les observations de Larkin, **celui qui attaque** a plus de chances de s'en sortir. Donc, devant l'imminence d'un assaut, s'il doit y avoir un attaquant, faisons en sorte que ce soit nous. Et disons-nous que dans une violente agression, il n'y a pas de place pour l'émotion ni pour l'éthique ; nous devons miser sur notre pur instinct de survie. L'instructeur précise : « La violence est rarement la solution, mais quand ça l'est, c'est la seule solution.[128] » Il faut alors courageusement décider lequel doit s'en sortir : nous ou lui ? Et si nous attaquons, utilisons toute l'intensité de notre force, car notre hésitation pourrait bien nous coûter la vie.

À cet égard, je vous propose de visionner le film *Enough* (2002) de Michael Apted, mettant en vedette Jennifer Lopez (*Plus jamais* ou *C'est assez* en français). La chanteuse actrice incarne Slim, une femme battue par un mari violent et dominant qui la pourchasse et la retrouve où qu'elle se cache. On voit une victime apeurée et fuyante confrontée à une issue fatale où elle n'aura pas le choix de réagir. Mise au pied du mur, Slim se dit : *C'est assez !* Elle s'entraîne à l'autoprotection et, après avoir découvert sa force et pris connaissance de ses capacités de frappe insoupçonnées, elle affiche une nouvelle confiance en soi et bascule d'une énergie défensive à une énergie offensive. Ce film démontre que le courage de passer à l'action, dans certains cas, n'est pas une option.

Je suggère, à ceux qui veulent éviter la violence à tout prix et qui se croient incapables d'agressivité, de fermer vos yeux et d'**imaginer une personne que vous aimez de tout votre cœur** : un enfant, un parent, une amie. Maintenant, visualisez un violent sociopathe lui tenant un couteau contre la gorge et l'entraînant dans sa voiture. Qu'est-ce que ça vous fait ? Quel genre d'énergie émotionnelle ça génère en vous ? Auriez-vous assez d'agressivité et de puissance pour vous attaquer à lui ? S'il n'en tenait qu'à vous, auriez-vous le courage de le frapper violemment pour sauver la personne que vous aimez ? Habituellement, on déploie plus de colère et de bravoure lorsqu'on doit défendre une personne qu'on aime, que pour se protéger soi-même… N'est-ce pas que vous êtes, malgré ce que vous pensez, muni d'une agressivité capable de vous faire affronter le plus violent des sociopathes ?

Maintenant, imaginez que vous êtes sous la douche et qu'un intrus ouvre soudainement le rideau. Votre adrénaline va jaillir et votre cœur se mettra à pomper du sang en abondance. Cependant, au lieu que cette ébullition physiologique vous paralyse, si vous vous êtes entraîné à frapper, les muscles de votre corps seront programmés pour attaquer et vous avez plus de chances d'être violent avant l'intrus, ce qui vous donnera une longueur d'avance dans les rapports de forces… et ce, même malgré votre nudité.

En résumé, si au préalable nous installons dans notre physiologie certains réflexes, à force de pratique, nous pourrons davantage utiliser le pilote automatique en cas de détresse. Par ailleurs, en nous prenant par surprise, un assaillant espère se retrouver devant une victime saisie, paralysée par la peur, et il y a fort à parier qu'il ne s'attend pas à recevoir un enchaînement de coups ciblés sur les parties sensibles de son corps. Alors, si nous avons seulement la moitié de son poids, notre avantage sera **l'effet de surprise** en frappant très rapidement, violemment et avec précision.

En arts martiaux, dans le glossaire japonais, l'attaque aux yeux, à deux doigts, se nomme *Nihon-Nukite*. Puisqu'on place les doigts comme si on achevait de casser un œuf, je vulgarise pour le néophyte : on appelle cela la prise du « bec d'oiseau », l'oiseau fissurant la coquille de son œuf pour venir au monde. Si nous mettons nos doigts en « bec d'oiseau » et les enfonçons dans la cornée d'un prédateur, il aura beau être un culturiste de 100 kilos détenant une ceinture noire de karaté, il va tout de même avoir le **réflexe prévisible** de plier en deux sous la douleur et d'utiliser ses mains pour protéger ses yeux. Il ne veut pas qu'on les lui crève. (Déjà, c'est dérangeant d'avoir un cheveu ou un morceau de sable dans l'œil…) Comme nous pouvons **anticiper ce mouvement involontaire de sa colonne vertébrale**, un réflexe somatique[129], cela nous aide à **planifier l'enchaînement de notre séquence d'attaque**.

Par exemple, un violent coup de pied aux testicules risque de le garder replié, penché vers l'avant. C'est prévisible. Notons que les experts recommandent de viser les yeux en premier et de ne frapper dans les testicules qu'en deuxième, car les hommes ont tendance à protéger leurs testicules, la partie fragile de leur corps, mais qu'ils n'ont pas le réflexe de protéger leurs yeux.

En troisième lieu, on pourrait briser son genou d'un simple coup de pied, car même si l'assaillant est un géant, il faut peu de kilos de pression pour briser un genou (le ligament croisé antérieur) et rendre l'agresseur incapable de courir derrière nous afin de nous rattraper. **Le plus difficile**, selon les experts, c'est de **se résoudre à attaquer** jusqu'à ce que l'assaillant soit dans l'impossibilité de nous poursuivre.

Alors, s'il vous arrivait d'être coincé dans une **situation dangereuse** selon votre instinct, n'hésitez surtout pas à agir. Catherine[130], une élève du senseï Larkin, avait remarqué un gars qui semblait la surveiller, elle et ses amies, à l'entrée d'un stationnement souterrain. Il avait l'air normal, mais bizarrement, lorsqu'elle l'a vu, les poils sur son corps et derrière sa nuque se sont hérissés, et elle a senti son ventre se nouer. Elle a eu l'idée de demander à ses amies de l'accompagner jusqu'à sa voiture, mais elle **se sentait ridicule** de le faire, car elle **ne voulait pas passer pour une paranoïaque**. Elle a donc donné à cet homme le bénéfice du doute. En se dirigeant seule vers l'ascenseur, elle s'est raisonnée en se disant : *De toute façon, il est à l'autre bout du garage, il n'est même pas près de moi.*

Rendue de l'autre côté, en face de la cage d'ascenseur, elle a pesé sur le bouton, et soudainement l'homme qui lui avait donné la chair de poule est apparu devant elle, à quelques centimètres de son corps, l'empêchant de monter dans l'ascenseur. Ce n'était pas le temps de poser des questions. **Ses réflexes d'entraînement se sont enclenchés et elle est passée à l'action**. Elle a identifié une cible (ses testicules) et une arme (sa mallette), puis elle a frappé de toutes ses forces. L'homme s'est penché vers l'avant en se tordant de douleur et en relevant le menton, selon les mouvements réflexes somatiques prévisibles. Elle a alors assené un solide coup de poing sur sa tempe, avant de déguerpir en vitesse. Larkin, fier des réflexes de survie de son élève, n'en a pas moins déploré qu'elle se soit **mise en danger** en **refusant d'écouter son instinct**. Si Catherine avait demandé de l'aide comme elle en avait eu envie, sans se soucier du jugement de ses amies, elle aurait évité ce problème.

9.6 Prévenir plutôt que de subir

Les pompiers sont tellement bien entraînés à accomplir leur tâche en cas d'urgence, que malgré une peur dévorante, ils peuvent enchaîner les manœuvres comme s'ils étaient sur le pilote automatique. Alors, voici une formule générale pour installer, dans un cerveau humain, le programme de la bravoure : enseignons à une personne ce qui doit être fait en présence de danger, faisons-la pratiquer encore et encore, et au lieu d'être figée par la peur devant la menace, **son logiciel neuronal offrira automatiquement la réponse pratiquée**.

Après avoir suivi différentes formations d'autoprotection et m'être entraînée à leur type d'approche appelée *Full Force Full Contact*, je suis d'accord avec les observations de Snortland qui affirme qu'un combat mené avec une pleine force et un plein contact est un **événement cellulaire**[131], comme si les molécules de notre corps s'étaient transformées. C'est un apprentissage profond qui influe sur les niveaux physique, mental et émotionnel de notre être. Aussi, une étude[132] a conclu que les entraînements à l'autodéfense offraient les mêmes bénéfices psychologiques que les entraînements aux arts martiaux : une meilleure affirmation de soi, plus de confiance, une meilleure estime de soi, une réduction de l'anxiété, et une meilleure capacité de relaxation et de concentration.

Savoir quoi faire pour se protéger et comprendre les mécanismes de la violence, c'est tout ce que ça prend pour éviter d'y recourir. C'est comme un **vaccin contre la violence** qui nous **garantit une certaine paix d'esprit**.

J'ai eu l'occasion d'en ressentir moi-même les effets, car une nuit, vers 1 h du matin, après que mon avion fut retardé, j'ai dû circuler dans un stationnement de Toronto où j'ai tout à coup pris conscience qu'un homme me suivait de trop près. Sans tergiverser, sans me demander si j'étais pour embarrasser un homme qui n'avait sans doute aucune mauvaise intention, j'ai pris mon courage à deux mains. Je me suis retournée vers lui, en position d'attaque, en créant un mur d'intention avec mes mains et en disant fermement : *« Are you following me ? »* L'homme a sursauté, il a eu l'air confus et désolé. Il s'est excusé de m'avoir suivi d'aussi près en disant ne pas avoir réalisé que ça avait l'air suspect.

Tant mieux pour moi, l'homme en question était sans malice, mais **il vaut mieux prévenir que guérir**, n'est-ce pas ? Il reste que cette nuit-là, **l'assurance** et **la confiance** que j'ai ressenties à l'idée de ne pas être démunie, je les souhaite à tout le monde.

Abonnez-vous à mon infolettre, si vous désirez être avisé de la tenue d'éventuelles formations de ce genre avec notre équipe.

- L'entraînement à l'autoprotection est un outil puissant pour **stimuler la combativité** en nous et **activer l'énergie du guerrier**.
- Le fait de « **passer par le corps** » **renforce notre inconscient**. On force nos connexions neuronales à se connecter à notre puissance intérieure. C'est efficace au point de changer la structure même de nos rêves.
- S'entraîner au combat plein contact commande la **biochimie du courage** dans le cerveau. Plus on demande à notre corps de passer d'un mode défensif à un mode offensif, plus on produit de testostérone et moins on requiert de cortisol.
- C'est une manière indirecte de développer une **solidité psychologique inconsciente** qui se **déversera** ensuite, comme des **vases communicants**, dans les autres sphères de notre vie.
- Adoptons une attitude qui **n'invite pas l'attaque**.
- Écoutons notre **instinct**. La sécurité et l'estime de soi passent **avant l'embarras**. Méfions-nous de la « compulsion de gentillesse » que les prédateurs savent utiliser contre nous.
- C'est très difficile pour un individu civilisé de se résoudre à la violence pour blesser un agresseur potentiel. N'empêche que **celui qui lance l'attaque** tend à l'emporter… ou à s'en tirer.
- *Mieux vaut prévenir que guérir* : **investissons dans notre sécurité et notre paix d'esprit** en développant des réflexes physiques d'autoprotection accessibles en cas d'urgence.

Chapitre 10

Conclusion

10.1 Une vie de courage = une vie sans regret

« Une journée bien employée donne un bon sommeil; une vie bien employée procure une mort tranquille. »

— Léonard de Vinci

Au risque de me répéter, **c'est à l'avance qu'il faut décider du genre d'individus que nous serons fiers d'avoir été à la fin de notre vie**. Après avoir côtoyé pendant plusieurs années des patients en fin de vie, Bronnie Ware[133], infirmière en soins palliatifs, a précisé les regrets les plus communs des personnes qu'elle a accompagnées jusqu'à la mort. La majorité des patients en phase terminale regrettaient de **ne pas avoir eu le courage de vivre la vie qu'ils auraient voulue** (en étant plus fidèles à leurs convictions), après l'avoir vécue selon les attentes entretenues envers eux. Les gens qui se rendent compte que leur vie est presque terminée et qui la regardent avec clarté constatent combien de leurs rêves se sont évanouis. Ware affirme que la plupart des gens **n'ont pas réalisé la moitié de leurs rêves** et doivent mourir en ayant conscience qu'ils le doivent à leurs choix, ou omissions de choix de vie.

Beaucoup de ses patients déploraient leur absence de courage : ils avaient trop souvent étouffé leurs sentiments dans le but d'éviter les conflits. Le **prix à payer** pour avoir **acheté la paix**, c'était le ressentiment qui accompagnait l'évitement ; ils auraient préféré avoir eu plus souvent le courage de s'exprimer avec franchise pour assainir certaines relations que trop de retenue avait laissées se détériorer. D'autres estiment qu'ils auraient dû se libérer de relations malsaines qui avaient pollué leur quotidien trop longtemps. Ils regrettaient d'avoir accordé trop d'importance au regard des gens et de ne pas s'être accordés plus de folies, car une fois **sur notre lit de mort, ce que les autres pensent de nous est le cadet de nos soucis**.

Plusieurs s'en voulaient d'avoir consacré trop de temps à leur travail. Au lieu d'avoir couru après plus d'argent en faisant la concession de leur temps, ils auraient **préféré avoir la sagesse de simplifier leur style de vie dans le but de disposer de plus de temps** pour davantage savourer ce qui comptait pour eux en fin de vie, soit les rencontres et les expériences. Devant la mort, les possessions n'ont plus d'importance ; l'amour, l'amitié et les **relations avec les proches** sont **tout ce qui compte**. De nombreux individus trop pris par leur existence ont laissé s'étioler des amitiés en or et ils avaient beaucoup de regrets de ne pas avoir consacré le temps et les efforts nécessaires pour entretenir ces liens d'affection.

Enfin, le partage par les mourants de ces prises de conscience pleines de sagesse est un privilège pour nous, les vivants. Cela nous fait comprendre que nous n'avons pas besoin d'attendre la fin de notre vie pour en faire le bilan et rectifier le tir. Combien parmi ces patients aux soins palliatifs auraient aimé revenir en arrière et avoir la chance d'exercer des choix différents en cours de route ?

Heureusement, pour nous, cela demeure encore possible. Si nous prenons le temps de réfléchir aux priorités, nous pouvons dès maintenant poursuivre une vie selon de nouveaux choix qui vont nous nourrir et nous apporter la fierté. **Une vie sans courage nous expose au plus grand risque** qui soit : découvrir qu'il est maintenant trop tard et devoir **mourir le cœur lourd** du poids de nos regrets.

10.1.2 Partir le cœur léger

Souvenons-nous de la métaphore d'introduction de ce livre. À la fin d'une vie humaine, dans la mythologie égyptienne, Osiris procède à « **la pesée de l'âme** » du défunt. Sur un plateau de la balance, se retrouve **le cœur du mort** et sur l'autre plateau, **la plume de la déesse Maât**, symbole de paix, justice et vérité. Le principe était de rendre compte de ses actions et de sa manière de vivre sur terre en évaluant le rapport de poids des gestes nobles et courageux avec les gestes lâches et mesquins du défunt.

Ici et maintenant, si nous avions à procéder à la pesée de notre âme, entamerions-nous le reste de notre vie avec le **cœur léger** ? Est-ce le degré de conscience, de courage et de liberté à partir duquel je désire vivre le reste de mon existence (de mon temps de jeu sur terre) ?

Assis dans un **cinéma** avec nos proches, à **commenter la première partie du film de notre vie**, serions-nous satisfaits de notre existence ? Le ratio de nos gestes de courage-générosité et de nos moments de lâcheté-indifférence est-il positif ou négatif ?

Si le film de notre vie devait prendre fin en ce jour, pourrions-nous affirmer fièrement, devant ce qui s'est écoulé depuis notre naissance : « *Job done.* Mission accomplie. Mon passage sur terre n'aura pas été une vie pour rien. Mon existence aura compté » ?

Si par malheur ce visionnement nous laisse sur une impression de honte et de petitesse pour notre apport à autrui, ou d'insatisfaction devant les omissions de choix à l'affût de nos rêves, inspirons-nous des personnages du film *The Bucket List* (*Maintenant ou jamais* ou *Sans plus attendre*, 2008, avec Morgan Freeman et Jack Nicholson) en dressant **notre liste** des choses **à faire** et **à devenir** avant de mourir.

10.1.3 Maintenant ou jamais

Lorsque le médecin leur annonce qu'il leur reste à peine quelques mois à vivre, le mécanicien afro-américain dans la soixantaine Carter Chambers (Freeman) et le proprio de l'hôpital, Edward Cole (Nicholson), dressent une liste (*bucket list*) des **expériences à vivre avant leur mort**. Elle est longue : embrasser la plus belle fille au monde, vivre un safari en Afrique, visiter les pyramides d'Égypte et les montagnes de l'Himalaya, sauter en parachute, avoir un fou rire qui amène des larmes aux yeux, aider un pur inconnu, entreprendre une course d'autos en Mustang, etc.

Un élément de la liste requiert qu'Edward prenne son courage à deux mains et marche sur son orgueil pour retourner voir sa fille, après des années de conflit et de séparation, afin de rétablir leur relation brouillée. C'est d'ailleurs la partie la plus touchante du long métrage, car ce geste de réconciliation conduit le vieux milliardaire à cocher deux éléments de sa liste. Non seulement il aura dépassé sa crainte du rejet en allant frapper à la porte de sa fille, mais il aura la chance d'embrasser la plus belle fille au monde, sa petite-fille, qu'il n'avait jamais vue. En plus, il aura le bonheur de la serrer dans ses bras pour la première fois avant de mourir. Carter et Edward vivent intensément, au point de se dire qu'ils mourront tous les deux les yeux fermés, mais le cœur grand ouvert.

Chambers invitait chaque année ses étudiants de mécanique à dresser leur *bucket list*. Ils y consignaient tous leurs rêves à matérialiser avant de « passer l'arme à gauche ». Sauf que Carter n'a pas appliqué lui-même ce sage principe. Il a laissé le temps s'écouler, piégé par quantité de contraintes et d'obligations familiales, se contentant pendant quatre décennies d'un emploi de mécanicien qui n'était pas fait pour lui. À quelques mois de la mort, sa *bucket list* n'est qu'un dérisoire exercice mental, une recension d'occasions manquées et de regrets voilés.

On dit que le fait d'**apercevoir la fin imminente de notre vie** confère une **grande liberté**, puisque notre ego a moins d'emprise sur nous. Avoir le courage de faire taire notre orgueil nous conduit vers les plus belles récompenses de l'existence. Et vous ? Si vous aviez la détermination de braver votre ego, que contiendrait votre « *bucket list* » ? Y a-t-il des relations troubles que vous aimeriez avoir le courage de régler ? Des conversations courageuses à mener ? Des non-dits à aborder qui pèsent lourd sur vos épaules ? Des demandes de pardon à énoncer avec sincérité ? Ou encore des gens à qui pardonner ?

De même, en face du dernier jour, on prend conscience que le but de la vie n'aura certainement pas été de posséder plus, mais de **vivre plus** et de **devenir plus**. Aussi faut-il caresser des rêves audacieux susceptibles de faire déferler intensité et adrénaline dans nos veines, afin de nous sentir pleinement vivants le plus souvent possible.

Car en réalité, nous pouvons devenir des champions d'indifférence, d'évitement, de lâcheté et d'anxiété, il suffit de ne pas faire d'efforts lorsque ces états émotionnels surgissent en nous. De les laisser envahir notre conscience. Nous pourrons alors être certains qu'ils reviendront, toujours plus forts et plus présents.

Guy de Larigaudie a déjà dit : « Si tu veux creuser ton sillon droit, accroche ta charrue à une étoile. » À cet égard, dans le but de contrer la loi de la gravité qui pèse sur nos épaules et nous presse vers le bas, vers la petitesse, il est aussi crucial de **prêter une intention** particulière à notre vie et de **nous doter d'idéaux élevés** qui nous aspireront vers le haut, vers notre vie idéale.

10.2 Que ferait le courage ?

Pour me laisser guider par mon étoile et respecter mes idéaux, j'utilise un petit truc très simple. Je m'inspire de mon amie Christine Michaud. Dans ses conférences, elle parle d'une bonne sœur qui la conseillait alors qu'elle étudiait dans son jeune âge. Celle-ci lui répétait souvent : « Christine, qu'est-ce que l'amour ferait ? » Guidée par cette question, dans le but de faire des choix plus éclairés, j'ai souvent tenté, comme mon amie, de sonder **la réponse de l'amour**. J'ai d'ailleurs repris son exercice autrement, en me demandant, dans certains contextes, ce que **la sagesse ferait dans telle situation**. Ou comment **l'enthousiasme** répondrait.

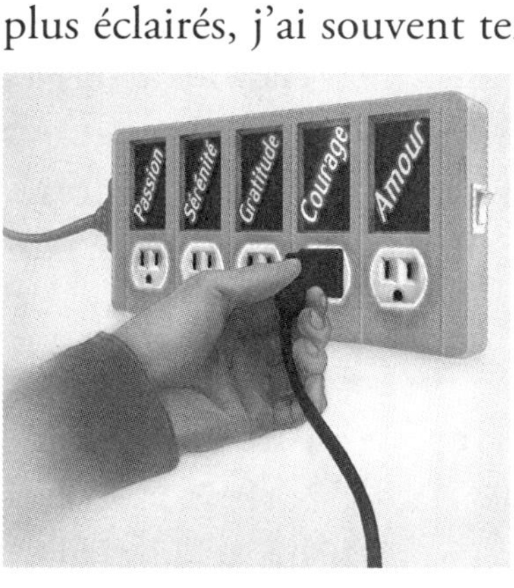

Maintenant, afin d'ajouter une corde à mon arc, devant les situations difficiles ou délicates, alors que je tergiverse sur l'attitude à adopter, je me pose la question suivante : *Isabelle,* ***qu'est-ce que le courage ferait ?*** Ou encore : *qu'est-ce qu'un noble guerrier samouraï ferait ?* Et souvent, en me connectant à cette perspective, la réponse monte d'elle-même. Et je m'attaque au défi que la vie m'expose sous cette impulsion valeureuse.

10.2.1 L'importance d'un code d'honneur

Pour ancrer encore plus nos intentions de vie, je nous souhaite de prendre le temps d'établir un **code d'honneur**, un ***bushidō*** comme l'appelaient les samouraïs. Un document sur notre mission et les valeurs qui donnent un sens à notre vie et qui nous font vibrer. Plutôt que d'attendre d'être dans le feu de l'action, aux prises avec un jugement qui risque d'être limité par une submersion d'émotions, il est salutaire d'anticiper les réactions que nous aimerions adopter si nous devions affronter différents scénarios de vie éprouvants.

Car même s'il ne court aucun risque d'être pris lorsqu'il agit mal, un homme d'honneur dispose de **repères internes** lui évitant de céder à la facilité ou la lâcheté. Personne n'a à le surveiller de l'extérieur, car à même son ossature psychique, il s'appuie sur une **solide colonne vertébrale morale et spirituelle** ; il ne répond de ses choix qu'à lui-même, car **il a fait de sa conscience son alliée**. Aussi, sa droiture inspire le respect et l'admiration, car ses valeurs sont plus solides et résistantes que celles du milieu ambiant ; il est « le maître de son destin, il est le capitaine de son âme[134] ».

« Celui qui a un pourquoi qui lui tient lieu de but, de finalité, peut vivre avec n'importe quel comment », a écrit Nietzsche. Alors, prenons le temps de déterminer nos pourquoi à nous. Pour qui ou pourquoi nous battons-nous ? Si la vie de nos enfants était en jeu, à quel genre de courage serions-nous capables d'accéder ?

10.3 Se battre au nom de la liberté

« Le secret du bonheur est la liberté.
Le secret de la liberté est le courage. »
— Périclès

Dans le même ordre d'idées, comme il a survécu à la barbarie du nazisme, le psychiatre juif Viktor Frankl a pu témoigner de l'aptitude incroyable d'un être humain à défier les pires conditions inimaginables et à transcender un sort atroce, du moment qu'il était capable de **voir un pourquoi** et d'envisager les situations exceptionnellement difficiles que la vie lui présentait comme des **épreuves de courage**.

Frankl a observé que même si on le brutalisait physiquement et moralement, malgré un manque de sommeil et une alimentation inadéquate, un individu était capable de préserver une partie de sa **liberté** et son **indépendance d'esprit**.

Le psychiatre explique que le sort du prisonnier résulte d'une **décision intérieure**. Il précise que le recours à son code d'honneur était un processus de choix continuel : « Et nous avions constamment à choisir. Il nous fallait **prendre des décisions sans arrêt**, des décisions qui déterminaient si nous allions [...] devenir ou non le jouet des circonstances et renoncer ou non à notre liberté et à notre dignité[135]. »

Selon ses dires, si le prisonnier ne résistait pas, s'il ne luttait pas pour sauver son honneur et n'était pas inspiré par des valeurs et des idéaux, il perdait de sa force de caractère, cessait de jouir de sa liberté d'esprit et devenait le jouet du désespoir. Et pour qu'une personne soit capable de survivre au pire, elle doit **vivre pour quelque chose ou quelqu'un pour lesquels elle était prête à mourir**[136]. C'est cet idéal qui lui a donné le courage de supporter le pire.

Dans les camps de concentration, véritables laboratoires et terrains d'observation, Frankl a remarqué à quel point la vie mettait l'âme humaine à nu, l'exhibant dans ses profondeurs ultimes, où s'étalait l'essence même de l'être humain, un **mélange de bien et de mal**. Il raconte avoir vu des hommes se comporter **comme des porcs** et d'autres **comme des saints**. Sur quoi il conclut que l'être humain possède en lui **deux potentiels** et qu'il lui revient de décider lequel il veut actualiser, indépendamment des conditions difficiles[137].

Le docteur mentionne que ceux qui ont vécu dans les camps se souviennent probablement encore de « ces prisonniers qui allaient, de baraque en baraque, consoler leurs semblables, leur offrant les derniers morceaux de pain qui leur restaient. Même s'il s'agit de cas rares, ceux-ci nous apportent la preuve qu'on peut tout enlever à une personne excepté une chose, **la dernière des libertés humaines : celle de décider de sa conduite**, quelles que soient les circonstances dans lesquelles elle se trouve[138] ».

Je nous souhaite ce genre de grandeur d'âme qu'apportent le courage et la liberté. Menons notre vie à la hauteur de nos valeurs en dépit des conditions extérieures. Faisons le choix de transformer nos expériences douloureuses en triomphes et utilisons toutes les munitions imaginables pour nous inspirer à faire de notre vie une victoire non pas sur les autres, mais avant tout sur nous-mêmes. **Une personne courageuse est une personne libre**.

10.3.1 L'invitation

Je tenais à présenter un joli texte d'Oriah qui m'inspire à mener une vie riche et pleine de sens. Ce petit texte se retrouve à plusieurs endroits dans mes différentes piles de papier. Et souvent, cela me fait sourire, car je me retrouve à tomber dessus, par surprise, à des moments très particuliers où j'ai justement besoin d'un petit rappel à l'ordre. Comme quoi il n'y aurait pas de hasard…

JE NE VEUX PAS SAVOIR CE QUE VOUS FAITES DANS LA VIE. Je veux seulement connaître vos désirs, savoir si vous avez assez d'audace pour imaginer la réalisation de vos rêves les plus chers.

Je ne veux pas savoir votre âge. Je veux savoir si vous oserez vous rendre ridicule au nom de l'amour, d'un rêve, ou de l'aventure de la vie.

Je ne veux pas savoir quelles planètes vous influencent. Je veux savoir si vous avez touché le centre de votre propre douleur, si les trahisons de la vie vous ont permis de vous ouvrir, ou si la peur de souffrir encore vous a induit à vous refermer sur vous-même. Je veux savoir si vous pouvez regarder la souffrance en face, la mienne ou la vôtre, sans essayer de la cacher, de l'atténuer ou de la nier.

Je veux savoir si vous pouvez laisser la joie vous habiter, la mienne ou la vôtre, si vous pouvez danser de bonheur et vous laisser remplir d'extase jusqu'au bout des doigts et des orteils, sans faire appel à la prudence et au réalisme, sans rappeler les limites de la condition humaine.

Je ne veux pas savoir si l'histoire que vous me racontez est vraie. Je veux savoir si vous seriez capable de décevoir une personne pour rester fidèle à vous-même, de faire face à des accusations de trahison sans vous trahir; d'être déloyal, mais digne de confiance.

Je veux savoir si vous êtes capable de saisir la beauté du quotidien, même quand tout n'est pas joli, et si vous pouvez nourrir votre vie de sa présence.

Je veux savoir si vous pouvez vivre malgré l'échec, le mien ou le vôtre, et tout de même vous tenir sur le rivage du lac et crier aux reflets argentés de la pleine lune : « Oui ! »

Je ne veux pas savoir où vous vivez, ni combien d'argent vous avez. Je veux savoir si vous pouvez vous lever, après une nuit de souffrance et de désespoir, malgré votre fatigue et votre douleur profondes, et faire ce qu'il faut pour nourrir les enfants.

Je ne veux pas savoir qui vous connaissez, ni comment vous avez fait pour arriver ici. Je veux savoir si vous resterez au centre du feu avec moi, sans reculer.

Je ne veux pas savoir ce que vous avez étudié, ni où ni avec qui. Je veux savoir ce qui vous nourrit de l'intérieur, quand tout le reste s'évanouit.

Je veux savoir si vous pouvez être seul avec vous-même et si vous aimez vraiment la personne qui vous tient compagnie dans vos moments de solitude[139].

Je vous invite, comme moi, à vous en imprégner, à vous en inspirer pour rédiger votre propre code d'honneur, voire pour identifier ce qui, dans votre vie, mérite d'être enrichi et bonifié pour que cette dernière acquière la pleine saveur que vous méritez.

10.4 Une saine obsession

« On peut tout avoir si on le veut avec suffisamment de force. Il faut le vouloir avec une exubérance qui vous sort par tous les pores et rejoint l'énergie qui a créé le monde. »

— Sheila Graham

Je nous souhaite une **fascination** pour toutes les méthodes qui nous permettront de développer nos muscles courageux. Bondissons sur chaque occasion qui se présentera pour forcer nos connexions neuronales à se brancher dans la prise électrique du courage, afin d'intégrer une nouvelle option par défaut à notre tempérament. Prenons le temps de bien **installer ce logiciel**

neuronal qui soutiendra la fermeté de notre âme et la force de caractère permettant d'affronter les risques, la souffrance, l'effort, les revers et les circonstances difficiles de nos vies.

Et pour que nos accès neurologiques au courage soient rapides et puissants, à l'aide des moyens présentés dans ce livre, entraînons notre système nerveux central par la neuroplasticité autodirigée. Soyons fidèles à nous-mêmes le plus souvent possible et armons-nous contre la malice, faisons-le à l'aide de cours d'affirmation de soi ou de thérapies, et de cours d'autoprotection, où notre physiologie convaincra notre inconscient de notre réelle puissance intérieure. Souvenons-nous qu'il est possible d'activer la biochimie du courage en inversant le rapport testostérone/cortisol à notre avantage; que nous pouvons nous équiper de munitions «limbiques» pour commander notre cerveau émotionnel en utilisant notre corps comme pharmacie. Exploitons le langage symbolique de notre inconscient à l'aide des archétypes du courage, référons-nous à ces coachs gratuits offerts dans les films. Exploitons ensuite le pouvoir des trames sonores capables de déclencher les différents registres émotionnels du courage en nous.

Surtout, **ne nous résignons jamais à vivre une petite vie**, bien installés dans la voie de service, à éviter tout danger et inconfort, **à simplement attendre que le temps passe**. Mordons à pleines dents dans le processus qui maximisera le développement de notre potentiel et faisons-nous la promesse de **ne jamais renoncer**. Un samouraï n'abandonne jamais ni personne ni lui-même.

Brassons la matrice, sautons à l'eau et mouillons-nous. Participons à des formations inusitées, embauchons un vrai coach qui nous poussera à fond; agissons, prenons position, provoquons des changements salutaires. Engageons-nous corps et âme. Ce faisant, nous aurons sans doute la chance de constater, comme le dit l'adage, que lorsque l'élève démontre à la vie qu'il est prêt, les maîtres entrent alors en scène pour le conduire plus loin. Développons une **saine obsession** pour le courage, car « si nous cherchons quelque chose, cette chose est aussi à notre recherche[140] », comme l'affirme Paulo Coelho.

Persévérons, même si c'est difficile, pour qu'à la fin, cette vie-ci ait réellement compté. Et par-dessus tout, ne réduisons jamais la cadence, même s'il arrivait que les résultats de notre évolution tardent à se manifester. Il se pourrait que nous soyons simplement en train de construire un formidable réseau de racines neurologiques souterraines invisibles à l'œil nu, mais qui nous donneront ensuite la force de **franchir un cap**, de **réussir une percée de courage** spectaculaire dans notre vie, exactement à la manière dont se développent certains bambous :

« On raconte qu'il existe en Chine une variété de bambou tout à fait particulière. Si l'on sème une graine dans un terrain propice, il faut s'armer de patience… En effet, la première année, il ne se passe rien : aucune tige ne daigne sortir du sol, pas la moindre pousse. La deuxième année non plus. La troisième ? Pas davantage. La quatrième alors ?… Que nenni ! **Ce n'est que la cinquième année que le bambou pointe enfin le bout de sa tige hors de terre. Mais il va alors pousser de douze mètres en une seule année : quel "rattrapage" spectaculaire !** La raison en est simple : pendant cinq ans, alors que rien ne se produit en surface, le bambou développe secrètement de prodigieuses racines dans le sol grâce auxquelles, le moment venu, il est en mesure de faire une entrée triomphante dans le monde visible, au grand jour[141]. »

Inspirons-nous de l'allégorie du bambou pour nous convaincre qu'il ne faut jamais se décourager ni penser qu'on ne grandit pas malgré tous nos efforts. S'il nous arrivait de croire que tout ce que nous avons appris n'avait pas formé de racines, demandons-nous plutôt *« est-ce que je fais vraiment tout ce que je peux pour que le bambou chinois grandisse ? »* et lâchons prise en ayant la foi qu'une transformation s'opère et qu'avec l'entraînement assidu vers plus de courage, notre tempérament atteindra éventuellement son **point de bascule**, qu'il fera un bond quantique vers un changement de niveau de conscience et vers plus de liberté intérieure, car nous aurons développé la structure neuronale nécessaire à cet exploit.

10.5 *My Way*

Dans les premières pages de cet ouvrage, j'ai avoué qu'au début de la trentaine, à l'époque prudente et confortable de mon existence où « je me cherchais », ma vie professionnelle n'était pas celle pour laquelle j'avais été conçue ; ce n'était pas moi et je le sentais. Aujourd'hui, à 41 ans, après plusieurs **décisions stratégiques, néanmoins risquées**, qui ont exigé beaucoup de courage et m'ont fait battre le cœur intensément, après des sauts sans parachute dans lesquels j'ai choisi de me lancer sans garantie, armée de ma bonne foi et de mon enthousiasme, j'ai vu des filets apparaître pour récompenser mes décisions courageuses. Il m'arrive souvent de **me dire merci** pour ne pas m'être abandonnée moi-même. Pour ne pas m'être résignée. Pour avoir vaincu ma peur de perdre. Pour avoir osé.

Je sais aujourd'hui que je suis née pour être conférencière, pour communiquer avec les gens, pour échanger avec eux et leur transmettre des outils permettant d'être plus libres, plus puissants et plus heureux. C'est **ma raison d'être**. Je n'en doute plus.

Curieuse, j'adore lire, expérimenter et apprendre, cela me donne de l'énergie. La partie « recherches » derrière ce livre fut donc un régal.

Cependant, pour l'extravertie que je suis, l'**isolement** permettant la mise en mots de ces découvertes et la **solitude** du processus de rédaction nécessaire à la production de ce livre fut une **dure traversée du désert**. L'année 2013 fut une épreuve de courage et d'endurance qui a exigé beaucoup de moi et de mes proches. J'ai dû renoncer à des moments en famille, me priver des fêtes entre amis, sacrifier des moments de détente, m'imposer des réveils à 4 h 30. Je me suis infligé des rigueurs et j'ai dû me faire violence à plus d'un moment.

Alors que je suis à écrire ces dernières lignes, signe de la fin de ce long processus, une chanson joue en musique de fond, et je ressens plus que jamais à quel point **traverser ce qui nous paraît difficile** nous injecte une énorme dose de **fierté** et de **satisfaction**.

Et j'espère de toute mon âme que certains concepts présentés dans ce livre vous donneront le goût d'honorer votre vie tout au long de votre route et qu'ils vous permettront, le moment venu, de faire face au spectacle de votre existence passée, en fredonnant avec Paul Anka ou Frank Sinatra, comme moi actuellement, les célèbres paroles de *My Way* pour avoir eu le courage de vivre notre vie **à notre façon**...

MY WAY

And now, the end is near
And so I face the final curtain
My friend, I'll say it clear
I'll state my case, of which I'm certain
I've lived a life that's full
I traveled each and ev'ry highway
And more, much more than this, I did it my way

BIBLIOGRAPHIE

Amen, Daniel G., M.D., *Change Your Brain, Change Your Life: The Breakthrough Program for Conquering Anxiety, Depression, Obsessiveness, Anger, and Impulsiveness*, New York, Three Rivers Press, 1999, 352 p.

André, Christophe, *Imparfaits, libres et heureux: Pratiques de l'estime de soi*, Paris, Odile Jacob, 2006, 470 p.

Biswas-Diener, Robert, *The Courage Quotient: How Science Can Make You Braver*, San Fransisco, Jossey-Bass, 2012, xv-184 p.

Boltz, Marilyn G., « The Cognitive Processing of Film and Musical Soundtracks », *Memory & Cognition*, vol. 32, n° 7, octobre 2004, pp. 1194-1205.

Brooks, Alison Wood, « Get Excited: Reappraising Pre-Performance Anxiety as Excitement », *Journal of Experimental Psychology: General*, 2013.

Brown, Brené, *Daring Greatly*, New York, Gotham Books, 2012.

Brown, Brené, *The Gifts of Imperfection: Let Go of Who You Think You're Supposed to Be and Embrance Who You Are*, Minnesota, Hazelden, 2010, 160 p.

Clerc, Olivier, *La grenouille qui ne savait pas qu'elle était cuite… et autres leçons de vie*, Paris, Éditions Jean-Claude Lattès, 2005.

Coelho, Paulo, *Aleph: Ici commence un nouveau chapitre de votre vie*, Paris, Flammarion, coll. « Littérature étrangère », 2011, 312 p.

Compte-Sponville, André, *Petit traité des grandes vertus*, Paris, Presses universitaires de France, 1995, 391 p.

Cormier, Solange, *Dénouer les conflits relationnels en milieu de travail*, Sainte-Foy, Presses de l'Université du Québec, 2004, xi-188 p. Disponible sans frais dans Internet.

Damisch, Lysann, Barbara Stoberock et Thomas Mussweiler. « Keep Your Fingers Crossed ! How Superstition Improves Performance », *Psychological Science*, vol. 21, n° 7, juillet 2010, pp. 1014-1020.

D'Ansembourg, Thomas, *Cessez d'être gentil soyez vrai ! : Être avec les autres en restant soi-même*, préface de Guy Corneau, Montréal, Les Éditions de l'Homme, 2013 (2001), 249 p.

De Becker, Gavin, *The Gift of Fear*, New York, Dell, 1998, 432 p.

Elie, Marie-Pier, « Le péché, c'est capital ! », *Québec Science*, mars 2011, pp. 16-20.

Ferriss, Timothy, *La Semaine de 4 heures : Travaillez moins, gagnez plus et vivez mieux !*, Paris, Pearson, coll. « Efficacité professionnelle », 2010, 2e édition mise à jour et enrichie, 320 p.

Fontaine, Isabelle, *EMPOWER : Stratégies pour maximiser votre intelligence émotionnelle par le pouvoir et l'énergie des émotions*, Brossard, Les Éditions Un monde différent, 2010, 240 p.

Frankl, Viktor E., *Découvrir un sens à sa vie avec la logothérapie*, Montréal, Les Éditions de l'Homme, coll. « Actualisation », 2006 (1988), 164 p.

Fuller, Julian R., « Martial Arts and Psychological Health », *British Journal of Medical Psychology*, vol. 61, n° 4, décembre 1988, pp. 317-328.

Gentry, William Doyle, *Anger-Free : Ten Basic Steps to Managing Your Anger*, New York, HarperCollins, 2000 (1999), 224 p.

Goleman, Daniel, *L'Intelligence émotionnelle 1 : Comment transformer ses émotions en intelligence*, Paris, Robert Laffont, 1999, 421 p. ; *L'Intelligence émotionnelle : Accepter ses émotions pour développer une intelligence nouvelle*, Paris, Éditions J'ai Lu, coll. « Bien-être », 2006 (1998), 505 p.

Goleman, Daniel, *L'Intelligence émotionnelle-2 : Accepter ses émotions pour s'épanouir dans son travail*, Paris, Éditions J'ai Lu, coll. « Bien-être. Psychologie », 2003 (1999), 383 p.

Grace, Maria, *Reel Fulfillment : A 12-Step Plan for Transforming Your Life Through Movies*, New York, McGraw-Hill, 2005, 256 p.

Hesley, John W., et Jan G. Hesley, *Rent Two Films and Let's Talk in the Morning : Using Popular Movies in Psychotherapy*, New York, John Wiley & Sons, 2001 (1998), 384 p.

Heyden, Margaret S., Billie Francis Anger, Tiel Theng-woo Jackson, et Todd David Ellner, « Fighting Back Works : The Case for Advocating and Teaching Self-Defense against Rape », *Journal of Physical Education, Recreation, and Dance (JOPERD)*, vol. 70, n° 5, mai 1999, pp. 31-34

Jeffers, Susan, *Feel the Fear and Do It Anyway*, New York, Ballantine Books, 2006 (1987), 240 p.

Jeffers, Susan, *Tremblez mais osez ! : Qu'est-ce qui vous empêche d'être celui que vous voulez être et de mener la vie dont vous rêvez ?* Paris, Marabout, coll. « Poche Psychologie », 2013 (2007), 223 p.

Jordis, Christine, *Gandhi*, Paris, Éditions Gallimard, coll. « Folio, Biographies », 2006, 371 p.

Gandhi, Mahātmā, *Tous les hommes sont frères : Vie et pensées du Mahātmā Gandhi d'après ses œuvres.* Textes choisis par Krishna Kripalani, trad. de l'anglais par Guy Vogelweith ; préface d'Olivier Lacombe ; introduction de Sarvepalli Radhakrishnan. Paris, Gallimard, 1979, 313 p. Édition princeps : coll. « Idées », n° 200, 1969.

Gandhi, Mahātmā, *Lettres à l'Âshram*, Paris, Albin Michel, coll. « Spiritualités vivantes », 1948, 184 p.

Juslin, Patrick, et John A. Sloboda, *Music and Emotion : Theory and Research,* coll. « Series in Affective Science », Oxford, Oxford University Press, 2001, 504 p.

Larkin, Tim, *Survive the Unthinkable ; A Total Guide to Women's Self-Protection*, préface de Tony Robbins, Emmaus (PA) et New York, Rodale Books, 2013, 176 p.

Layole, Gérard, *Dénouer les conflits professionnels : l'intervention paradoxale*, Paris, Éditions d'Organisation, 1984, 118 p.

Lelord, François, et Christophe André, *L'Estime de soi : S'aimer pour mieux vivre avec les autres*, Paris, Odile Jacob, coll. « Poches O. J. », 2001, 319 p.

Lelord, François, et Christophe André, *La Force des émotions : Amour, colère, joie*, Paris, Odile Jacob, 2001, 401 p.

Levitin, Daniel, *Life Soundtracks : The Uses of Music In Everyday Life*, 2007.

Disponible : http://ebookbrowsee.net/da/daniel-levitin#.UyDO_4UyN9k

Levitin, Daniel, *This Is Your Brain on Music : The Science of a Human Obsession*, New York, Dutton & Penguin, 2006. Disponible : http://ebookbrowsee.net/da/daniel-levitin#.UyDO_4UyN9k

Niemiec, Ryan M., et Danny Wedding, *Positive Psychology at the Movies : Using Films to Build Virtues and Character Strengths*, Boston, Hogrefe & Huber Publishers, 2008, 320 p.

O'Hanlon, Bill, *Do One Thing Different : Ten Simple Ways to Change Your Life*, New York, William Morrow, 2000, 224 p.

Oriah, *The Invitation*, San Francisco, HarperOne, 1999, 136 p.

Pattakos, Alex, *Découvrir un sens à son travail*, Montréal, Les Éditions de l'Homme, 2006, 190 p. Œuvre originale : Prisoners of Our Thoughts. D'après les théories de Viktor Frankl.

Pearson, Carol S., *Awakening the heroes within : Twelve Archetypes to Help Us Find Ourselves and Transform Our World*, New York, HarperCollins, 2012 (1991), 352 p.

Pearson, Carol S., *The Hero Within*, San Francisco, HarperOne, 2013, 370 p.

Peterson, Christopher, et Martin E. P. Seligman, *Character Strengths and Virtues : A Handbook and Classification*, New York et Oxford, American Psychological Association et Oxford University Press, 2004, 800 p.

Proulx, Jean, et Rémi Tremblay, *Mots de passe : petit lexique pour la joie de vivre*, Montréal, Médiaspaul, 2013, 191 p.

Ranck-Buhr, Chris, « Reality Check, Please : The Awful Truth About Self-Defense », *The TFT Blog*, 6 septembre 2013.

Rosenberg, Marshall B., *Les mots sont des fenêtres (ou bien ce sont des murs) : Introduction à la Communication non-violente*, 2e édition mise à jour, préface de Charles Rojzman, préface inédite d'Arun Gandhi, Paris, Éditions La Découverte, coll. « Les clés de la CNV », 2004, 271 p. ; 2e édition revue et augmentée, Genève-Bernex et Saint-Julien-en-Genevois, Éditions Jouvence, 2004, 235 p. 1re édition. Titre original : *Nonviolent Communication : A Language of compassion*, 1999.

http://www.worldcat.org/title/mots-sont-des-fenetres-ou-des-murs-introduction-a-la-communication-non-violente/oclc/84750749/editions?referer=di&editionsView=true

Saint-Exupéry, Antoine de, *Œuvres complètes*, t. II, Paris, Gallimard, coll. « Bibliothèque de la Pléiade », n° 454, 1999, 1568 p.

Servan-Schreiber, David, *Guérir le stress, l'anxiété et la dépression sans médicaments ni psychanalyse*, Paris, Éditions Robert Laffont, 2011 (poche) et 2003, 301 p.

Servan-Schreiber, David, *Anticancer : Prévenir et lutter : grâce à nos défenses naturelles*, Paris, Éditions Robert Laffont, 2011 (poche), 2010 (2007), 360 p.

Snortland, Ellen, *Beauty Bites Beast : Awakening the Warrior Within Women and Girls*, préface de Gavin de Becker, Sunland (CA), B3 Books, 1998, xxiii-198 p.

Stone, Douglas, Bruce Patton, et Shaila Heen, *Comment mener les discussions difficiles*, Paris, Seuil, 2001, 320 p. Téléchargement gratuit : http://www.pesebooks.com/comment-mener-les-discussions-difficiles-PDF-1461639/

Sykes, Charles J., *50 règles que les jeunes n'apprendront pas à l'école*, Gatineau, Les Éditions du trésor caché, 2008, 224 p.

Trungpa, Chögyam, *Shambhala* : *La Voie sacrée du guerrier*, Paris, Seuil, 2004 (1990).

Ware, Bronnie, *Les Cinq Plus Grands Regrets au moment de la mort : Des leçons de vie inspirées des mourants,* Québec, Le Dauphin Blanc, 2013, 286 p. Ouvrage original : *The Top Five Regrets of the Dying* : A Life *Transformed by the Dearly Departing*, Londres/ Alexandria (Australie), 2012 (2011).

Werber, Bernard, *L'Empire des anges*, roman, Paris, Albin Michel, coll. « Le livre de poche », 2002 ; 2000, 408 p.

Wiseman, Richard, et Caroline Watt, « Measuring Superstitious Belief : Why Lucky Charms Matter », *Personality and Individual Differences*, vol. 37, n° 8, décembre 2004, pp. 1533-1541.

Young, Jeffrey E., et Janet S. Klosko, *Je réinvente ma vie : Vous valez mieux que vous ne pensez*, préface de Pierre Cousineau, Les Éditions de l'Homme, 2013 (2003), 361 p.

NOTES

1. Werber, Bernard, *L'Empire des anges*, Paris, Albin Michel, coll. « Le livre de Poche », 2002, pp. 32-33 ; c'est moi qui souligne en gras.
2. *Ibidem*, p. 28.
3. *Ibid.*, p. 156.
4. Biswas-Diener, Robert, *The Courage Quotient : How Science can make you braver*, San Francisco, Jossey-Bass, 2012, 320 p.
5. Pearson, Carol S., *The Hero Within : Six archetypes we live by*, New York, HarperOne, 2013 (1998), 368 p.
6. L'expression vient de Charles J. Sykes, *50 règles que les jeunes n'apprendront pas à l'école*, Gatineau, Les Éditions du trésor caché, 2008, 224 p.
7. Agence QMI et TVA Nouvelles, « Record d'ordonnances : Les Québécois accros aux antidépresseurs » : http://tvanouvelles.ca/lcn/infos/national/archives/2012/06/20120613-051503.html.
8. La prise d'antidépresseurs a été en progression constante, ces dernières années, au Québec. Tant et si bien que l'augmentation est de l'ordre de 50 %, en 5 ans.
9. Sykes, Charles J., *op. cit.* Cet auteur est chroniqueur pour *The New York Times* et *The Wall Street Journal.*
10. *Ibid.*, p. 31.
11. *Ibid.*, p. 60.

12. *Ibid.*, p. 64.
13. Clerc, Olivier, *La grenouille qui ne savait pas qu'elle était cuite... et autres leçons de vie*, Paris, Éditions Jean-Claude Lattès, 2005, 215 p. ; c'est moi qui souligne.
14. Dans *Rocky Balboa 6*.
15. Sir William Wallace(Mel Gibson), dans *Braveheart* (1995, Coeur vaillant).
16. Compte-Sponville, André, *Petit traité des grandes vertus*, Paris, Presses universitaires de France, 1995, p. 67.
17. *Ibid.*
18. On dit d'une « vertu » que c'est une disposition constante qui porte à faire le bien et à éviter le mal. Plus concrètement, une force émotionnelle qui permet d'accomplir ce qui doit l'être, malgré l'adversité et l'opposition internes ou externes.
19. Tapez sur Google les mots VIA Survey ou suivez ce lien : http://www.viame.org/survey/account/register.
20. D'Ansembourg, Thomas, *Cessez d'être gentil, soyez vrai ! : Être avec les autres en restant soi-même*, préface de Guy Corneau, Montréal, Les Éditions de l'Homme, 2013 (2001), p. 221.
21. Proulx, Jean, et Rémi Tremblay, *Mots de passe : petit lexique pour la joie de vivre,* Montréal, Éditions Médiaspaul, 2013, p. 106.
22. Pour en savoir plus sur le sujet : Servan-Schreiber, David, *Guérir le stress, l'anxiété et la dépression sans médicaments ni psychanalyse*, Paris, Éditions Robert Laffont, 2003, 301 p.
23. Ibid., p. 45.
24. D'Ansembourg , Thomas, *Cessez d'être gentil, soyez vrai !*, œuvre citée, p. 21.
25. Pour l'archétype du courage, j'ai utilisé les distinctions provenant des livres de Carol S. Pearson : *Awakening the Heroes Within : Twelve Archetypes to Help Us Find Ourselves and Transform Our World*, New York, HarperOne, 2012 (1991), 352 p. ; et *The*

Hero Within : Six archetypes we live by, New York, HarperOne, 2013 (1998).

26. Pearson, Carol S., *The Hero Within*, op. cit., p. 114.
27. Pour en savoir plus sur la cinémathérapie et avoir des répertoires de films qui traitent de certains enjeux de vie, je vous suggère aussi la lecture du livre *Reel Therapy,* cité dans la bibliographie.
28. Voir les chap. 13 et 14 de : Fontaine, Isabelle, *EMPOWER : Stratégies pour maximiser votre intelligence émotionnelle par le pouvoir et l'énergie des émotions*, Brossard, Les Éditions Un monde différent, 2010, 240 p.
29. Boltz, Marilyn G., « The Cognitive Processing of Film and Musical Soundtracks », *Memory & Cognition*, vol. 32, n° 7, octobre 2004, p. 1194-1205.
30. Niemiec, Ryan M., et Danny Wedding, *Positive Psychology at the Movies : Using Films to Build Virtues and Character Strengths*, Cambridge, MA (États-Unis), Hogrefe & Huber Publishers, 2008, p. 9.
31. Verbatim du *Dernier Samouraï*, traduit en français.
32. Durieux, Isabelle, *La Petite Samouraï*, récit, Paris, L'Harmattan, 2010, pp. 63-64. Texte attribué à un samouraï anonyme du 14e siècle.
33. Version française du poème selon le film *Invictus*, réalisé et coproduit par Clint Eastwood.
34. Attribuée au philosophe et politicien irlandais Edmund Burke.
35. Niemöller, Martin, *Le silence des pantoufles est plus dangereux que le bruit des bottes.* Je souligne.
36. *Le Post* (devenu *Le Huffington Post* en 2012) archives, 3-10-2008. Texte de Martin Niemöller (1892-1984), ex-aviateur militaire, théologien et pasteur déchu mis prématurément en retraite pour avoir fondé la Ligue d'urgence des pasteurs. On l'a arrêté en 1937 et envoyé au camp de concentration de Sachsenhausen, avant

son transfert en 1941 au camp de Dachau. Libéré par la chute du régime nazi, en 1945. Je souligne.

37. Levitin, Daniel, *Life Soundtracks : The uses of music in everyday life,* rapport, 11 mai 2007, 10 p. Voir http://www.russballard.com/rbv7-workshop/physics/Unit%203%20Vibrations/LifeSoundtracks.pdf. Le professeur Levitin a aussi écrit *This Is Your Brain On Music : The Science of a Human Obsession* (Londres, Penguin Books, 2006, 314 p.).

38. http://www.lapresse.ca/sports/londres-2012/201207/31/01-4560919-la-musique-carburant-des-athletes-olympiques.php (je souligne).

39. *Ibid.*

40. *Gandhi* (1982) à 1 h 52 min.

41. Biswas-Diener, Robert, *The Courage Quotient*: *How Science Can Make You Braver*, San Francisco, Jossey-Bass, 2012, pp. 20-21.

42. Goleman, Daniel, *L'Intelligence émotionnelle, 1 : Comment transformer ses émotions en intelligence*, Paris, Éditions Robert Laffont, 1999, 421 p.

43. Servan-Schreiber, David, *Guérir le stress, l'anxiété et la dépression sans médicaments ni psychanalyse*, Paris, Éditions Robert Laffont, 2003, p. 36.

44. L'allocution d'Amy Cuddy est disponible sur le site Internet des conférences TED (Technologie, Entertainment, Design) et sur ce lien : www.ted.com/talks/amy_cuddy_your_body_language_shapes_who_you_are?language=fr-ca. Découvrez ses autres conférences sur sa page Web : http://www.hbs.edu/faculty/Pages/profile.aspx?facId=491042

45. http://www.ted.com/talks/amy_cuddy_your_body_language_shapes_who_you_are ?language=fr-ca

46. « Les femmes ont besoin de testostérone » : http://www.santenatureinnovation.com/les-femmes-ont-besoin-de-testosterone/ et « 9 Body Hacks to Naturally Increase Testosterone » : http://fitness.mercola.com/sites/fitness/archive/2012/07/27/increase-testosterone-levels.aspx
47. Pour plus d'informations, voir http://fitness.mercola.com/sites/fitness/archive/2012/02/10/phil-campbell-interview.aspx et http://backstromwellness.com/Peak8.pdf
48. DHEA est un acronyme - son vrai nom est la déhydroépiandrostérone.
49. http://pilule.telequebec.tv/occurrence.aspx?id=127 *Une pilule, une petite granule* / Télé-Québec, émission du 30 novembre 2006 : La DHEA – la fontaine de jouvence en pilule ?
50. Le chapitre 9 du traité *Guérir le stress, l'anxiété et la dépression sans médicaments ni psychanalyse*, de David Servan-Schreiber, nous décrit l'apport des oméga-3 sur le cerveau et donne un bon nombre de recommandations.
51. Servan-Schreiber, David, *ibid.*, p. 147. Je souligne.
52. *Ibid.*, p. 156.
53. Elie, Marie-Pier, « Le péché, c'est capital ! », *Québec Science*, mars 2011, pp. 16-20.
54. Brooks, Alison Wood, « Get Excited : Reappraising Pre-Performance Anxiety as Excitement », *Journal of Experimental Psychology*, 2013 : http://www.apa.org/pubs/journals/releases/xge-a0035325.pdf
55. Pour en savoir plus : www.activetoncourage.com et pour être tenu au courant des prochaines dates, inscrivez-vous à mon infolettre mensuelle ici : www.isabellefontaine.ca
56. La respiration du feu, c'est une respiration rapide (on vise deux ou trois respirations par seconde), continue et puissante, sans pause entre l'inspiration et l'expiration. On la pratique pendant trois minutes au rythme d'une musique soutenue, à volume maximal.

Lorsque vous expirez, l'air est expulsé en tirant le nombril et l'abdomen vers la colonne vertébrale. Lors de ce mouvement, la région de la poitrine reste modérément relaxée. La concentration de l'énergie se fait au centre du nombril. Vous devez sentir les muscles de cette région se contracter rythmiquement. Lorsque vous inspirez, l'abdomen se relaxe et le diaphragme s'abaisse, la respiration est ressentie plus comme une relaxation qu'un effort. Les muscles utilisés sont les abdominaux. Le reste du corps est relativement immobile. Même le haut de la poitrine est immobile et dans une position un peu surélevée. Ce n'est pas une respiration instinctive, car la plupart des gens n'ont jamais appris à respirer ainsi. Aussi, c'est l'antithèse de la respiration superficielle et irrégulière, caractéristique des états émotionnels qui accompagnent les pensées négatives et anxiogènes.

57. Cette notion du pouvoir des mots et l'idée des métaphores de juke-box et de *dimmer* viennent d'une formation avec Danie Beaulieu intitulée « L'Art de semer ».

58. Régulateur d'intensité, en français.

59. Servan-Schreiber, David, *Anticancer : Prévenir et lutter grâce à nos défenses naturelles*, Paris, Éditions Robert Laffont, 2007, p. 231.

60. *Ibid.*, p. 234.

61. *Ibid.*, p. 295.

62. Il s'agit de l'association CAMI (cancer, arts martiaux et information), présente en France.

63. Lelord, François, et Christophe André, *La Force des émotions*, Paris, Odile Jacob, 2001, p. 274.

64. De Becker, Gavin, *The Gift of Fear*, New York, Dell, 1998, p326. Traduction française : De Becker, Gavin, *La peur qui vous sauve : comment reconnaître et prévenir la violence*, Paris, J.-C. Lattès, 1998.

65. *Ibid.*, p. 327.
66. Lelord, François, et Christophe André, op. cit., p. 301.
67. Ibid., p. 306.
68. Servan-Schreiber, David, *On peut se dire au revoir plusieurs fois*, Paris, Éditions Robert Laffont, 2011, p. 85. C'est moi qui souligne.
69. *Ibid.*, p. 86. Je souligne.
70. L'histoire que Bill O'Hanlon nous a racontée se retrouve aussi dans son ouvrage *Do One Thing Different : Ten Simple Ways to Change Your Life*, New York, William Morrow and Company, 1999 ; New York, Quill, 2000, pp. 55 à 57. Traduction libre et je souligne.
71. Ces idées proviennent de la formation « Bye Bye Anxiété » de Danie Beaulieu.
72. Pour vous aider à distinguer vos propres scénarios du monde (vos modèles limitatifs), à démystifier vos pensées automatiques et déterminer certains de vos 1000 démons, voici un ouvrage intéressant : Young, Jeffrey E, et Janet S Klosko, *Je réinvente ma vie : Vous valez mieux que vous ne pensez*, Montréal, Les Éditions de l'Homme, 2013, 361, [7] p. Œuvre originale : *Reinventing Your Life*, 1995.
73. Jeffers, Susan, *Tremblez, mais osez ! : Qu'est-ce qui vous empêche d'être celui que vous voulez être et de mener la vie dont vous rêvez ?* Paris, Marabout, coll. « Poche Marabout », 2013 (2007), p. 80.
74. O'Hanlon, Bill, *Do One Thing Different : Ten Simple Ways to Change Your Life*, New York, William Morrow and Company, 1999 ; New York, Quill, 2000, pp. 93-94.
75. Biswas-Diener, Robert, *The Courage Quotient : How Science Can Make You Braver*, San Francisco, Jossey-Bass, 2012, xv-184 p.
76. Damisch, Lysann, Barbara Stoberock et Thomas Mussweiler. « Keep Your Fingers Crossed ! How Superstition Improves

Performance », *Psychological Science*, vol. 21, n° 7, juillet 2010, p. pp.1014-1020. Voir aussi : Wiseman, Richard, et Caroline Watt, « Measuring supersticious belief : Why lucky charms matter », *Personality and Individual Differences*, vol. 37, n° 8, décembre 2004, pp. 1533-1541.

77. Comme les cents noirs vont disparaître de la circulation, j'ai choisi d'élargir ma superstition de chance à tous les types de cents que je suis susceptible de rencontrer sur ma route… ;-)
78. Biswas-Diener, Robert, *op. cit.*, p. 82.
79. Source : http://www.psychologies.com/Therapies/Toutes-les-therapies/Therapies-breves/Articles-et-Dossiers/EMDR-le-vrai-mode-d-emploi
80. Servan-Schreiber, David, *Guérir le stress, l'anxiété et la dépression sans médicaments ni psychanalyse*, Paris, Éditions Robert Laffont, 2003, p. 97. Je recommande de lire les pp. 85-102.
81. Ibid., p. 94.
82. Via ce lien, vous trouverez une liste des professionnels de votre région ayant suivi une formation à l'IMO (intégration par le mouvement oculaire) : http://www.academieimpact.com/fr/bottin-imo.php
83. Peterson, Christopher, et Martin E. P Seligman, *Character Strengths and Virtues : A Handbook and Classification*, New York et Oxford, American Psychological Association et Oxford University Press, 2004, pp. 249-272.
84. Inspiré de Layole, Gérard, *Dénouer les conflits professionnels : l'intervention paradoxale*, Paris, Éditions d'Organisation, 1984, 118 p.
85. Dr Frankl, Viktor E., *Découvrir un sens à sa vie avec la logothérapie*, Montréal, Les Éditions de l'Homme, coll. « Actualisation », 2006 (1988), p. 114.
86. Brown, Brené, *The Gifts of Imperfection : Let Go of Who You Think You're Supposed to Be and Embrace Who You Are*, Minnesota, Hazelden, 2010, 160 p.

87. Brown, Brené, *Daring Greatly* : *How the Courage to Be Vulnerable Transforms the Way We Live, Love, Parent, and Lead*, New York, Gotham Books, 2012, 256 p.

88. *Ibid.*, pp. 41-42. Traduction libre.

89. Brown, Brené, *op. cit.*, p. 58-111.

Brown, Brené, *The Gifts of Imperfection*, Minnesota, Hazelden Information & Educational Services, 2010, 160 p.

90. D'Ansembourg , Thomas, *Cessez d'être gentil soyez vrai ! : Être avec les autres en restant soi-même*, préface de Guy Corneau, Montréal, Les Éditions de l'Homme, 2013, 249 p.

91. Cormier, Solange, *Dénouer les conflits relationnels en milieu de travail*, Sainte-Foy, Presses de l'Université du Québec, 2004, p. 43.

92. Sykes, Charles J., *50 règles que les jeunes n'apprendront pas à l'école*, Gatineau, Les Éditions du trésor caché, 2008, p. 97.

93. Stone, Douglas, Bruce Patton, et Shaila Heen, *Comment mener les discussions difficiles*, Paris, Seuil, 2001, p. 19.

94. D'Ansembourg , Thomas, *Cessez d'être gentil soyez vrai !* : *Être avec les autres en restant soi-même*, préface de Guy Corneau, Montréal, Les Éditions de l'Homme, 2013, p. 134. (Je souligne.)

95. Brown, Brené, *Daring Greatly* : *How the Courage to Be Vulnerable Transforms the Way We Live, Love, Parent, and Lead*, New York, Gotham Books, 2012, 256 p. ; et Brown, Brené, *The Gifts of Imperfection*, œuvre citée.

96. Servan-Schreiber, David, Anticancer : *Prévenir et lutter grâce à nos défenses naturelles*, Paris, Éditions Robert Laffont, 2007, p. 234.

97. Saint-Exupéry, Antoine de, *Œuvres complètes*, t. II, Paris, Gallimard, coll. « Bibliothèque de la Pléiade », 1999, pp. 161 et 165. Section « Terre des hommes ».

98. Lelord et André précisent que devant la colère de l'un, l'autre verra son système nerveux rapidement se mettre en mode analyse

devant deux options de réponse : engager un combat ou se soumettre pour éviter la bagarre. Du point de vue physiologique, la colère provoque une augmentation du tonus musculaire et une rougeur dans la figure, attribuable à la dilatation de nos vaisseaux et à une sensation de chaleur, bien illustrée dans les bandes dessinées où le personnage bout de colère, le visage rouge, avec une petite fumée noire au-dessus de la tête. On serre les poings et les mâchoires, probablement parce que nos ancêtres avaient à se battre et à mordre. On peut observer aussi une augmentation du rythme respiratoire, de la fréquence cardiaque et de la tension artérielle, c'est-à-dire qu'en colère nous pompons plus de sang et nous l'oxygénons mieux. Voir le chapitre 2 de *La Force des émotions*.

99. *Les mots sont des fenêtres (ou bien ce sont des murs) : Introduction à la communication non-violente* présente la méthode de Marshall B. Rosenberg de façon pratique et concrète. Plusieurs formateurs québécois enseignent son approche ; certains la nomment : « communication consciente ». C'est incontournable à mes yeux.

100. « *It's not the size of the dog in the fight, it's the size of the fight in the dog.* »

101. Biswas-Diener, Robert, *The Courage Quotient* ; *How Science Can Make You Braver*, San Francisco, Jossey-Bass, 2012, pp. 59-64.

102. Lelord, François, et Christophe André, *La Force des émotions : Amour, colère, joie*, Paris, Odile Jacob, coll. « Poche Odile Jacob », 2001, p. 51.

103. Goleman, Daniel, *L'Intelligence émotionnelle 1 : Accepter ses émotions pour développer une intelligence nouvelle*, Paris, Éditions J'ai lu, coll. « Bien-être », trad. par Thierry Piélat, 1997, pp. 95-99.

104. Lelord et André, op. cit., p. 41.

105. *Ibid.*

106. Lelord et André, chapitre 2 sur la colère.

107. *Ibid.*, p. 75.

108. *Ibid.*, p. 70.

109. Ferriss, Timothy, *La Semaine de 4 heures : Travaillez moins, gagnez plus et vivez mieux!* Paris, Pearson, coll. « Efficacité professionnelle », 2008, p. 92. Je souligne.

110. *Ibid.*

111. Werber, Bernard, *L'Empire des anges*, Paris, Albin Michel, coll. « Le livre de Poche », 2002, p. 57 (je souligne).

112. La citation est en fait le titre de son ouvrage, paru chez Calmann-Lévy en 1998.

113. *Tous les hommes sont frères : Vie et pensées du Mahātmā Gandhi d'après ses œuvres,* Paris, Gallimard, coll. « Folio essais », n° 130, 1969, pp. 182-183 ; c'est moi qui souligne.

114. Jordis, Christine, *Gandhi : biographie*, Paris, Gallimard, coll. « Folio biographies », n° 14, 2006, p. 294.

115. *Ibid.*, p. 121.

116. Elie, Marie-Pier, « Le péché, c'est capital ! », *Québec Science*, mars 2011, p. pp.19-20. C'est moi qui souligne.

117. Jordis, Christine, *op. cit.*, p. 121.

118. *Tous les hommes sont frères, op. cit.*, pp. 182-183 ; c'est moi qui souligne.

119. Ferriss, Timothy, *La Semaine de 4 heures* : *Travaillez moins, gagnez plus et vivez mieux!* Paris, Pearson, coll. « Efficacité professionnelle », 2008, p. 32.

120. Si le *boot camp* vous intrigue : www.activetoncourage.com

121. http://KidPowermontreal.org/

122. Pleins pouvoirs KIDPOWER, cahier du participant. Programme des adultes, septembre 2009, p. 19.

123. *Ibid.*, p. 21.

124. Snortland, Ellen, *Beauty Bites Beast : Awakening the Warrior Within Women and Girls*, préface de Gavin de Becker, Sunland (CA), B3 Books, 1998, p. 133.

125. Heyden, Margaret S., Billie Francis Anger, Tiel Theng-woo Jackson, et Todd David Ellner, « Fighting Back Works : The Case for Advocating and Teaching Self-Defense against Rape », *Journal of Physical Education, Recreation, and Dance* (JOPERD), vol. 70, n° 5, mai 1999, pp. 31-34. Référence suggérée par Pleins Pouvoirs KidPower Montréal.

126. « Reality Check, Please : The Awful Truth About Self-Defense » : http://www.targetfocustraining.com/reality-check-please-the-awful-truth-about-self-defense/

127. Larkin, Tim, *Survive the Unthinkable : A Total Guide to Women's Self-Protection*, préface de Tony Robbins, Emmaus (PA) et New York, Rodale Books, 2013, p. 45.

128. *Ibid.*, p. 66.

129. La méthode d'autoprotection de Larkin est basée sur la prévisibilité des mouvements réflexes de la colonne vertébrale des gens qui reçoivent des blessures sur certaines parties de leur corps.

130. Larkin, Tim, *op.cit.*, p. 9.

131. Snortland, Ellen, *Beauty Bites Beast : Awakening the Warrior Within Women and Girls*, préface de Gavin de Becker, Sunland (CA), B3 Books, 1998, xxiii-198 p.

132. Fuller, Julian R., « Martial Arts and Psychological Health », *British Journal of Medical Psychology*, vol. 61, n° 4, décembre 1988, pp. 317-328.

133. Bronnie Ware, blogue : http://www.inspirationandchai.com. Bronnie a aussi écrit un livre, *Les Cinq Plus Grands Regrets au moment de la mort : Des leçons de vie inspirées des mourants*, Québec, Le Dauphin Blanc, 2013, 286 p.

134. Pour reprendre la ligne du poème utilisé dans le film *Invictus.*

135. Dr Frankl, Viktor E., *Découvrir un sens à sa vie avec la logothérapie*, Montréal, Les Éditions de l'Homme, coll. « Actualisation », 2006 (1988), p. 73. Je souligne.

136. *Ibid.*, p. 100.

137. *Ibid.*, p. 120.

138. *Ibid.*, p. 73.

139. Oriah, *The Invitation*, San Francisco, HarperOne, 1999, pp. 11-12. Traduit en français par Les Éditions Logiques. Tous droits réservés. Présenté avec la permission de l'auteure. www.oriah.org.

140. Coelho, Paulo, *Aleph : Ici commence un nouveau chapitre de votre vie*, Paris, Flammarion, coll. « Littérature étrangère », 2011.

141. Clerc, Olivier, *La grenouille qui ne savait pas qu'elle était cuite… et autres leçons de vie*, Paris, Éditions Jean-Claude Lattès, 2005, p. 37 ; je souligne.

À PROPOS DE L'AUTEURE

Isabelle Fontaine

Stratège et experte en psychologie de la performance et de l'influence

Avec plus de 1200 présentations à son actif, Isabelle Fontaine est une conférencière aguerrie qui a touché des centaines de milliers de personnes à ce jour.

Littéralement fascinée par les mécanismes psychologique, physiologique et biologique qui expliquent le courage, la performance, l'influence, le charisme et le leadership, elle parcourt le globe pour découvrir les avancées en matière de technologies de l'esprit et du développement personnel et professionnel. Ses conférences proposent aujourd'hui un éventail complet d'outils et d'astuces concrètes.

Appuyée par ses recherches approfondies « sur le terrain », ses rencontres avec des experts en neurosciences et ses lectures scientifiques, elle vulgarise avec intelligence, doigté et émotion ses découvertes afin que ses auditoires entendent, comprennent et ressentent concrètement COMMENT ces distinctions sont en mesure de les aider au travail et dans la vie.

Des solutions et des méthodes pour faire émerger le plein potentiel des organisations et des gens

Son intention est simple : partager outils et stratégies avec les gens et les équipes qui viennent à sa rencontre afin que chacun découvre ses ressources personnelles pour être plus performant, plus courageux et plus influent… tout en demeurant intègre, énergique et libre.

Auteure du best-seller *EMPOWER*, elle est aussi invitée à titre de chroniqueuse à des émissions de télévision. Avant de se consacrer à sa carrière de conférencière, Isabelle Fontaine a enseigné à l'Université du Québec à Montréal et à l'École Polytechnique de Montréal.

Joignez-vous aux 34 000 personnes, dont le nombre va grandissant, qui suivent Isabelle chaque mois :

- Abonnez-vous à son infolettre mensuelle pour recevoir des suggestions de *Power Songs* et de *Power Movies* : www.isabellefontaine.ca
- Suivez-la sur Facebook
- Visionnez ses chroniques à la télévision : www.isabellefontaine.ca/presence-dans-les-medias/
- Visitez le site du *boot camp* sur le courage : www.activetoncourage.com

Pour inviter Isabelle dans un de vos **événements corporatifs**, visitez www.isabellefontaine.ca